HARRAP'S

Néerlandais

MÉTHODE INTÉGRALE

Gerdi Quist

et

Dennis Strick

HARRAP

Cet ouvrage a été publié par Hodder Education en 2003
sous le titre *Teach Yourself Dutch.*

Texte de Gerdi Quist et Dennis Strik

HARRAP's® est une marque de Larousse SAS.

www.harrap.com

Édition française :

21, rue du Montparnasse
75283 Paris Cedex 06

ISBN 978 2 81 870239 0

Direction du département Dictionnaires et Encyclopédies : Carine Girac-Marinier
Direction éditoriale : Claude Nimmo
Révision : Willemine Jaspars
Informatique éditoriale : Dalila Abdelkader
Conception graphique : Sophie Rivoire
Mise en page : ABNS Multimedias
Fabrication : Rebecca Dubois

Édition précédente

Traduction : Étienne Schelstraete, Annick Njiokiktjien
Coordination éditoriale : Pauline Gaberel
Direction éditoriale : Anna Stevenson

Les enregistrements ont été réalisés au studio Alchemy.
Acteurs : Saskia Bosch, Lex van Delden, Katherine Pageon, Dennis Strik, Maya Woolfe

Table des matières

Table des matières

Table des matières

Remerciements

Les auteurs et l'éditeur tiennent à remercier les personnes, les associations et les entreprises suivantes, qui ont autorisé l'utilisation de leurs documents :

VVV Nederland B.V. ; W. Herrebrugh, Broek in Waterland ; Erik van Muiswinkel ; Stichting: Fiets!, Amsterdam ; Vervoer Bewijzen Nederland B.V. ; Toon Hermans B.V. ; Nederlandse Spoorwegen ; Zorn Uitgeverij B.V. ; Vomar ; RTL/de Holland Media Groep S.A. et Neofiet B.V. ; Jitse Groen, P-DG de CITYMEAL / Thuisbezorgd. NL B.V. ; Egbert van de Coevering, directeur de GCT Infomediair B.V.

Introduction

Avant de commencer

CD1 piste 1

Cette introduction comporte des informations sur la langue néerlandaise, ainsi que sur le contenu du livre et la manière de l'utiliser. Vous y trouverez également quelques conseils pour réussir votre apprentissage.

De quoi parlons-nous ?

Le néerlandais (**Nederlands**) est la langue officielle des Pays-Bas (**Nederland**) et l'une des trois langues officielles de la Belgique (**België**). En Belgique, le néerlandais est parlé dans la partie nord du pays, c'est-à-dire en Flandre (**Vlaanderen**). C'est la langue maternelle de plus de 20 millions d'Européens : on ne peut donc pas dire qu'elle soit « minoritaire ».

Si les Pays-Bas sont souvent désignés sous le nom de « Hollande » (**Holland**), il serait plus correct de réserver ce mot aux deux provinces occidentales de Hollande septentrionale (**Noord-Holland**) et de Hollande méridionale (**Zuid-Holland**). C'est la même chose pour les habitants : tous les Néerlandais (**Nederlanders**) ne sont pas des Hollandais (**Hollanders**).

Les mots prêtent aussi à confusion en Belgique, où le néerlandais de Flandre est parfois appelé « flamand » (**Vlaams**), par abus de langage. Strictement, pourtant, le mot est à réserver aux dialectes des provinces de Flandre occidentale (**West-Vlaanderen**) et de Flandre orientale (**Oost-Vlaanderen**). Les habitants de la Flandre, c'est-à-dire les Flamands (**Vlamingen**), parlent officiellement le néerlandais, comme leurs voisins du Nord.

À qui s'adresse ce livre ?

Ce livre s'adresse à tous ceux qui veulent apprendre le néerlandais, mais qui n'ont guère l'habitude de l'apprentissage des langues. L'objectif est de vous initier à la langue néerlandaise, tout en vous présentant certains aspects de la vie quotidienne aux Pays-Bas et en Flandre. Il s'agit, en premier lieu, de vous aider à vous débrouiller dans des situations concrètes : vous assimilerez non seulement les formules habituelles de la conversation (au téléphone, au restaurant, dans les magasins, etc.), mais vous apprendrez aussi à poser vos propres questions.

C'est dans cette optique que vous sont présentées les explications grammaticales, ainsi que les listes de mots et d'expressions, qui privilégient le vocabulaire d'aujourd'hui.

Pour être à l'aise dans la conversation, il faut aussi comprendre son interlocuteur : les dialogues de ce livre vous permettront de vous familiariser avec les expressions les plus courantes.

Au terme de votre apprentissage, vous aurez acquis suffisamment de vocabulaire pour participer à une conversation de la vie courante et exprimer votre avis dans diverses situations. Vous saurez aussi rédiger et lire des textes simples en néerlandais.

Comment est-il conçu ?

Ce livre vous propose un apprentissage progressif : chaque chapitre tient compte du précédent. Au fil des seize chapitres, vous assimilerez petit à petit de nouvelles formes grammaticales et de nouveaux mots de vocabulaire, dans une grande variété de situations.

Chaque chapitre, consacré à un thème particulier, comporte des dialogues et des exercices. Les derniers chapitres proposent également des textes à lire. Vous trouverez aussi des explications de deux sortes : les unes portent sur la grammaire et sur le vocabulaire ; les autres concernent le contexte culturel. Ces dernières vous permettront de vous familiariser avec la vie quotidienne et la culture des Pays-Bas.

Comment apprendre une langue ?

Malheureusement, il n'existe pas de recette miracle pour apprendre une langue étrangère ! C'est à chacun de trouver sa méthode : les uns préfèrent assimiler les règles de grammaire et les mettre ensuite en pratique ; les autres veulent parler le plus vite possible en mémorisant les phrases et les expressions utiles à la vie de tous les jours. Ce livre se prête aux deux approches, qu'il est d'ailleurs souhaitable d'associer : étudier la grammaire et le vocabulaire, d'une part ; pratiquer la conversation, d'autre part.

Une chose est sûre : pour apprendre une langue, il faut y consacrer du temps. L'apprentissage se fait pas à pas, avec de la patience. Laissez-vous guider par la méthode qui vous est proposée. Vous assimilerez peu à peu les connaissances nécessaires pour communiquer en néerlandais.

La régularité est une règle d'or : étudiez le néerlandais à petites doses, mais régulièrement. Mieux vaut s'exercer vingt minutes par jour que deux heures par semaine. Les chapitres sont conçus pour vous permettre de progresser lentement, en revoyant systématiquement le contenu des chapitres précédents.

Enfin, il faut reconnaître que l'apprentissage en autodidacte ne peut pas remplacer complètement un cours de néerlandais donné par un professeur, qui permet d'échanger avec l'enseignant et les autres étudiants. N'hésitez pas à saisir toutes les occasions qui se présentent pour écouter du néerlandais et vous exprimer vous-même en néerlandais. Les livres pour enfants accompagnés d'un CD constituent souvent un outil de travail intéressant pour les débutants, qui peuvent lire et écouter en même temps. Vous exercerez ainsi votre oreille avec un vocabulaire à la fois simple et authentique.

Comment apprendre le vocabulaire ?

L'apprentissage du vocabulaire fait souvent reculer les débutants, en particulier ceux qui n'ont jamais appris une langue étrangère. Là encore, c'est à chacun de mettre au point la méthode qui lui convient. Les uns enregistrent les nouveaux mots, puis les écoutent dans leur voiture, dans le bus ou ailleurs. Les autres écrivent les mots sur des fiches, qu'ils emportent partout avec eux ou affichent sur les murs de leur chambre. Un conseil, cependant : établissez votre propre répertoire de mots nouveaux. Vous trouverez un lexique à la fin de ce livre, mais il ne remplacera pas la liste que vous aurez dressée vous-même, selon la logique qui est la vôtre. Vous pouvez regrouper les mots par thèmes (la ville, la nourriture, etc.) ou par catégorie grammaticale (les verbes, les noms, etc.), ou suivre simplement l'ordre de leur apparition dans les chapitres. Au besoin, notez aussi un exemple : vous mémoriserez ainsi les mots dans leur contexte.

Les règles d'orthographe

Les règles d'orthographe sont présentées dans la section suivante. Vous les trouverez peut-être compliquées au début, mais avec le temps et un peu de pratique, vous les assimilerez facilement. Au fil de votre apprentissage, vous aurez certainement besoin de vous reporter à ces règles, que vous trouverez aux pages **XI** et **XII**.

Les symboles

Signale que le texte ou l'exercice se trouve sur l'un des CD accompagnant ce livre.

Signale une information relative à la vie sociale et culturelle dans les pays néerlandophones.

Prononciation

Il est important de soigner votre prononciation dès le début. Pour y parvenir, voici comment procéder :

- Écoutez le guide de prononciation sur l'enregistrement, puis essayez d'imiter le mieux possible les sons du néerlandais. Lisez attentivement les explications qui suivent.
- Quand vous commencez un nouveau chapitre, écoutez plusieurs fois les dialogues et répétez les phrases à voix haute jusqu'à ce que votre prononciation soit la plus fidèle possible.
- Enregistrez-vous et comparez votre enregistrement avec le dialogue figurant sur le CD. Si vous avez la chance de connaître des néerlandophones, demandez-leur de vous aider à corriger votre prononciation.
- Écoutez des néerlandophones parler (ou chanter !) à la radio, à la télévision ou sur des sites Internet pour vous familiariser avec les sons du néerlandais.
- Entraînez-vous et ne vous découragez pas : avec le temps, votre prononciation s'améliorera et vous parviendrez à reproduire les sons du néerlandais de plus en plus fidèlement.

Les sons du néerlandais

CD1 piste 2

Les consonnes

La prononciation des consonnes ne pose pas de problème particulier aux francophones, à quelques exceptions près :

g	**gek** *fou*	Pour prononcer cette consonne, qui fait penser à la *jota* de l'espagnol, il faut soulever la langue pour la rapprocher du palais.
ch	**licht** *léger*	Cette consonne, qui existe aussi en allemand, se prononce comme la précédente, mais sans vibration des cordes vocales.
j	**ja** *oui*	Se prononce comme le *y* de *yoga*.
h	**hand** *main*	Se prononce toujours avec une forte aspiration, comme en anglais et en allemand.
ng	**koning** *roi*	Comme en anglais, cette consonne ne représente qu'un seul son.
r	**rood** *rouge*	Cette consonne peut être roulée ou prononcée comme en français, en particulier au début du mot. Après une voyelle, elle est parfois prononcée comme en anglais, avec la partie postérieure de la langue.
sch	**school** *école*	Combinaison de **s** et du **ch** néerlandais.
w	**wit** *blanc*	Se prononce comme dans le français *oui*.

Les voyelles

Si les voyelles françaises sont presque toujours brèves, le néerlandais joue sur l'opposition des voyelles longues et des voyelles brèves. Le néerlandais possède aussi plusieurs diphtongues, qui associent deux sons vocaliques.

Les voyelles brèves

a	**man** *homme*	Comme dans le français *mars*.
e	**lek** *fuite*	Comme dans le français *jette*.
i	**lip** *lèvre*	Entre le *i* et le *e*, comme en anglais.
o	**bot** *os*	Comme dans le français *botte*.
u	**kus** *baiser*	Entre le *u* et le *e*, comme en anglais.

Les voyelles longues

aa	**maan** *lune*	Comme dans le français *âne*.
ee	**leek** *laïc*	Comme dans le français *nez*, mais long.
eu	**neus** *nez*	Comme dans le français *peu*, mais long.
ie	**niet** *ne … pas*	Comme dans le français *île*.
oe	**boek** *livre*	Comme dans le français *fou*.
oo	**boot** *bateau*	Comme dans le français *côte*.
uu	**vuur** *feu*	Comme dans le français *mûre*.

Les diphtongues

aai	**saai** *ennuyeux*	Comme dans le français *bâille*.
ei / ij	**trein** *train*	Comme dans le français *veille*.
oei	**doei** *salut*	Comme dans le français *douille*.
ui	**huis** *maison*	Comme dans le français *œil*.
au / ou	**blauw** *bleu*	Un *o* long suivi d'un *w* affaibli.
eeuw	**eeuw** *siècle*	Un *é* long suivi d'un *w* affaibli.
ieuw	**nieuw** *nouveau*	Un *i* long suivi d'un *w* affaibli.
ooi	**mooi** *beau*	Un *ô* long suivi d'un son mouillé.
uw	**ruw** *rude*	Un *u* long suivi d'un *w* affaibli.

La voyelle qui est souvent appelée « e muet » en français (même quand elle est prononcée) existe aussi en néerlandais. Ce son vocalique peut s'écrire de différentes façons :

e	comme dans **de** *le, la, les*
ee	comme dans **een** *un, une*
i	comme dans **aardig** *sympathique*
ij	comme dans **lelijk** *laid*

Les règles d'orthographe

L'orthographe de la langue néerlandaise est relativement simple et suit des règles précises. Il faut surtout connaître une règle essentielle, qui concerne les voyelles **a**, **e**, **o**, **u**.

Dans le tableau des voyelles brèves, nous avons vu :

man *homme* **lek** *fuite* **bot** *os* **kus** *baiser*

Ces voyelles courtes sont toujours représentées par une seule lettre et se trouvent toujours dans une syllabe fermée (c'est-à-dire terminée par une consonne).

Dans le tableau des voyelles longues, nous avons vu :

maan *lune* **leek** *laïc* **boot** *bateau* **vuur** *feu*

Dans ces exemples, les voyelles longues sont représentées par deux lettres et se trouvent dans une syllabe fermée.

Il arrive, cependant, qu'une voyelle longue se trouve dans une syllabe ouverte (terminée par une voyelle). Dans ce cas, elle est représentée par une seule lettre (**a**, **e**, **o**, **u**).

Si nous mettons les mots précédents au pluriel, nous obtenons :

manen *lunes* **leken** *laïcs* **boten** *bateaux* **vuren** *feux*

Quand la terminaison du pluriel **-en** est ajoutée, la première syllabe devient une syllabe ouverte (dans nos exemples, les consonnes **n**, **k**, **t**, **r** deviennent la première lettre de la syllabe suivante) : le son est donc représenté par une seule lettre.

Reprenons maintenant les quatre exemples du tableau des voyelles brèves, et mettons-les au pluriel :

mannen *hommes* **lekken** *fuites* **botten** *os* **kussen** *baisers*

Pour conserver le son bref du singulier, il a fallu doubler la consonne : la première syllabe des exemples reste une syllabe fermée, et le son qu'elle contient reste un son bref.

Le tréma

En néerlandais, le tréma sert à séparer deux voyelles : il indique que les deux voyelles appartiennent à deux syllabes différentes et correspondent à deux sons distincts.

België *Belgique*, par exemple est prononcé Bel-gi-e. Sans le tréma, le mot serait prononcé Bel-gie.

01

Hallo, kom binnen!

Bonjour, entre !

Communication

- Vous présenter et faire les présentations
- Dire d'où vous venez
- Demander son nom à quelqu'un
- Prendre des nouvelles de quelqu'un
- Proposer une boisson à quelqu'un

Dialogues 1 et 2

CD1 piste 3

Écoutez les dialogues suivants en essayant de saisir l'essentiel : qui sont les personnages ? comment s'appellent-ils ? d'où viennent-ils ? Vous pouvez noter par écrit les mots et les noms que vous avez compris.

Dans une école de langues, le professeur accueille une nouvelle étudiante :

Professeur	Hallo, kom binnen! Hoe heet je?
Anne	Ik heet Anne.
Professeur	Welkom, Anne. Waar kom je vandaan?
Anne	Ik kom uit Frankrijk.
Professeur	Hoelang blijf je in Nederland?
Anne	Ik blijf vier weken.

vocabulaire

Hallo!	*Bonjour !*
Kom binnen!	*Entre !*
Hoe heet je?	*Comment t'appelles-tu ?*
Ik heet ...	*Je m'appelle …*
Welkom.	*Bienvenue.*
Waar kom je vandaan?	*D'où viens-tu ?*
Ik kom uit Frankrijk.	*Je viens de France.*
Hoelang blijf je?	*Combien de temps restes-tu ?*
in Nederland	*aux Pays-Bas*
Ik blijf vier weken.	*Je reste quatre semaines.*

À la cantine :

Sarah	Hoi. Ben jij Guillaume?
Guillaume	Ja, wie ben jij?
Sarah	Ik ben Sarah. Ga zitten!
Guillaume	Dank je.
Sarah	Wil je ook koffie?
Guillaume	Ja, graag.

vocabulaire

Hoi!	*Salut !*
Ben jij ...?	*Es-tu… ?*
ja	*oui*

Wie ben jij?	*Qui es-tu ?*
Ik ben …	*Je suis …*
Ga zitten!	*Assieds-toi !*
Dank je.	*Merci.*
Wil je ook koffie?	*Veux-tu du café ?*
Ja, graag.	*Oui, volontiers.*

Exercice 1

Écoutez les dialogues et lisez-les attentivement. Assurez-vous d'avoir tout compris, puis jouez-les avec un partenaire. N'hésitez pas à écouter plusieurs fois les enregistrements en tentant de reproduire le mieux possible la prononciation.

L'ordre des mots

Dans ces petits dialogues, l'ordre des mots ne pose pas de difficultés : le néerlandais se comporte ici comme le français. Dans une question, par exemple, le verbe se trouve en première position (**Ben jij Guillaume?**) ou en deuxième position (**Wie ben jij?**).

Kom binnen!	*Entre !*
Ik kom uit Frankrijk.	*Je viens de France.*
Ben jij Guillaume?	*Es-tu Guillaume ?*
Wie ben jij?	*Qui es-tu ?*
Ik ben Sarah.	*Je suis Sarah.*

Les adverbes interrogatifs

Ces petits mots qui servent à introduire une question sont particulièrement utiles dans la conversation. Vous en avez déjà rencontré plusieurs dans les deux premiers dialogues. Les voici :

Hoe heet je?	*Comment t'appelles-tu ?*
Waar kom je vandaan?	*D'où viens-tu ?*
Hoelang blijf je?	*Combien de temps restes-tu ?*

Vous observerez la construction de la seconde question, où la préposition est rejetée à la fin de la phrase : **Waar kom je <u>vandaan</u>?** Vous noterez aussi que la préposition n'est pas la même dans la question et dans la réponse : **Ik kom <u>uit</u> Frankrijk.**

Dialogues 3, 4 et 5

CD1 piste 4

Voici de nouveaux dialogues. Essayez de saisir l'essentiel.
Dans un café, Anna retrouve Paul et l'une de ses amies.

Paul	Dag Anna. Ik zit hier!
Anna	Hoi Paul. Hoe gaat het?
Paul	Prima, dank je. Ken je Aafje?
Anna	Nee, ik ken Aafje niet.
Paul	Aafje, dit is Anna. Anna, dit is Aafje.
Anna	Hallo Aafje.
Aafje	Dag Anna. Wil je iets drinken?

vocabulaire

Dag!	*Bonjour !*
Ik zit hier!	*Je suis (assis) ici !*
Hoe gaat het?	*Comment ça va ?*
prima	*très bien*
Ken je ...?	*Connais-tu … ?*
nee	*non*
Ik ken ... niet.	*Je ne connais pas …*
Dit is ...	*Je te présente …* (litt. *C'est …*)
Wil je iets drinken?	*Veux-tu boire quelque chose ?*

Jos est en train de boire une bière à la terrasse d'un café quand il voit passer Maarten :

Jos	Hé! Maarten. Ga zitten. Wil je ook een biertje?
Maarten	Nee, dank je. Nu niet. Ik ga naar mijn ouders.
Jos	Oké. Bel me morgen.
Maarten	Dat doe ik. Tot ziens!
Jos	Doei!

vocabulaire

Hé!	*Hé !*
een biertje	*une bière*
nu niet	*pas maintenant*
Ik ga naar ...	*Je vais chez …*
mijn ouders	*mes parents*

Bel me morgen.	*Appelle-moi demain.*
Dat doe ik.	*Je le ferai.*
Tot ziens!	*Au revoir !*
Doei!	*Salut !* (en partant)

Deux internautes font connaissance sur un forum de discussion. Ce dialogue n'est pas enregistré.

A Hoi. Ik heet HupHollandHup. Hoe heet jij?

B Hallo. Ik heet Pirlouit. Alles ok?

A Ja, prima. Waar zit je?

B Ik zit in Lyon. Jij?

A In Haarlem?

B Alles ok in Haarlem?

Hoe heet jij?	*Comment t'appelles-tu ?*
Alles ok?	*Ça va ?*
Waar zit je?	*Où es-tu ?*

Exercice 2

Étudiez ces trois dialogues, puis jouez-les à deux.

L'influence de l'anglais

Les deux derniers dialogues de ce chapitre vous ont donné une petite idée de l'influence que l'anglais exerce aujourd'hui sur le néerlandais. Avec une grande liberté, la langue néerlandaise ne cesse d'emprunter et d'adopter des mots et des expressions à l'anglais. Dans le quatrième dialogue, un exemple est fourni par l'emploi du mot **oké**, qui est très utilisé dans la conversation. Dans le dialogue sur Internet, vous avez pu observer que l'orthographe des mots empruntés est souvent indécise. Ici, les deux internautes n'écrivent pas **oké**, conformément à la transcription néerlandaise, mais se contentent d'un **ok** à l'anglaise.

Comment dit-on ?

- **Faire connaissance**

Hoe heet je/jij?	*Comment t'appelles-tu ?*
Ben jij ...?	*Es-tu ... ?*

Wie ben jij?	*Qui es-tu ?*
Waar kom je vandaan?	*D'où viens-tu ?*
Hoelang blijf je (in ...)?	*Combien de temps vas-tu rester (en/à ...) ?*

- **Se présenter et faire les présentations**

Ik heet ...	*Je m'appelle ...*
Ik ben ...	*Je suis ...*
Ik kom uit ...	*Je viens de ...*
Dit is ...	*Je te présente ...* (litt. *C'est ...*)

- **Prendre des nouvelles**

Hoe gaat het?	*Comment vas-tu ?*
Alles ok?	*Ça va ?*
Prima, dank je.	*Très bien, merci.*
uitstekend	*très bien*
goed	*bien*
niet goed	*pas bien*
slecht	*mal*

- **Saluer et prendre congé**

Dag!	*Bonjour !*
Hallo!	*Bonjour !*
Tot ziens!	*Au revoir !*
Hoi!	*Salut !* (en arrivant)
Doei!	*Salut !* (en partant)

- **Proposer quelque chose**

Wil je ...?	*Veux-tu ... ?*
Ja, graag.	*Oui, volontiers.*
Nee, dank je.	*Non, merci.*

grammaire

Pronoms accentués et non accentués

Comme vous l'aurez observé dans les dialogues, le pronom *tu* est le plus souvent traduit par **je**. Mais vous aurez aussi noté une seconde forme : **jij**. La première est la forme non accentuée et la seconde, la forme accentuée : **je** s'oppose à **jij** en néerlandais comme *tu* s'oppose à *toi* en français. La plupart du temps, c'est la forme non accentuée qu'il conviendra d'utiliser : c'est de loin la plus usitée. La forme accentuée s'utilise surtout pour souligner un contraste ou une opposition. Imaginons que vous avez invité des amis à prendre un verre. Au premier, vous direz : *Tu veux boire quelque chose ?* Et au second *: Et toi, tu veux boire quelque chose ?* Comme le français, le néerlandais dispose d'un pronom accentué pour souligner l'opposition :

Au premier ami : Wil **je** iets drinken?
Au second : Wil **jij** iets drinken?

Le pronom pour la première personne du singulier ne pose pas de difficultés : c'est toujours **ik**.

Ik wil iets drinken. *Je voudrais boire quelque chose.*

Se présenter

Dans les dialogues, nous avons passé en revue différentes façons de se présenter et de faire connaissance. Les voici :

Hoe heet je?	*Comment t'appelles-tu ?*
Ik heet Anne.	*Je m'appelle Anne.*
Wie ben jij?	*Qui es-tu ?*
Ik ben Sarah.	*Je suis Sarah.*
Ben jij Guillaume?	*Es-tu Guillaume ?*
Ja.	*Oui.*

Parmi les formules de salutation, vous avez rencontré les formules standard, convenant à toutes les situations :

Dag!	*Bonjour !*
Hallo!	*Bonjour !*
Tot ziens!	*Au revoir !*

Vous avez aussi rencontré des formules plus familières, à réserver aux personnes qui vous sont proches :

Hoi!	*Salut !* (en arrivant)
Doei!	*Salut !* (en partant)

Faire connaissance

Comme en français, il existe de multiples façons d'engager la conversation et d'adresser la parole à quelqu'un. Voici quelques formules qui sont utilisées dans les dialogues :

Hoe gaat het?	*Comment vas-tu ?*
Alles ok?	*Ça va ?*
Prima, dank je.	*Très bien, merci.*

À la première question, vous pouvez aussi répondre :

uitstekend	*très bien*
goed	*bien*
niet goed	*pas bien*
slecht	*mal*

La forme négative : *niet*

Il existe plusieurs façons d'exprimer la forme négative en néerlandais. Dans les dialogues, nous avons rencontré la négation **niet**, qui se place souvent à la fin de la phrase (sur la place de **niet**, voir **chapitre 11**).

Ken je Aafje?	*Connais-tu Aafje ?*
Nee, ik ken Aafje **niet**.	*Non, je ne connais pas Aafje.*
Wil je ook een biertje?	*Veux-tu une bière ?*
Nee, dank je. Nu **niet**.	*Non, merci. Pas maintenant.*

La conjugaison des verbes

Dans les dialogues, nous avons vu comment poser des questions, donner des réponses et demander quelque chose :

Kom binnen.	*Entre.*
Bel me morgen.	*Appelle-moi demain.*

Vous noterez que les formes verbales **kom** et **bel** sont particulièrement courtes. Nous avons rencontré ces formes courtes dans les dialogues :

Ik **kom** uit Nederland.	*Je viens des Pays-Bas.*
Wil je koffie?	*Veux-tu du café ?*
Ik **ken** Aafje niet.	*Je ne connais pas Aafje.*
Waar **zit** jij?	*Où es-tu (Où te trouves-tu ?)*

Si vous ouvrez un dictionnaire, cependant, ce ne sont pas ces formes courtes qui apparaissent, mais une forme plus longue, l'infinitif. Heureusement, cette forme n'est pas difficile à identifier : à quelques exceptions près, tous les verbes néerlandais se terminent par **-en** à l'infinitif :

komen	*venir*
bellen	*appeler, téléphoner*
willen	*vouloir*
kennen	*connaître*
zitten	*être (assis), se trouver*

Dans les phrases précédentes, la forme courte correspond au radical du verbe. Pour le trouver, il suffit de retrancher la terminaison **-en** de l'infinitif. Parfois, il faut aussi retrancher une consonne, car les mots néerlandais ne se terminent jamais par deux consonnes identiques. (Voir les règles d'orthographe, page **XI.**)

Comme vous le voyez, il n'est pas difficile de construire des phrases avec **ik** :

Ik kom uit België.	*Je viens de Belgique.*
Ik bel je morgen.	*Je t'appellerai demain.*
Ik wil een biertje.	*Je voudrais une bière.*

Poser une question n'est guère plus difficile. Il suffit de commencer la phrase par le verbe (le radical) ou par un adverbe interrogatif :

Wil je iets drinken?	*Veux-tu boire quelque chose ?*
Ken je Johan?	*Connais-tu Johan ?*
Waar kom je vandaan?	*D'où viens-tu ?*
Hoe heet je?	*Comment t'appelles-tu ?*

(Vous noterez que l'infinitif **heten** donne la forme conjuguée **heet**, avec deux « e » – reportez-vous aux règles d'orthographe.)

Vous utiliserez aussi le radical du verbe pour former l'impératif, quand vous devrez exprimer un ordre ou une demande :

Bel me morgen.	*Appelle-moi demain.*
Kom binnen.	*Entre.*

Jusqu'ici, la conjugaison des verbes ne paraît pas difficile. Mais il y a évidemment des verbes irréguliers, et comme toujours, ce sont les plus fréquents. Leur radical est un peu plus difficile à trouver : **ga** est le radical de **gaan**, par exemple ; et **ben** est le radical de **zijn**. Le plus simple est de les apprendre par cœur.

Wie ben jij?	*Qui es-tu ?*
Ga zitten.	*Assieds-toi.*

autoévaluation

Exercice 3

CD1 piste 5

Lors d'une journée portes ouvertes, vous accueillez les visiteurs de votre école de langues. Vous leur demandez leur nom et leur pays d'origine. Puis vous donnez les réponses, comme si vous répondiez à leur place. Vous pouvez faire cet exercice avec l'enregistrement.

exemple :	Irène Joseph / Frankrijk	
réponse :	Hoe heet je?	Ik heet Irène Joseph.
	Waar kom je vandaan?	Ik kom uit Frankrijk.

a Joe Stanfield / Engeland (Angleterre)
b Paolo Balti / Italië (Italie)
c Hans Petersen / Duitsland (Allemagne)
d Karen Lending / Zweden (Suède)
e Nicolas Dubois / Frankrijk (France)

autoévaluation

Exercice 4

CD1 piste 6

Demandez aux étudiants comment ils vont et répondez vous-même à la question en utilisant les informations fournies. Vous pouvez faire cet exercice avec l'enregistrement.

exemple : Irène : très bien
réponse : Irène, hoe gaat het?
Uitstekend, dank je.

a Joe : pas bien
b Paolo : bien
c Hans : pas bien
d Karen : mal
e Nicolas : bien

autoévaluation

Exercice 5

CD1 piste 7

À la fin de la journée portes ouvertes, vous proposez quelque chose à boire à chaque étudiant. Utilisez les informations qui suivent pour construire un petit dialogue. Vous pouvez faire cet exercice avec l'enregistrement.

exemple : Irène : koffie / nee
réponse : Irène, wil je koffie?
Nee, dank je.

a Joe : koffie / ja
b Paolo : een biertje / nee
c Hans : wijn (*du vin*) / ja
d Karen : thee (*du thé*) / nee
e Nicolas : water (*de l'eau*) / ja

Exercice 6

Donnez le radical des verbes suivants :

- **a** zitten
- **b** willen
- **c** kennen
- **d** zijn
- **e** komen
- **f** gaan
- **g** bellen

Exercice 7

Mettez les phrases suivantes à la forme négative.

exemple : Ik kom morgen. *Je viendrai demain.*

réponse : Ik kom morgen niet. *Je ne viendrai pas demain.*

- **a** Ik bel morgen. *J'appellerai demain.*
- **b** Ik ken Marc. *Je connais Marc.*
- **c** Ik ben Mariska. *Je suis Mariska.*
- **d** Ik kan nu. *Je peux le faire maintenant.*
- **e** Dit is Anna. *Je te présente Anna.*

02

Wat doe je?

Que fais-tu ?

Communication

- Présenter quelqu'un
- Parler de votre famille
- Dire quelles langues vous parlez
- Dire quelle est votre nationalité

Dialogue

CD1 piste 8

David travaille dans une agence de graphisme. Son directeur, Hans, lui présente une nouvelle collègue :

David	Hallo Hans, hoe gaat het?
Hans	Prima David. Zeg, dit is Ingrid Janssen, onze nieuwe projectmanager.
David	Goedemorgen, mevrouw Janssen.
Ingrid	Goedemorgen, meneer Legrand.
David	Hoe gaat het met u?
Ingrid	Prima, dank u. Bent u soms Fransman met een naam als Legrand?
David	Ja, dat klopt. Bent u Nederlandse?
Ingrid	Nee, ik kom uit Duitsland. Maar mijn man is Nederlander.
David	Heeft u kinderen?
Ingrid	Nee, ik heb geen kinderen. U wel?
David	Ja, mijn vrouw en ik hebben twee kinderen, een dochter van 16 en een zoon van 13. Uw Nederlands is erg goed.
Ingrid	Dank u.
Hans	Ingrid spreekt vloeiend Nederlands, Engels, Frans en Spaans.
Ingrid	Nou, ik spreek vloeiend Nederlands en Engels. En ik ben vrij goed in Frans en Spaans.
David	En Duits natuurlijk.
Ingrid	Ja, natuurlijk. En spreekt u nog andere talen?
David	O, ik spreek geen vreemde talen. Nou ja, behalve Nederlands dan. Zeg trouwens maar 'je'.
Ingrid	Prima, doe jij dat dan ook.

vocabulaire

Zeg, …	*Dis/Dites, …*
onze nieuwe projectmanager	*notre nouveau chef de projet*
Goedemorgen.	*Bonjour.*
mevrouw	*madame*
meneer	*monsieur*
Hoe gaat het met u?	*Comment allez-vous ?*
dank u	*merci*
Bent u soms … ?	*Vous ne seriez pas … ?* *(Vous êtes peut-être … ?)*

vocabulaire

Fransman	*Français*
met een naam als ...	*avec un nom comme ...*
Dat klopt.	*C'est exact.*
Nederlandse	*Néerlandaise*
Duitsland	*Allemagne*
maar	*mais*
mijn man	*mon mari*
Nederlander	*Néerlandais*
Heeft u kinderen?	*Avez-vous des enfants ?*
Ik heb geen kinderen.	*Je n'ai pas d'enfants.*
U wel?	*Et vous ?*
mijn vrouw	*ma femme*
en	*et*
twee	*deux*
een dochter van 16	*une fille de 16 ans*
een zoon van 13	*un fils de 13 ans*
uw Nederlands	*votre néerlandais*
... is erg goed	*... est très bon*
Ingrid spreekt vloeiend ...	*Ingrid parle couramment ...*
Engels	*anglais*
Frans	*français*
Spaans	*espagnol*
vrij goed	*assez bien*
Duits	*allemand*
natuurlijk	*bien sûr*
Spreekt u nog andere talen?	*Parlez-vous d'autres langues ?*
Ik spreek geen vreemde talen.	*Je ne parle aucune langue étrangère.*
nou ja, ...	*enfin, ...*
behalve Nederlands dan	*sauf le néerlandais (alors)*
Zeg trouwens maar 'je'.	*Vous pouvez me tutoyer.*
Doe jij dat dan ook.	*Faites de même* (litt. *Fais donc cela aussi).*

Exercice 1

Écoutez le dialogue et lisez-le attentivement. Assurez-vous d'avoir compris tous les mots et toutes les expressions, puis jouez le dialogue avec un partenaire, si vous en avez la possibilité.

Les noms d'habitants

Les habitants des Pays-Bas se nomment les Néerlandais, **de Nederlanders**. Les Hollandais, **de Hollanders**, sont, à proprement parler, les habitants des deux provinces de Hollande, **Holland**. Il est vrai, cependant, que le mot **Hollanders** est parfois utilisé pour désigner tous les **Nederlanders**.

Les formules de salutation

Aux formules présentées dans le chapitre 1, vous pouvez ajouter **goedemorgen** *bonjour (le matin)*, **goedemiddag** *bonjour (l'après-midi)* et **goedenavond** *bonsoir*. Ces formules sont moins familières que les expressions du chapitre 1, **hallo** et **hoi** (cette dernière est particulièrement familière).

La forme de politesse

Quand David et Ingrid sont présentés l'un à l'autre, ils s'interpellent en utilisant **mevrouw** *madame* et **meneer** *monsieur*. Pas question d'utiliser les prénoms. Pas question, non plus, d'utiliser les pronoms du tutoiement, **je** et **jij** : ils utilisent **u** *vous*. La question **Hoe gaat het met je?** *Comment vas-tu ?* est ainsi remplacée par **Hoe gaat het met u?** *Comment allez-vous ?* Et **dank je** *je te remercie* devient **dank u** *je vous remercie*. En général, cependant, les Néerlandais tutoient beaucoup plus facilement que les Français. Les jeunes générations, en particulier, préfèrent le tutoiement, dans la rue, au bureau ou à l'école, même quand les personnes ne se connaissent pas.

Dat klopt

Dat klopt *c'est exact* sert à répondre à une question par l'affirmative. Vous pouvez aussi utiliser **inderdaad**, qui se traduit par *en effet*, *effectivement*. Vous l'entendrez souvent.

Vrij goed

Ik ben vrij goed in Frans se traduit par *Je suis assez bon en français*. Sur leur connaissances linguistiques, les Néerlandais s'expriment avec franchise : ne jouons pas les faux modestes !

Le mot **vrij** est souvent utilisé. Dans le même contexte, vous pouvez aussi utiliser **tamelijk** ou **redelijk** : **ik ben tamelijk goed in Frans** *je suis relativement bon en français*. Les deux mots ont un sens un peu plus faible que **vrij**.

Les mots composés

En néerlandais, les mots composés s'écrivent en un seul mot, sans espace et sans trait d'union. Et comme dans toutes les langues germaniques, il faut les interpréter en commençant par la fin : ainsi, **de projectmanager**, nouvel exemple d'emprunt à l'anglais, est-il *le chef de projet*.
Même si nous allons nous efforcer d'expliquer le mieux possible la signification de chaque mot, il reste que les langues ne sont jamais parfaitement superposables : il y a des mots qui ne se traduisent pas ou qui se traduisent différemment selon les contextes. Dans le dialogue précédent, nous avons rencontré les phrases : **Zeg trouwens maar 'je'**, **Doe jij dat dan ook** et **Spreekt u nog andere talen?** Vous aurez certainement observé que les traductions proposées ne sont pas des traductions littérales : certains mots ne sont pas traduits. Pour renforcer une suggestion ou une question, il arrive en effet que le néerlandais se serve d'un petit mot supplémentaire : **Spreekt u nog andere talen?** *Parlez-vous (encore) d'autres langues ?*

vocabulaire

Comment dit-on ?

- **Dire bonjour**

goedemorgen	*bonjour* (le matin)
goedemiddag	*bonjour* (l'après-midi)
goedenavond	*bonsoir*

- **Demander la nationalité de quelqu'un**

Bent u ... ?	*Êtes-vous … ?*
Bent u Nederlander?	*Êtes-vous néerlandais ?*
Ja, ik ben Nederlander.	*Oui, je suis néerlandais.*
Nee, ik ben Fransman.	*Non, je suis français.*

- **Demander à quelqu'un s'il a des enfants**

Hebt/heeft u kinderen?	*Avez-vous des enfants ?*
Ja, ik heb twee kinderen.	*Oui, j'ai deux enfants.*
Nee, ik heb geen kinderen.	*Non, je n'ai pas d'enfants.*

- **Répondre par l'affirmative**

Dat klopt.	*C'est exact.*
Inderdaad.	*En effet.*

• Demander à quelqu'un quelles langues il parle

Spreekt u vreemde talen?	*Parlez-vous des langues étrangères ?*
Spreekt u nog andere talen?	*Parlez-vous d'autres langues ?*
Ja, ik spreek Duits.	*Oui, je parle allemand.*
Ik spreek vloeiend Spaans.	*Je parle couramment espagnol.*
Ik spreek vrij goed Engels.	*Je parle assez bien anglais.*
Ik spreek geen Nederlands.	*Je ne parle pas néerlandais.*
Ik spreek alleen Nederlands.	*Je ne parle que néerlandais.*

grammaire

Les noms de peuples et de langues

Pour indiquer la nationalité, le néerlandais se sert du nom quand le français se sert de l'adjectif : *Jan est néerlandais* est traduit par **Jan is Nederlander** (avec une majuscule), c'est-à-dire *Jan est (un) Néerlandais*. Comme en français, les noms de peuples varient en genre : ils possèdent un masculin et un féminin. Pour former le féminin, on ajoute **-e** à l'adjectif : **Duits** *allemand* ; **de Duitse** *l'Allemande*. Notez que *la Française* se dit tout simplement **de Française** !

Jan is Nederlander.	*Jan est néerlandais.*
Ingrid is Duitse.	*Ingrid est allemande.*

pays	habitant	habitante	langue
Nederland	Nederlander	Nederlandse	Nederlands
België	Belg	Belgische	
Duitsland	Duitser	Duitse	Duits
Engeland	Engelsman	Engelse	Engels
Frankrijk	Fransman	Française	Frans
Zwitserland	Zwitser	Zwitserse	
Italië	Italiaan	Italiaanse	Italiaans
Spanje	Spanjaard	Spaanse	Spaans
Canada	Canadees	Canadese	
de Verenigde Staten (VS)	Amerikaan	Amerikaanse	

Le néerlandais parlé dans la partie septentrionale de la Belgique, c'est-à-dire en Flandre (**Vlaanderen**), est souvent qualifié de **Vlaams** *flamand* dans la langue quotidienne. Il est cependant plus correct de parler, comme aux Pays-Bas, de **Nederlands** *néerlandais*, qui est la dénomination officielle. Car, en dépit d'évidentes variantes régionales, c'est bien la même langue qui est apprise et enseignée en Belgique et aux Pays-Bas.

Geen

Dans le **chapitre 1**, vous avez appris à utiliser **niet** pour former des phrases négatives :

Ik kom morgen niet.	*Je ne viendrai pas demain.*

Devant un nom indéterminé, c'est-à-dire un nom précédé de l'article indéfini (**een**) ou un nom sans aucun déterminant (ni article, ni adjectif), il faut cependant utiliser **geen** :

Ik heb geen kinderen.	*Je n'ai pas d'enfants.*
Ik spreek geen Duits.	*Je ne parle pas allemand.*

Le contraire de **niet** ou de **geen** est **wel**, qui sert à renforcer une affirmation. Le plus souvent, ce petit mot ne se traduira pas en français :

Ik spreek geen Frans.	*Je ne parle pas français.*
Maar ik spreek wel Nederlands.	*Mais je parle néerlandais.*

Le présent : les formes en *-t*

Dans le **chapitre 1**, nous avons commencé à conjuguer les verbes au présent. Et nous avons vu que la forme conjuguée se confondait parfois avec le radical du verbe :

Ik kom uit Nederland.	*Je viens des Pays-Bas.*
Wil je koffie?	*Veux-tu du café ?*

Dans ce chapitre, vous avez rencontré une autre forme conjuguée, qui se forme en ajoutant **-t** à la fin du radical. Cette forme s'utilise :

à la deuxième personne du singulier, sauf en cas d'inversion du sujet et du verbe

Je/Jij spreek**t** Nederlands.	*Tu parles néerlandais.*
Spreek je/jij Nederlands?	*Parles-tu néerlandais ?*

à la forme de politesse (singulier et pluriel)

U spreek**t** vreemde talen.	*Vous parlez des langues étrangères.*
Spreek**t** u Nederlands?	*Parlez-vous néerlandais ?*

à la troisième personne du singulier

Ingrid spreek**t** Nederlands.	*Ingrid parle néerlandais.*
Spreek**t** Ingrid Frans?	*Ingrid parle-t-elle français ?*

Si le radical du verbe se termine déjà par **-t**, ce radical reste inchangé : en néerlandais, un mot ne se termine jamais par deux consonnes identiques. Ainsi du verbe **zitten**, dont le radical est **zit** : **ik zit**, **je zit**, **u zit**, **hij zit**, **zij zit.**

grammaire

Le présent : les verbes réguliers

Vous avez rencontré les infinitifs (**spreken**, **bellen**, **komen**), les radicaux (**spreek**, **bel**, **kom**) et les formes conjuguées se terminant par **-t** (**spreekt**, **belt**, **komt**). Ainsi connaissez-vous toutes les formes du présent en néerlandais : il n'y en a pas d'autres. Ces trois formes permettent de conjuguer les verbes réguliers à toutes les personnes du singulier (je, tu, il/elle) et du pluriel (nous, vous, ils/elles).

Voici donc la conjugaison de deux verbes réguliers au présent :

komen *venir*	**spreken** *parler*
SINGULIER	
ik **kom** *je viens*	ik **spreek** *je parle*
je/jij **komt** *tu viens*	je/jij **spreekt** *tu parles*
(mais : **kom** je/jij?)	(mais : **spreek** je/jij?)
u **komt** *vous venez*	u **spreekt** *vous parlez*
hij **komt** *il vient*	hij **spreekt** *il parle*
zij **komt** *elle vient*	zij **spreekt** *elle parle*
PLURIEL	
wij **komen** *nous venons*	wij **spreken** *nous parlons*
jullie **komen** *vous venez*	jullie **spreken** *vous parlez*
u **komt** *vous venez* (forme polie)	u **spreekt** *vous parlez* (forme polie)
zij **komen** *ils/elles viennent*	zij **spreken** *ils/elles viennent*

La conjugaison des verbes réguliers est donc relativement simple. Le singulier ne comprend que deux formes : le radical du verbe pour la première personne (**ik**) et le radical + **t** pour les deuxième et troisième personnes, sauf en cas d'inversion, c'est-à-dire quand **je/jij** se trouve après le verbe.

Les formes du pluriel sont encore plus simples : elles se confondent avec la forme de l'infinitif, sauf à la forme de politesse (**u**), qui est identique à celle du singulier : radical + **t**.

Enfin, vous aurez noté que les pronoms *elle* (singulier) et *ils/elles* (pluriel) se traduisent par le même mot : **zij**. Dans une phrase, l'ambiguïté (entre *elle* et *ils/elles*) est levée par les formes du verbe, qui sont bien distinctes : radical + **t** pour *elle*, infinitif pour *ils/elles*. En revanche, rien ne peut indiquer s'il s'agit de *ils* ou de *elles*.

Le présent : les verbes irréguliers

Nous avons déjà fait allusion à la présence de verbes irréguliers, dont la conjugaison est moins facile à retenir. Pour le pluriel, cependant, la règle reste la même que pour les verbes réguliers : sauf à la forme polie (**u**), la forme est celle de l'infinitif. Voici la conjugaison au présent des deux verbes irréguliers les plus importants :

zijn *être*	**hebben** *avoir*
SINGULIER	
ik **ben** *je suis* je/jij **bent** *tu es* (mais : **ben** je/jij?) u **bent** *vous êtes* hij **is** *il est* zij **is** *elle est*	ik **heb** *j'ai* je/jij **hebt** *tu as* (mais : **heb** je/jij?) u **hebt/heeft** *vous avez* hij **heeft** *il a* zij **heeft** *elle a*
PLURIEL	
wij **zijn** *nous sommes* jullie **zijn** *vous êtes* u **bent** *vous êtes* (forme polie) zij **zijn** *ils/elles sont*	wij **hebben** *nous avons* jullie **hebben** *vous avez* u **hebt/heeft** *vous avez* (forme polie) zij **hebben** *ils/elles ont*

Le verbe **hebben** possède deux formes polies : **u hebt** et **u heeft**. Ces deux formes sont interchangeables.

Les nombres de 1 à 20

CD1 piste 9

0 nul	
1 een, één	11 elf
2 twee	12 twaalf
3 drie	13 dertien
4 vier	14 veertien
5 vijf	15 vijftien
6 zes	16 zestien
7 zeven	17 zeventien
8 acht	18 achttien
9 negen	19 negentien
10 tien	20 twintig

Apprenez ces nombres par cœur.

Exercice 2

Répondez aux questions suivantes en néerlandais. Avant de commencer l'exercice, assurez-vous de bien connaître le présent des verbes **hebben** et **zijn**. Au besoin, relisez le dialogue.

a Quelle est la nationalité de David ?

Hij ______

b Quelle est la nationalité d'Ingrid ?

Zij ______

c Combien d'enfants a David ?

Hij ______

d Quelles langues parle David ?

Hij ______

e Quelles langues parle Ingrid ?

Zij ______

Exercice 3

CD1 piste 10

Écoutez le portrait de Gérard Lambert, puis lisez ci-dessous sa transcription pour vérifier que vous avez bien compris.

Gérard Lambert is Fransman. Hij komt uit Montpellier. Hij heeft een vrouw en vier kinderen. Hij spreekt vloeiend Frans en Nederlands, en vrij goed Engels.

Gérard cherche du travail et se rend dans un bureau de placement. La secrétaire lui pose quelques questions.

Mettez-vous à la place de Gérard. Répondez aux questions, puis confrontez vos réponses avec l'enregistrement.

Secrétaire Wat is uw naam? *Quel est votre nom ?*
Gérard ______
Secrétaire Wat is uw nationaliteit? *Quelle est votre nationalité ?*
Gérard ______
Secrétaire Hebt u kinderen?
Gérard ______
Secrétaire Spreekt u Nederlands?
Gérard ______
Secrétaire U spreekt natuurlijk vloeiend Frans?
Gérard ______
Secrétaire Spreekt u nog andere talen?
Gérard ______

Exercice 4

CD1 piste 11

Écoutez et lisez ce texte :

Dit is Marga Bos. Zij is Nederlandse. Zij komt uit Nijmegen en heeft twee kinderen. Zij spreekt Engels en Frans en natuurlijk ook Nederlands.

En suivant le modèle qui précède, servez-vous des données suivantes pour composer le portrait de ces personnes. Vous pouvez vérifier vos réponses en écoutant l'enregistrement.

	naam	**land**	**talen**	**kinderen**
a	Wilma Miller	Duitsland	Nederlands	3
b	Brad McLain	VS	Duits	geen
c	Chantal Bouquet	Frankrijk	alleen Frans	4

Lecture

Lisez ce formulaire d'inscription à un cours de néerlandais et cherchez la signification des mots que vous ne comprenez pas dans le lexique qui se trouve à la fin du livre.

Inschrijvingsformulier voor de cursus Nederlands

S.v.p. invullen in blokletters.

MAN VROUW*

Achternaam: ....

Voornamen (voluit): ....

Straat en huisnummer: ....

Postcode/woonplaats: ....

Geboortedatum: ....

Telefoonnummer: ....

*Doorhalen wat niet van toepassing is.

03

Waar woon je?

Où habites-tu ?

Communication

- Mener une conversation sur le logement
- Parler de votre quartier
- Décrire votre logement

Dialogues 1, 2 et 3

CD1 piste 12

Pendant la pause café (**de koffiepauze**), Bert répond aux questions d'une nouvelle collègue :

Anja	Waar woon je?
Bert	In Amsterdam, in de Vrolikstraat.
Anja	Waar is dat?
Bert	De Vrolikstraat ligt in Amsterdam-Oost.
Anja	Wat voor woning heb je?
Bert	Ik woon in een flat.
Anja	Hoeveel kamers heb je?
Bert	Ik heb een tweekamerflat, dus ik heb een woonkamer en een slaapkamer.
Anja	En een badkamer en een keuken natuurlijk.
Bert	Ja. Mijn keuken is vrij groot, maar de badkamer is klein.
Anja	Woon je alleen?
Bert	Nee, ik woon samen met mijn vriendin.

vocabulaire

Waar woon je?	*Où habites-tu ?*
Waar is dat?	*Où est-ce ?*
... ligt in Amsterdam-Oost	*… se trouve dans Amsterdam-Est*
Wat voor woning heb je?	*Quel type de logement as-tu ?*
Ik woon in een flat.	*J'habite dans un appartement.*
Hoeveel kamers heb je?	*De combien de pièces disposes-tu ?*
een tweekamerflat	*un deux-pièces*
dus	*donc*
een woonkamer	*un séjour*
een slaapkamer	*une chambre (à coucher)*
een badkamer	*une salle de bains*
een keuken	*une cuisine*
mijn	*mon, ma, mes*
vrij groot	*assez grand*
klein	*petit*
Woon je alleen?	*Habites-tu seul ?*
Ik woon samen met ...	*J'habite avec …*
mijn vriendin	*mon amie*

Dans le train, Renate van de Hulst et Jan-Peter Groen sont assis l'un en face de l'autre. Ils engagent la conversation.

Jan-Peter	Woont u hier in Haarlem?
Renate	Ja, maar ik woon niet in het centrum van de stad. Ik woon in een buitenwijk.
Jan-Peter	In een huis?
Renate	Ja, ik woon in een huis, samen met mijn man en twee kinderen.
Jan-Peter	Is het een groot huis?
Renate	Ja, redelijk groot. Het is een eengezinswoning met vier kamers. Er is een woonkamer met open keuken beneden en er zijn drie slaapkamers boven.
Jan-Peter	Dat is niet gek.
Renate	Nee, inderdaad. En we hebben een mooie badkamer boven en een extra toilet beneden.
Jan-Peter	Is het een leuke buurt?
Renate	Ja, het is lekker rustig. Ons huis ligt aan het water. En we zitten ook vlak bij het strand.
Jan-Peter	Het klinkt ideaal.

vocabulaire

hier	*ici*
het centrum van de stad	*le centre-ville*
een buitenwijk	*un quartier périphérique*
een huis	*une maison*
samen met	*avec*
redelijk groot	*assez grand*
een eengezinswoning	*un logement individuel*
er is ...	*il y a … (+ singulier)*
open keuken	*cuisine ouverte*
beneden	*en bas*
er zijn ...	*il y a … (+ pluriel)*
boven	*en haut*
Dat is niet gek.	*C'est pas mal.*
een mooie badkamer	*une belle salle de bains*
een leuke buurt	*un quartier agréable*
lekker rustig	*bien tranquille*
Ons huis ligt aan het water.	*Notre maison se trouve au bord de l'eau.*
We zitten ook vlak bij het strand.	*Nous sommes aussi tout près de la plage.*
Het klinkt ideaal.	*Ça paraît idéal.*

Henriëtte organise une soirée chez elle. Elle a invité Willem et veut s'assurer qu'il viendra.

Henriëtte	Dus je komt vanavond, hè?
Willem	Ja, natuurlijk. Waar is het ook alweer?
Henriëtte	Bij mij, in de Schoenmakerstraat.
Willem	Op welk nummer woon je?
Henriëtte	Op nummer 17. Schoenmakerstraat 17.
Willem	Ok. Hoe laat?
Henriëtte	Om acht uur. Is dat ok?
Willem	Prima! Tot dan.
Henriëtte	Tot vanavond!

vocabulaire

Dus je komt vanavond, hè?	*Tu viens ce soir, hein ?*
Waar is het ook alweer?	*C'est où déjà ?*
bij mij	*chez moi*
Op welk nummer woon je?	*À quel numéro habites-tu ?*
Hoe laat?	*À quelle heure ?*
om acht uur	*à huit heures*
Tot dan.	*À plus tard.*
Tot vanavond.	*À ce soir.*

autoévaluation

Exercice 1

Écoutez les dialogues et étudiez-les attentivement. Vérifiez que vous avez bien tout compris avant de jouer les scènes avec un partenaire.

Le logement

Le mot **woning** a la même signification que **huis**, mais il est généralement utilisé pour parler du *logement*. Il renvoie au verbe **wonen**, qui signifie *habiter* : **Ik woon in Amsterdam** *J'habite (à) Amsterdam*. Le mot **huis** désigne plutôt la maison en tant que construction.

Le mot **woning** entre aussi dans la formation de mots composés comme **driekamerwoning** et **vierkamerwoning**, qui désignent un *trois-pièces* et un *quatre-pièces*. Vous noterez qu'*un deux-pièces* se dit **een tweekamerflat**.

Le permis d'habitation

Aux Pays-Bas, l'acquisition d'un logement est sévèrement réglementée. Dans un grand nombre de communes (**gemeenten**), il faut demander un **woonvergunning** (*permis d'habitation*) si le prix de vente est inférieur à un certain montant. Les logements qui dépassent ce montant appartiennent au **vrije sector**, au *secteur libre*. Pour ces logements, aucun **woonvergunning** n'est exigé. Le **woonvergunning** est à distinguer du **verblijfsvergunning** (*permis de séjour*), qui est exigé des étrangers résidant aux Pays-Bas. Après avoir changé de domicile, tout citoyen est tenu de s'inscrire à la mairie (**het gemeentehuis**), auprès du registre de population (**het bevolkingsregister**).

Le quartier

Dans le contexte du dialogue, **buurt** signifie *quartier* : **een leuke buurt**, c'est *un quartier agréable*. Au lieu de **buurt**, vous pouvez aussi utiliser le mot **wijk**, qui désigne aussi le quartier. Le mot **buurt** est utilisé dans d'autres contextes : **in de buurt**, par exemple, se traduit par *dans les environs* et équivaut à **vlak bij**, *tout près (d'ici)*.

Les adresses

Aux Pays-Bas, les adresses sont rédigées comme en France, à une différence près : le numéro de la maison suit le nom de la rue. Ainsi, vous donnerez d'abord le nom de votre rue, puis le numéro de votre maison.

Mijn adres is Herengracht 170.	*Mon adresse est Herengracht 170.*
Op welk nummer woon je?	*À quel numéro habites-tu ?*
Op nummer 17.	*Au numéro 17.*
Schoenmakerstraat 17.	*Schoenmakerstraat 17.*

Hè

Souvent utilisé dans la conversation quotidienne, ce petit mot correspond plus ou moins au *hein* français. Vous remarquerez que l'accent graphique, rare dans la langue néerlandaise, modifie la prononciation du **e**. Dans le dernier dialogue, **hè** sert à renforcer la question, à la façon d'un *hein* en français. Comme en français, aussi, cette expression appartient à un registre familier.

Dus je komt vanavond, hè?	*Tu viens ce soir, hein ?*
Mooi weer, hè?	*Beau temps, n'est-ce pas ?*
Jij wilt koffie, hè?	*Tu veux du café, non ?*

Hè? est aussi utilisé seul pour exprimer la surprise ou l'étonnement. Dans ce cas, il pourrait se traduire par *quoi ?*

Au revoir

Une des manières habituelles de prendre congé de quelqu'un est d'exprimer le souhait de le revoir ou de rappeler le prochain rendez-vous convenu : quand le français se sert de la préposition *à*, le néerlandais recourt à la préposition **tot**. Le troisième dialogue en fournit deux exemples :

Tot dan.	*À plus tard.*
Tot vanavond.	*À ce soir.*

Sur ce modèle, vous pouvez construire toutes les expressions que vous voulez :

Tot morgen.	*À demain.*
Tot volgende week.	*À la semaine prochaine.*

Chez moi

Pour traduire *chez moi*, vous pouvez utiliser **bij mij**.

Kom je **bij mij**?	*Tu viens chez moi ?*
Waar is het? **Bij mij**.	*Où est-ce ? Chez moi.*

Vous pouvez aussi utiliser **thuis** (avec un verbe de situation) et **naar huis** (avec un verbe de mouvement).

Ik ben **thuis** gebleven. *Je suis resté chez moi.*

Ik ben **naar huis** gerend. *J'ai couru chez moi.*

autoévaluation

Exercice 2

CD1 piste 13

Bekijk de plattegronden goed. *Observez bien les plans.*

Beantwoord de vragen. *Répondez aux questions.*

Faites l'exercice oralement avec l'enregistrement. Vous pouvez vérifier pages 29-30 que vous avez bien compris les questions.

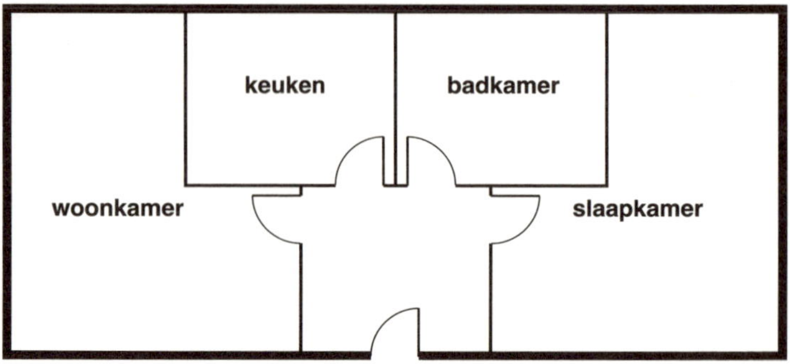

exemple	réponse :
Wat voor woning heb je?	Ik heb een tweekamerwoning.
Woon je in een huis?	Nee, ik woon in een flat.
Hoeveel slaapkamers heb je?	Ik heb één slaapkamer.

a

Wat voor woning heb je? Heb je een groot huis?

b

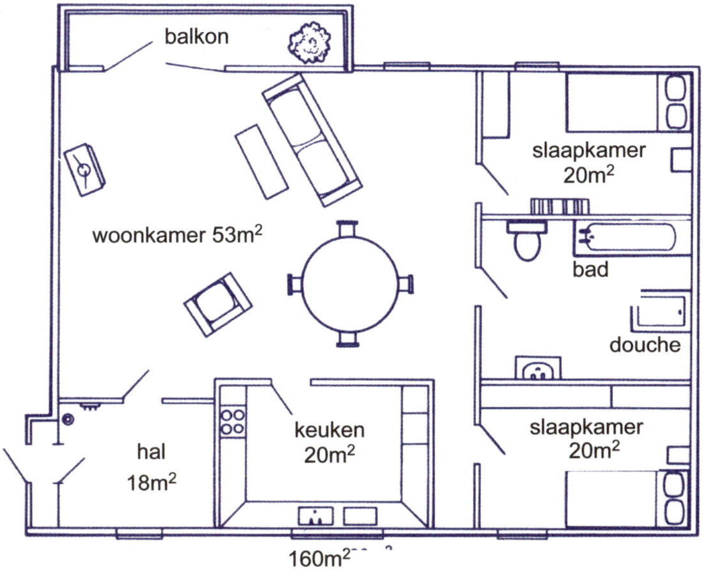

Hoeveel slaapkamers hebben jullie? Hebben jullie een tuin (*un jardin*)?

c

Heeft u een tuin? Ligt uw huis mooi? (*Votre maison est-elle bien située ?*)

Exercice 3

autoévaluation

CD1 piste 14

Votre collègue, Aniek, vient de déménager avec sa famille. Vous lui posez des questions sur sa nouvelle maison. Voici les réponses. À vous de trouver les questions. (Vous pouvez vérifier vos réponses en écoutant l'enregistrement.)

Vous	———
Aniek	In Tilburg, maar niet in het centrum van de stad.
Vous	———
Aniek	Ja, het is een leuke buurt. Lekker rustig!
Vous	———
Aniek	Ik heb een driekamerflat.
Vous	———
Aniek	Nee, ik woon samen met mijn vriend.
Vous	———
Aniek	Nee, we hebben geen tuin maar we hebben wel een balkon.

Exercice 4

autoévaluation

CD1 piste 15

Richard vous pose quelques questions. Pour répondre, utilisez les informations données sur Apeldoorn **(exercice 7d**, **page 37**), en considérant que vous vivez seul. Faites l'exercice oralement avec l'enregistrement.

Richard	Waar woon je eigenlijk?
Vous	———

Richard	Hoeveel kamers heeft het huis?
Vous	———
Richard	Ligt het huis mooi?
Vous	———
Richard	Woon je alleen?
Vous	———

grammaire

Les articles : *de*, *het*, *een*

Le néerlandais possède deux articles définis : **de** et **het**, qui correspondent à *le*, *la* et *les* en français. L'article **de** s'emploie au singulier devant les noms masculins et les noms féminins, et au pluriel dans tous les cas. L'article **het** ne s'utilise qu'au singulier, devant les noms neutres. Mais comment deviner le genre d'un nom ? Il n'existe malheureusement pas de règle absolue : le mieux sera donc de mémoriser les noms avec leur article. Sachez néanmoins que la majorité des noms sont précédés de l'article **de** : les neutres, qui sont associés à l'article **het**, sont l'exception. Ce sont ces noms neutres auxquels il faudra faire particulièrement attention.

	SINGULIER	PLURIEL
MASCULIN	**de** tuin *le jardin*	**de** tuinen *les jardins*
FÉMININ	**de** keuken *la cuisine*	**de** keukens *les cuisines*
NEUTRE	**het** huis *la maison*	**de** huizen *les maisons*

Heureusement, l'emploi de l'article indéfini (*un*, *une* et *des* en français) est beaucoup plus simple : **een** au singulier, pas d'article au pluriel.

	SINGULIER	PLURIEL
MASCULIN	**een** tuin	tuinen
FÉMININ	**een** keuken	keukens
NEUTRE	**een** huis	huizen

Le pluriel des noms

Il y a trois façons de former le pluriel des noms :

- les noms d'au moins deux syllabes qui se terminent par **-el**, **-en**, **-em**, **-er** et **-je** prennent **-s**
- les noms qui se terminent par **-a**, **-i**, **-o**, **-u** et **-y** prennent **-'s**
- tous les autres prennent **-en**

Voici quelques exemples :

pluriel en **-s** ou en **-'s**	pluriel en **-en**
de tafel (*la table*) → de tafel**s**	het boek (*le livre*) → de boek**en**
de vader (*le père*) → de vader**s**	het ding (*la chose*) → de ding**en**
de kamer → de kamer**s**	de stoel (*la chaise*) → de stoel**en**
het meisje (*la fille*) → de meisje**s**	de fiets (*le vélo*) → de fiets**en**
de foto (*la photo*) → de foto**'s**	de man → de mann**en**
de auto *(la voiture)* → de auto**'s**	de maan (*la lune*) → de man**en**
de hobby → de hobby**'s**	
de taxi → de taxi**'s**	

Les verbes de position : *liggen, zitten, staan*

Outre leur signification littérale (*être couché, être assis, être debout*), ces trois verbes de position présentent un grand nombre d'emplois idiomatiques. Souvent, leur sens littéral s'est affaibli, et il conviendra de les traduire par le verbe *être* en français.

Liggen est utilisé pour des objets en position couchée :

Het boek ligt op de tafel.	*Le livre est sur la table.*
De krant ligt op de grond.	*Le journal est par terre.*

Mais **liggen** traduit aussi la situation géographique :

De Vrolikstraat ligt in Amsterdam-. Oost	*La rue Vrolik se trouve dans Amsterdam-Est.*
Waar ligt Voorschoten?	*Où se trouve Voorschoten ?*

liggen

staan

Staan est utilisé pour des objets en position debout :

De koffie staat klaar.	*Le café est prêt.*
De fiets staat in de tuin.	*Le vélo est dans le jardin.*

Zitten est utilisé dans de multiples contextes, mais renvoie le plus souvent à la position assise, au sens large et au sens figuré, comme celle d'une personne qui séjourne durablement dans un lieu. Ainsi se comprennent les exemples suivants :

Mijn dochter zit in Amsterdam.	*Ma fille est/vit à Amsterdam.*
Zij zit altijd thuis.	*Elle est toujours chez elle.*
Hij zit in de gevangenis.	*Il est en prison.*
Ik zit hier heel leuk.	*Je suis très bien ici.*

zitten

zitten *être assis*	**liggen** *être couché*	**staan** *être debout*
	SINGULIER	
ik **zit** je/jij **zit** (inversion : **zit** je/jij?) u **zit** hij **zit** zij **zit**	ik **lig** je/jij **ligt** (inversion : **lig** je/jij?) u **ligt** hij **ligt** zij **ligt**	ik **sta** je/jij **staat** (inversion : **sta** je/jij?) u **staat** hij **staat** zij **staat**
	PLURIEL	
wij **zitten** jullie **zitten** u **zit** zij **zitten**	wij **liggen** jullie **liggen** u **ligt** zij **liggen**	wij **staan** jullie **staan** u **staat** zij **staan**

grammaire

Les nombres de 20 à 1000

CD1 piste 16

20 twintig
21 eenentwintig
22 tweeëntwintig
23 drieëntwintig
24 vierentwintig
25 vijfentwintig
26 zesentwintig
27 zevenentwintig
28 achtentwintig
29 negenentwintig
30 dertig
40 veertig
50 vijftig
60 zestig
70 zeventig
80 tachtig
90 negentig
100 honderd
128 honderdachtentwintig
200 tweehonderd
282 tweehonderdtweeëntachtig
300 driehonderd
465 vierhonderdvijfenzestig
746 zevenhonderdzesenveertig
1000 duizend

Pour les nombres compris entre 21 et 99, vous noterez que les unités précèdent les dizaines et sont reliées à celles-ci par **-en** : **vierentwintig**, *vingt-quatre*.

Vous noterez aussi la présence d'un tréma sur les nombres **tweeëntwintig**, **drieënzestig**, etc. Vous en trouverez l'explication dans l'exposé des règles d'orthographe, page **XII.**

Les adjectifs possessifs

Dans les dialogues, nous avons rencontré plusieurs fois ces petits mots qui, placés devant le nom, expriment la possession :

mijn keuken	*ma cuisine*
mijn vriendin	*mon amie*
ons huis	*notre maison*

L'emploi des adjectifs possessifs ne pose pas de difficultés particulières, si ce n'est à la troisième personne du singulier, où le néerlandais emploie **zijn** pour le possesseur masculin et **haar** pour le féminin. (Rappelons qu'en français, l'adjectif possessif varie selon le genre de ce qui est possédé et non du possesseur.) Voici les adjectifs possessifs en néerlandais :

Accentué	Non accentué	
	SINGULIER	
mijn	**(m'n)**	*mon, ma, mes*
jouw	**je**	*ton, ta, tes*
uw	—	*votre, vos*
zijn	**(z'n)**	*son, sa, ses* (possesseur masculin)
haar	**(d'r)**	*son, sa, ses* (possesseur féminin)
	PLURIEL	
ons/onze	—	*notre, nos*
jullie	**je**	*votre, vos*
uw	—	*votre, vos* (forme polie)
hun	—	*leur*

Vous pouvez constater que certains pronoms possèdent une forme accentuée et une forme non accentuée. La différence entre ces deux formes est sensiblement la même que celle qui existe entre les pronoms **je** et **jij**, comme nous l'avons expliqué dans le **chapitre 1.**

Les formes accentuées des possessifs sont celles de la langue écrite et des contextes plus formels. Dans la conversation quotidienne, ce sont les formes non accentuées qui l'emportent, sauf si l'on veut insister sur l'identité du possesseur :

M'n hond en m'n kat slapen in één mand.	*Mon chien et mon chat dorment dans le même panier.*
Het is niet jouw pc maar mijn pc!	*Ce n'est pas <u>ton</u> ordinateur, mais <u>mon</u> ordinateur !*

Le plus souvent, les formes indiquées entre parenthèses dans le tableau ne sont pas utilisées à l'écrit, car elles sont jugées trop familières.

Les deux formes de la première personne du pluriel, **ons** et **onze**, ne diffèrent que par l'orthographe : la première s'emploie devant les noms neutres singuliers, ceux qui demandent l'article **het** (voir **page 31**) ; la seconde s'emploie dans tous les autres cas, c'est-à-dire les noms singuliers qui demandent l'article **de** et tous les noms pluriels.

(het huis →) **ons** huis	*notre maison*
(de auto →) **onze** auto	*notre voiture*
onze huizen	*nos maisons*
onze auto's	*nos voitures*

Exercice 5

Complétez les phrases par l'adjectif possessif qui convient.

- **a** Dit is ——— boek. *C'est mon livre.*
- **b** Misschien is dit ——— koffie. *C'est peut-être son café (à elle).*
- **c** Zijn ——— kinderen ook zo luidruchtig? *Nos enfants sont-ils aussi bruyants ?*
- **d** Mag ik ——— pen even lenen? *Puis-je emprunter votre stylo ? (forme polie)*
- **e** Ik heb ——— nieuwe auto nog niet gezien. *Je n'ai pas encore vu votre nouvelle voiture. (forme familière)*
- **f** ——— badkamer is erg mooi. *Leur salle de bains est très belle.*
- **g** Maar ——— badkamer niet! *Mais sa salle de bains (à lui) non !*
- **h** Jammer genoeg is ——— huis nog niet verkocht. *Malheureusement, notre maison n'est pas encore vendue.*

Er is/zijn ...

Pour décrire une situation, les expressions **er is** et **er zijn** sont toujours utiles. La première s'emploie devant un singulier, la seconde devant un pluriel. Toutes les deux se traduisent en français par *il y a*.

Er is een mooie badkamer.	*Il y a une belle salle de bains.*
Er zijn boven vier slaapkamers.	*En haut, il y a quatre chambres.*

Exercice 6

Welk antwoord past bij de vraag?
Choisissez la réponse correspondant à la question.

a	Waar woont je zoon?	**I**	De kamers zijn een beetje klein.
b	Waar ligt dat?	**II**	Ja, ons huis ligt vlak bij het strand.
c	Zit je vlak bij het strand?	**III**	Dat ligt vlak bij het strand.
d	Woon je in een rustige buurt?	**IV**	Hij zit in Purmerend.
e	Is het huis groot?	**V**	Ja, het is een rustige straat.

Exercice 7

CD1 piste 17

Écoutez et lisez le texte suivant.

Ik woon in Amsterdam. Ik heb een driekamerwoning. Er is een keuken, douche en balkon. Het huis ligt vlak bij het strand.

Utilisez les données suivantes pour construire des phrases selon le même modèle. Vous pouvez vérifier vos réponses en écoutant l'enregistrement.

	woonplaats	kamers	kenmerken	vlak bij
a	Rotterdam	4	een mooie grote achtertuin	de dierentuin
b	Haarlem	3	twee grote balkons	de duinen
c	Groningen	5	een mooie open keuken	het centrum
d	Apeldoorn	4	een comfortabele woonkamer	de Veluwe
e	Purmerend	2	een grote slaapkamer	Amsterdam

de woonplaats	*le domicile*
de kenmerken	*les caractéristiques*
de dierentuin	*le jardin zoologique*
het centrum	*le centre*
comfortabel(e)	*confortable*
de Veluwe	parc naturel situé près d'Apeldoorn

Exercice 8

Lisez l'annonce reproduite ci-dessous et répondez aux questions en français :

a Quel type de logement est mis en vente ?

b Quelles sont les caractéristiques de ce logement ?

c Quelle est la superficie de ce logement ?

Te koop.
Rotterdam. Luxe verbouwde bovenwoning, grote woonkamer met open haard, open keuken, luxe badkamer, 3 sl. kamers en riant balkon (totale oppervlakte 150m2), € 310.000
05998-18043

te koop	*à vendre*
luxe	*(de) luxe*
verbouwd	*rénové*
de bovenwoning	*l'appartement supérieur*
de open haard	*la cheminée, l'âtre*
riant	*spacieux*
de oppervlakte	*la superficie*

Exercice 9

Décrivez brièvement votre maison ou votre appartement en suivant le modèle de l'exercice 7.

Lecture

In Nederland is veel nieuwe woningbouw. Minstens de helft van de nieuwe woningen zijn koopwoningen. De rest is bestemd om te verhuren.

De overheid geeft in sommige gevallen subsidie voor het kopen of huren van een woning.

Sommige mensen wonen in een boot, de zogenaamde woonboten of woonarken.

De moderne woningbouw heeft soms een interessante architectuur. De paalwoningen van architect Piet Blom in Helmond en Rotterdam zijn heel bijzonder.

de woningbouw	*la construction de logements*
minstens	*au moins*
de helft	*la moitié*
de koopwoningen	*les logements destinés à la vente*
bestemd	*destiné*
huren	*louer*
de overheid	*les pouvoirs publics*
geeft	*donne*
in sommige gevallen	*dans certains cas*
de subsidie	*la subvention*
kopen	*acheter*
zogenaamde	*ainsi nommé*
de paalwoning	*la maison sur pilotis*
bijzonder	*particulier*

Répondez à ces questions en français :

1) Est-ce que l'on construit beaucoup de nouveaux logements aux Pays-Bas ?
2) Quelle est la part de ces nouveaux logements qui est mise en vente ?
3) Les autorités néerlandaises accordent-elles des subventions à ceux qui achètent ou qui louent un nouveau logement ?
4) Quelles sont les maisons qui ont fait la renommée de l'architecte Piet Blom ?

paalwoningen

04

De boodschappen

Les courses

Communication

- Faire vos courses sur un marché
- Vous exprimer dans un magasin
- Parler de prix et de quantités

Dialogues 1, 2, 3 et 4

CD1 piste 18

Au marché

Vous vous trouvez pendant quelques jours dans une petite ville des Pays-Bas. Après le petit déjeuner, vous allez faire des courses. Au marché (**op de markt**), vous vous arrêtez devant les étals (**de kramen**) en écoutant les conversations.

Premier étal

Vendeur	Goedemorgen, mevrouw. Zegt u het maar.
Cliente	Goedemorgen. Mag ik een pond tomaten?
Vendeur	Natuurlijk, anders nog iets?
Cliente	Ja, ook nog een kilo aardappelen.
Vendeur	Prima. Anders nog iets?
Cliente	Nee, dank u. Dat was het.

vocabulaire

Zegt u het maar.	*Dites-moi.*
Mag ik ...?	*Puis-je avoir … ?*
een pond tomaten	*une livre de tomates*
Anders nog iets?	*Autre chose ?*
een kilo aardappelen	*un kilo de pommes de terre*
Dat was het.	*Ce sera tout.*

Deuxième étal

Vendeuse	Goedemorgen. Wie is er aan de beurt?
Cliente	Ik, geloof ik. Ik wil graag drie ons kaas.
Vendeuse	Wat voor kaas?
Cliente	Jonge kaas, alstublieft.
Vendeuse	Mag het iets meer zijn?
Cliente	Ja, hoor. Dat is prima.
Vendeuse	Anders nog iets?
Cliente	Verkoopt u ook eieren?
Vendeuse	Ja, natuurlijk. Hoeveel?
Cliente	Tien scharreleieren graag.
Vendeuse	En dat was het?
Cliente	Ja, dat was het. O, nee. Ik heb ook boter nodig.
Vendeuse	Eén kuipje?
Cliente	Ja, graag.
Vendeuse	Dat is dan € 5,25 bij elkaar.

Wie is er aan de beurt?	*À qui le tour ?*
Ik, geloof ik.	*C'est à moi, je crois.*
Ik wil graag ...	*Je voudrais ...*
drie ons kaas	*trois cents grammes de fromage*
Wat voor ...?	*Quelle sorte de … ?*
jong	*jeune*
alstublieft	*s'il vous plaît*
Mag het iets meer zijn?	*Ça peut être un peu plus ?*
Ja, hoor.	*Oui, bien sûr.*
Verkoopt u ...?	*Est-ce que vous vendez … ?*
eieren	*des œufs*
scharreleieren	*des œufs fermiers*
Ik heb ook boter nodig.	*J'ai aussi besoin de beurre.*
één kuipje	*une barquette*
Dat is dan ...	*Ça fait …*
bij elkaar	*en tout*

Troisième étal

Vendeur	Wie mag ik helpen? U meneer?
Client	Ja. Ik wil graag wat kersen.
Vendeur	Dat kan. Hoeveel?
Client	Hoe duur zijn ze?
Vendeur	Ze kosten € 2,50 per pond.
Client	Doet u dan maar een pond.
Vendeur	Anders nog iets?
Client	Ja, ook een kilo sinaasappelen, alstublieft.
Vendeur	Natuurlijk. Anders nog iets?
Client	Nee, ik heb verder niets nodig.
Vendeur	Dat is € 4,75, alstublieft.
Client	Alstublieft, een briefje van 20 euro.
Vendeur	Met 5, 10 en dat is 20.
Client	Dank u.
Vendeur	Graag gedaan. Tot ziens.

Wie mag ik helpen?	*Que puis-je pour vous ?*
wat kersen	*des cerises*
Dat kan.	*C'est possible.*
Hoe duur zijn ze?	*Combien coûtent-elles ?*
Ze kosten ...	*Elles coûtent …*
per pond	*la livre, les cinq cents grammes*
Doet u dan ...	*Mettez-moi ...*
sinaasappelen	*des oranges*
Ik heb verder niets nodig.	*Je n'ai plus besoin de rien.*
een briefje van 20 euro	*un billet de 20 euros*
Graag gedaan.	*Je vous en prie.*
Tot ziens.	*Au revoir.*

Quatrième étal

Vendeuse	Morgen, meneer. Hoe kan ik u helpen?
Client	Goedemorgen. Heeft u wat garnalen voor me?
Vendeuse	Natuurlijk. Hoeveel wilt u?
Client	Zo'n twee ons.
Vendeuse	Wilt u anders nog iets?
Client	Ook nog drie zoute haringen, graag.
Vendeuse	Komt voor elkaar.
Client	En een zak mosselen, alstublieft.
Vendeuse	Dat was het?
Client	Ja, dat was alles.
Vendeuse	Dat wordt dan € 20,50 bij elkaar.
Client	Alstublieft.
Vendeuse	Dank u wel. Een prettige dag verder.
Client	Bedankt. Van hetzelfde.

Morgen!	*Bonjour !*
Hoe kan ik u helpen?	*Que puis-je pour vous ?*
garnalen	*des crevettes*
zo'n twee ons	*environ deux cents grammes*
zoute haringen	*des harengs salés*
Komt voor elkaar.	*Entendu.*
een zak mosselen	*un sac de moules*

Dat was alles.	*C'est tout.*
Dat wordt dan ...	*Ça fera …*
Een prettige dag verder.	*(Passez) une agréable journée.*
Bedankt.	*Merci.*
Van hetzelfde.	*Vous de même.*

Exercice 1

Écoutez les dialogues et lisez-les attentivement. Assurez-vous d'avoir compris tous les mots et toutes les expressions, puis jouez les scènes.

Les commerces : horaires et paiement

L'expression **boodschappen doen** *faire les courses* ne concerne que les achats nécessaires au ménage et à la vie quotidienne. Si vous faites du shopping, vous utiliserez le verbe **winkelen**, qui signifie littéralement *faire les magasins* (**de winkel** *le magasin*).
Aux Pays-Bas, la plupart des commerces ferment à 18 heures, sauf dans les quatre grandes villes (Amsterdam, Utrecht, La Haye et Rotterdam), où l'heure de fermeture est plus tardive. Les supermarchés ont des horaires plus souples, et les grandes enseignes ouvrent souvent jusqu'à 20 heures, voire plus tard dans les grandes villes.

Depuis le 1er janvier 2002, le florin (**de gulden**) a cédé la place à l'euro (**de euro**). Sur leur face néerlandaise, les pièces de monnaie portent l'effigie de la reine Beatrix.

Les Néerlandais ont cependant l'habitude d'utiliser leur carte bancaire, et pas seulement dans les supermarchés. *Payer par carte bancaire* se dit simplement **pinnen** (**de pin**, *le code*). Dans les supermarchés, il est également possible d'utiliser sa carte bancaire à la caisse pour retirer de l'argent liquide.

Les expressions utiles

Dans les magasins ou sur les marchés, il conviendra de maîtriser quelques expressions usuelles pour s'adresser au vendeur, passer la commande et s'exprimer avec courtoisie. Et même si les supermarchés ne sont guère propices à la conversation, il faudra bien passer à la caisse (**de kassa**) et, comme ailleurs, comprendre et se faire comprendre. Voici une liste d'expressions qui pourront vous être utiles lors de vos achats :

• À qui le tour ?

Le vendeur commencera souvent par demander qui il doit servir :

Wie is er aan de beurt?	*C'est à qui le tour ?*
Wie mag ik helpen?	*Qui puis-je servir ?*

• Vous désirez ?

Votre tour est arrivé, et c'est à vous que le vendeur s'adresse :

Zegt u het maar.	*Dites-moi.* (soutenu)
Zeg het maar.	*Dites-moi.* (usuel)
Hoe kan ik u helpen?	*Que puis-je pour vous ?*

• La commande

Pour passer commande, le plus simple est d'utiliser **alstublieft** ou **graag** :

Een kilo appels, alstublieft.	*Un kilo de pommes, s'il vous plaît.*
Een pond kaas, graag.	*Cinq cents grammes de fromage, s'il vous plaît.*

• Un peu plus, un peu moins ?

La quantité que vous avez demandée n'est pas toujours la quantité affichée sur la balance. Le vendeur vous demandera :

Mag het iets meer zijn?	*Ça peut être un peu plus ?*
Mag het iets minder zijn?	*Ça peut être un peu moins ?*

• Et avec ceci ?

Le vendeur vous demandera enfin si vous souhaitez autre chose :

Anders nog iets?	*Autre chose ?*
Dat was het?	*Ce sera tout ?*

• Le paiement

Avant de régler, vous prendrez connaissance de la somme due :

Dat is € 10 / Dat wordt € 10.	*Ça fait 10 euros.*
Dat is dan € 10 bij elkaar.	*Ça fait 10 euros en tout.*

Ces formules sont habituellement suivies d'un **alstublieft** *s'il vous plaît*.

Quand viendra votre tour de payer, vous tendrez l'argent en disant aussi **alstublieft**, mais dans un autre sens : c'est l'équivalent de *voici* en français. Le vendeur prendra l'argent en remerciant : **dank u wel**.

Quand le vendeur vous rendra votre monnaie, les rôles seront inversés : le vendeur vous tendra la monnaie et votre ticket de caisse (**de bon** ou **het bonnetje**) en disant **alstublieft**, et vous le remercierez en lui disant **dank u wel**. Dans ce contexte, la meilleure façon de prendre congé est de dire simplement : **Tot ziens!** *Au revoir !*

Au marché ou dans un magasin, le dialogue se présentera donc le plus souvent comme suit :

Vendeur	Dat is 14 euro 20 bij elkaar, alstublieft.
Vous	[en tendant l'argent] Alstublieft.
Vendeur	[en prenant l'argent] Dank u wel.
	[en rendant la monnaie] Alstublieft.
Vous	[en prenant la monnaie] Dank u wel. Tot ziens.
Vendeur	Tot ziens!

• Votre liste de courses

Pour faire vos courses, vous aurez besoin d'un peu de vocabulaire. Les fruits, les légumes, le fromage, le pain, les boissons : comment s'y retrouver ? Voici une liste pour vous aider :

Het fruit *Les fruits*

de appel *la pomme*	de appels *les pommes*
de peer *la poire*	de peren *les poires*
de druif *le raisin*	de druiven *les raisins*
de kers *la cerise*	de kersen *les cerises*
de aardbei *la fraise*	de aardbeien *les fraises*
de meloen *le melon*	de meloenen *les melons*
de citroen *le citron*	de citroenen *les citrons*

De groenten *Les légumes*

de bloemkool *le chou-fleur*
de sperziebonen *les haricots verts*
de spinazie *les épinards*
de aardappelen *les pommes de terre*
de tomaat *la tomate*
de sla *la salade verte*
de salade *la salade*

De kaas *Le fromage*

de jonge kaas *le fromage jeune*
de belegen kaas *le fromage mi-vieux*
de oude kaas *le fromage vieux*

Het brood *Le pain*

het bruine brood *le pain complet*
het witte brood *le pain blanc*

het bolletje *le petit pain rond*

het puntje *le petit pain long*

Het beleg *La garniture (des sandwiches)*

de boter *le beurre*

de ham *le jambon*

de hagelslag *les vermicelles de chocolat*

de pindakaas *le beurre de cacahouètes*

de chocoladepasta *la pâte à tartiner au chocolat*

de jam *la confiture*

de aardbeienjam *la confiture de fraises*

Om te drinken *Pour boire*

de thee *le thé*

de koffie *le café*

de melk *le lait*

de volle melk *le lait entier*

de halfvolle melk *le lait demi-écrémé*

de magere melk *le lait écrémé*

de suiker *le sucre*

de wijn *le vin*

de rode wijn *le vin rouge*

de witte wijn *le vin blanc*

het bier *la bière*

de spa rood *l'eau pétillante*

de spa blauw *l'eau plate*

de sinaasappelsap *le jus d'orange*

Om te knabbelen *Pour grignoter*

de chips *les chips*

de pinda's *les cacahouètes*

de noten *les noix*

de toastjes *les biscuits salés*

autoévaluation

Exercice 2

Vous allez faire vos courses au supermarché. De quoi avez-vous besoin ? Aidez-vous des illustrations pour y répondre en utilisant la formule **Ik heb … nodig** *J'ai besoin de …*

exemple :

réponse : Ik heb appels nodig. *J'ai besoin de pommes.*

a

b

c

d

e

f

g

h

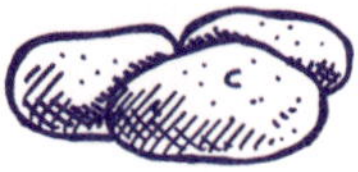

i

j

grammaire

Les pronoms personnels sujets

Les pronoms personnels employés comme sujets (*je, tu, il/elle, nous, vous, ils/elles* en français) possèdent presque tous une double forme : l'une accentuée, l'autre non accentuée :

Accentué	Non accentué	
	SINGULIER	
ik	**('k)**	*je*
jij	**je**	*tu*
u	—	*vous* (vouvoiement)
hij	**(ie)**	*il* (masculin)
zij	**ze**	*elle*
het	**'t**	*il* (neutre)
	PLURIEL	
wij	**we**	*nous*
jullie	—	*vous* (tutoiement)
u	—	*vous* (vouvoiement)
zij	**ze**	*ils/elles*

Comme nous l'avons déjà signalé à propos de **jij** et de **je** (chapitre 1), les formes non accentuées sont de loin les plus usitées, en particulier dans la conversation. Les formes accentuées s'emploient pour insister sur l'identité du sujet, qu'il s'agisse de lever une ambiguïté ou de souligner une opposition :

Ze betaalt belasting.*Elle paie des impôts.*

Ik betaal belasting maar zij niet. *Je paie des impôts, mais elle non.*

Les formes indiquées entre parenthèses, tenues pour familières, ne sont pas employées dans la langue écrite.

autoévaluation

Exercice 3

Complétez les phrases suivantes avec la forme accentuée du pronom personnel sujet.

exemple : (*Je*) woon in Nijmegen.
Ik woon in Nijmegen.

a (*Vous*, pluriel, tutoiement) drinken te veel wijn. *Vous buvez trop de vin.*

b (*Ils*) willen graag naar de markt in Haarlem. *Ils voudraient aller au marché de Haarlem.*

c (*Elle*) koopt sinaasappels en kersen. *Elle achète des oranges et des cerises.*

d (*Tu*) bent aan de beurt. *C'est ton tour.*

e (*Il*) zit de hele dag voor de televisie. *Il est toute la journée devant la télévision.*

f (*Tu*) hebt veel boeken. *Tu as beaucoup de livres.*

g (*Je*) wil graag een kopje koffie. *Je voudrais une tasse de café.*

h (*Nous*) gaan morgen naar het strand. *Nous irons demain à la plage.*

grammaire — Les pronoms de la 3e personne du singulier

Quand il s'agit de personnes, le néerlandais dispose de trois pronoms sujets à la 3e personne du singulier : **hij** (masculin), **zij** (féminin) et **het** (neutre). Quand il s'agit d'animaux ou de choses, le choix se réduit à deux pronoms : **hij** (masculin et féminin) et **het** (neutre). Notez que cette simplification, qui correspond à la norme aux Pays-Bas, n'existe pas chez les néerlandophones de Belgique, où la distinction entre **hij** et **zij** s'est maintenue même pour les choses.

Is **het** boek interessant?	*Le livre est-il intéressant ?*
Ja, **het** is interessant.	*Oui, il est intéressant.*
Is **de** bibliotheek open?	*La bibliothèque est-elle ouverte ?*
Ja, **hij** is open.	*Oui, elle est ouverte.*

autoévaluation — Exercice 4

Choisissez le pronom manquant. N'utilisez la forme accentuée qu'en cas de nécessité.

exemple : Wilt _______ koffie? (vous, vouvoiement)
Wilt **u** koffie?

a Ben _______ erg moe? *Es-tu très fatigué ?*

b Heeft _______ een nieuwe vriendin? *A-t-il une nouvelle amie ?*

c _______ gaat vaak joggen. *Elle fait souvent du jogging.*

d _______ hou van je. Hou _______ ook van mij? *Je t'aime. M'aimes-tu aussi ?*

e Waar komen _______ vandaan? *D'où venez-vous ?* (pluriel, tutoiement)

f _______ kosten € 5 per kilo. *Ils coûtent 5 euros le kilo.*

g _______ eruit of _______ eruit! *Elle sort ou je sors !*

h Heb _______ de krant van vandaag? *As-tu le journal d'aujourd'hui ?*

L'expression de la quantité

Quand vous faites vos courses, vous êtes souvent conduits à indiquer des quantités. Dans les dialogues précédents, nous avons vu plusieurs façons d'exprimer les quantités :

een gram *un gramme*

een ons *100 grammes*

een pond *500 grammes, une livre*

een kilo *un kilo*

Pour distinguer l'article indéfini (un) de l'adjectif numéral (1), le néerlandais dispose d'une solution orthographique : le premier s'écrit **een** (sans accent) ; le second, **één** (avec deux accents).

Ik heb een vraag.	*J'ai une question.*
Ik heb maar één vraag.	*Je n'ai qu'une (seule) question.*

Pour exprimer la demi-unité, il suffit d'ajouter **-eneenhalf**, c'est-à-dire *et demi* :

tweeëneenhalf *deux et demi*

viereneenhalf ons *450 grammes*

Une seule exception :
anderhalf *un et demi*

Pour exprimer une quantité approximative :

zo'n 300 gram *environ 300 grammes*

ongeveer een kilo *environ un kilo*

Et pour être encore plus vague :

wat garnalen *des crevettes*

Voici d'autres façons d'exprimer la quantité :

de fles *la bouteille*

de doos *la boîte*

het pak *le paquet, la brique* (de lait)

de zak *le sac, le sachet*

de krat *le cageot, le pack* (de bière)

Exercice 5

autoévaluation

CD1 piste 19

Exercez-vous à exprimer les quantités. Composez la question et la réponse en utilisant les données fournies et en suivant le modèle de l'exemple. Vous pouvez faire l'exercice oralement avec l'enregistrement.

exemple : aardbeien (een pond)

réponse : Hoeveel aardbeien hebben we nodig?
We hebben een pond aardbeien nodig.

a tomaten (1,5 pond)

b citroenen (3)

c jonge kaas (4 ons)

d koffie (2 pakken)

e wijn (4 flessen)

f bier (een krat)

g chips (2 zakken)

h halfvolle melk (1 pak)

La forme de politesse

grammaire

En français comme en néerlandais, le vouvoiement maintient une distance, tenue pour une marque de respect et de politesse, entre deux personnes qui se connaissent peu. Dans les dialogues, vous avez rencontré à plusieurs reprises une façon de remercier qui relève de ce registre : **alstublieft**, où vous reconnaissez le pronom de la forme de politesse. Si vous êtes en situation de tutoyer votre interlocuteur, vous direz plutôt : **alsjeblieft**. On retrouve la même opposition entre **dank u (wel)** et **dank je (wel)**. Comme nous l'avons déjà mentionné, les Néerlandais se tutoient plus facilement que les Français.

Les formules de salutation diffèrent aussi selon le degré de familiarité des interlocuteurs. Ainsi **goedemorgen**, qui relève d'une langue relativement formelle, s'oppose-t-il au simple **hoi**, qui appartient à la langue familière. Et pour dire au revoir, il faut opposer le classique **tot ziens!** au très décontracté **doei!**

Les modaux

grammaire

Voici deux phrases tirées des dialogues précédents :

Wie **mag** ik **helpen**? *Qui puis-je aider ?*
Hoe **kan** ik u **helpen**? *Que puis-je pour vous ?*

Deux formes verbales apparaissent dans chacune de ces deux phrases : **mag** et **helpen** dans la première ; **kan** et **helpen** dans la seconde. Les deux premiers verbes – **mag** (infinitif : **mogen**) et **kan** (infinitif : **kunnen**) – sont appelés *modaux* : ils sont le plus souvent associés à un second verbe, placé à la fin de la phrase et toujours à l'infinitif (**helpen** dans les exemples). Seul le modal est donc conjugué :

Kunt u me **helpen**? *Pouvez-vous m'aider ?*
Mogen we hier **zwemmen**? *Pouvons-nous nager ici ?*
Ik **kan** niet **zwemmen**. *Je ne sais pas nager.*

Ces modaux permettent une grande variété de nuances : un souhait (**willen**), une possibilité ou une capacité (**kunnen**), une permission (**mogen**), une obligation ou une nécessité (**moeten**).

Voici la conjugaison de ces quatre verbes au présent :

	willen	**kunnen**	**mogen**	**moeten**
	vouloir	*savoir/pouvoir*	*pouvoir*	*devoir*
ik	wil	kan	mag	moet
jij	wil/wilt*	kan/kunt*	mag	moet
u	wil/wilt*	kan/kunt*	mag	moet
hij/zij/het	wil	kan	mag	moet
wij	willen	kunnen	mogen	moeten
jullie	willen	kunnen	mogen	moeten
u	wil/wilt*	kan/kunt	mag	moet
zij	willen	kunnen	mogen	moeten

* Les formes **wilt** and **kunt** relèvent d'une langue soutenue.

Quand les verbes **hebben** *avoir* et **gaan** *aller* sont associés à un modal, ils sont généralement sous-entendus :

Wij **willen** een biertje (hebben). *Nous voudrions une bière.*
Ik **moet** naar het station (gaan). *Je dois aller à la gare.*

autoévaluation

Exercice 6

CD1 piste 20

Complétez les phrases en conjuguant le modal. Vous pouvez vérifier vos réponses en écoutant l'enregistrement.

exemple : Maria _______ morgen werken. (moeten)
réponse : Maria **moet** morgen werken.

a Ik _______ in het weekend in het bos wandelen. (willen) *Je voudrais me promener en forêt le week-end.*

b _______ je hier roken? (mogen) *Peut-on fumer ici ?*

c Hij _______ erg goed zingen. (kunnen) *Il chante très bien.*

d ______ jullie dat formulier ook invullen? (moeten) *Devez-vous aussi remplir ce formulaire ?*

e Ik ______ morgen niet komen. (kunnen) *Je ne pourrai pas venir demain.*

f ______ je iets meer of iets minder? (willen) *Veux-tu un peu plus ou un peu moins ?*

g We ______ nu de afwas doen. Of later. (kunnen) *Nous pouvons faire la vaisselle maintenant. Ou tout à l'heure.*

h Jij ______ eerst je werk afmaken. (moeten) *Tu dois d'abord terminer ton travail.*

autoévaluation

Exercice 7

CD1 piste 21

Répondez affirmativement aux questions suivantes. Vous pouvez faire l'exercice oralement avec l'enregistrement.

exemple : Kun je zwemmen? *Sais-tu nager ?*

réponse : Ja, ik kan zwemmen.

a Mag je van je baas thuis werken? *Ton patron te permet-il de travailler chez toi ?*

b Moet je vaak de afwas doen? *Dois-tu souvent faire la vaisselle ?*

c Kan ik vanmiddag op visite komen? *Puis-je passer cet après-midi ?*

d Willen jullie melk in je koffie? *Voulez-vous du lait dans votre café ?*

e Mogen we hier roken? *Pouvons-nous fumer ici ?*

f Wil je het huis ook echt kopen? *Veux-tu vraiment acheter la maison ?*

g Kan je de computer zelf repareren? *Peux-tu réparer l'ordinateur toi-même ?*

h Moet ik het programma voor je opnemen? *Dois-je enregistrer l'émission pour toi ?*

05

Weet u de weg?

Connaissez-vous le chemin ?

Communication

- Demander votre chemin et indiquer le chemin
- Demander des renseignements

Dialogues 1, 2, 3, 4 et 5

CD1 piste 22

Pendant la pause de midi, Michiel lit son journal sur un banc. Une passante s'approche de lui :

1re passante	Pardon, meneer. Ik zoek het NS-station.
Michiel	U moet hier links. Dan loopt u rechtdoor. Het station ziet u aan de linkerkant.
1re passante	Dank u wel.

Ik zoek ...	*Je cherche …*
het NS-station	*la gare (ferroviaire)*
U moet hier links.	*Vous devez tourner à gauche ici.*
Dan loopt u rechtdoor.	*Puis vous allez tout droit.*
aan de linkerkant	*du côté gauche*

Michiel a repris sa lecture quand un homme vient l'interrompre :

1er passant	Pardon, mag ik u iets vragen?
Michiel	Ja, natuurlijk.
1er passant	Weet u de weg naar het ziekenhuis?
Michiel	Ja, hoor. U gaat hier rechtsaf en u loopt tot de stoplichten. Bij de stoplichten moet u linksaf. Het ziekenhuis is dan de derde straat rechts.
1er passant	Vriendelijk bedankt.

Mag ik u iets vragen?	*Puis-je vous demander quelque chose ?*
Weet u de weg naar het ziekenhuis?	*Connaissez-vous le chemin de l'hôpital ?*
U gaat hier rechtsaf.	*Vous tournez à droite ici.*
tot de stoplichten	*jusqu'aux feux*
bij de stoplichten	*aux feux*
U gaat hier linksaf.	*Vous tournez à gauche ici.*
de derde straat rechts	*la troisième rue à droite*
Vriendelijk bedankt.	*Merci beaucoup.*

Quelques minutes plus tard, une voiture s'arrête à la hauteur de Michiel. Une jeune fille baisse sa vitre et s'adresse à lui :

Jeune fille	Hoi, ben je hier bekend?
Michiel	Jawel.
Jeune fille	O, gelukkig. Ik wil parkeren maar ik kan geen plek vinden. Is er hier een parkeergarage?
Michiel	Ja, ik geloof het wel.
Jeune fille	Weet je waar?
Michiel	Nou, zie je die kerk daar voorbij de stoplichten?
Jeune fille	Ja.
Michiel	Je moet voorbij die kerk en dan is het ergens aan de linkerkant. Het is de derde of de vierde straat, geloof ik. Ik weet niet precies waar.
Jeune fille	Dat geeft niet. Ik weet genoeg. Dank je!
Michiel	Geen dank.
Jeune fille	Hoi!

vocabulaire

Ben je hier bekend?	*Connais-tu le quartier ?*
Jawel.	*Oui, bien sûr.*
O, gelukkig!	*Parfait !*
Ik wil parkeren.	*Je voudrais me garer.*
Ik kan geen plek vinden.	*Je ne trouve pas de place.*
Is er hier een parkeergarage?	*Y a-t-il un parking près d'ici ?*
Ja, ik geloof het wel.	*Oui, je crois bien.*
Weet je waar?	*Sais-tu où ?*
Zie je die kerk daar?	*Tu vois cette église là-bas ?*
voorbij de stoplichten	*après les feux*
Dan is het ergens aan de linkerkant.	*Puis c'est quelque part du côté gauche.*
de derde of de vierde straat	*la troisième ou la quatrième rue*
Ik weet niet precies waar.	*Je ne sais pas où exactement.*
Dat geeft niet.	*Cela ne fait rien.*
Ik weet genoeg.	*J'en sais assez.*

Michiel s'apprête à déballer son sandwich quand deux dames se précipitent sur lui, manifestement pressées :

2e passante	Meneer?
Michiel	Ja, mevrouw?
3e passante	Waar is de Kastanjelaan?
2e passante	Ja, we kunnen de Kastanjelaan niet vinden. Weet u waar die is?
Michiel	Eh, ja. Maar het is best ver. U kunt hier beter op de bus stappen.
3e passante	Op de bus?
Michiel	Ja, lijn 23.
3e passante	Is het zo ver dan?
Michiel	Nog wel zo'n halfuur lopen.
3e passante	Dat is te ver, Sjaan, dan maar met de bus.
2e passante	Goed dan. Bedankt, hoor.
Michiel	Graag gedaan.

vocabulaire

We kunnen ... niet vinden.	*Nous ne trouvons pas …*
Weet u waar die is?	*Savez-vous où c'est ?*
Het is best ver.	*C'est assez loin.*
U kunt hier beter op de bus stappen.	*Vous feriez mieux de prendre le bus.*
lijn 23	*ligne 23*
Is het zo ver dan?	*C'est si loin que ça ?*
Nog wel zo'n halfuur lopen.	*Environ une demi-heure de marche.*
Dat is te ver.	*C'est trop loin.*
Dan maar met de bus.	*Alors, prenons le bus.*
Goed dan.	*Bon, d'accord.*

Michiel s'apprête enfin à manger son sandwich, mais un homme vient à nouveau l'interrompre :

2e passant	Pardon, meneer. Bent u hier bekend?
Michiel	Nee, het spijt me. Ik ben hier helemaal niet bekend.
2e passant	O, nou, bedankt.

vocabulaire

Het spijt me.	*Je regrette.*
Ik ben hier helemaal niet bekend.	*Je ne connais pas du tout le quartier.*
O, nou, bedankt.	*Ah bon, merci.*

Exercice 1

Écoutez les dialogues et lisez-les attentivement. Assurez-vous d'avoir bien tout compris, puis jouez les scènes, de préférence avec un partenaire.

Comment dit-on ?

• Demander son chemin

Dans un pays étranger, il n'est pas toujours facile de demander son chemin et, surtout, de comprendre les explications. Il vous faudra beaucoup de pratique avant de vous sentir à l'aise dans cette situation. Au début, le mieux est de recourir aux formules les plus simples et les plus courtes :

Ik zoek ...	*Je cherche ...*
Waar is ...?	*Où est ... ?*

Ces deux formules, toutes simples, vous seront bien utiles. N'oubliez pas d'ajouter une formule de politesse en veillant toujours à la simplicité : il vous suffira, par exemple, d'utiliser **pardon, meneer** ou **pardon, mevrouw**, c'est-à-dire *pardon, monsieur* ou *pardon, madame*.

Si vous souhaitez vous exprimer de manière un peu plus élaborée, vous pouvez commencer par poser cette question :

Pardon, mag ik u iets vragen?	*Pardon, puis-je vous demander quelque chose ?*

Ou encore :

Bent u hier bekend?	*Connaissez-vous le quartier ?*

Pour demander votre chemin, vous disposez des formules suivantes :

Weet u de weg naar het ziekenhuis?	*Connaissez-vous le chemin de l'hôpital ?*
Weet u waar het ziekenhuis is?	*Savez-vous où se trouve l'hôpital ?*
Is er hier een parkeergarage?	*Y a-t-il un parking près d'ici ?*
De Kastanjelaan. Weet u waar die is?	*La Kastanjelaan. Vous savez où c'est ?*

• Indiquer le chemin

Il existe aussi plusieurs façons d'indiquer le chemin, mais encore une fois, visons la simplicité ! Commençons par l'essentiel :

links	*à gauche*
rechts	*à droite*
rechtdoor	*tout droit*
aan de linkerkant	*du côté gauche*
aan de rechterkant	*du côté droit*

Pour indiquer à quelqu'un de tourner à gauche ou à droite, vous pouvez utiliser :

linksaf *(tournez)*	*à gauche*
rechtsaf *(tournez)*	*à droite*

Dans cette situation, les verbes **moeten** *devoir* et **gaan** *aller* sont les plus fréquents :

U moet hier links.	*Vous devez tourner à gauche ici.*
U gaat hier rechtsaf.	*Vous tournez à droite ici.*

Selon les contextes, les différents verbes de mouvement peuvent aussi s'employer : pour le piéton, le verbe **lopen** *marcher* ; pour l'automobiliste, le verbe **rijden** *rouler*.

U loopt tot de stoplichten.	*Vous allez jusqu'aux feux.*
U rijdt hier rechtdoor.	*Vous allez tout droit.*

Vous pouvez aussi utiliser le verbe **nemen** *prendre* :

U neemt de eerste straat rechts.	*Vous prenez la première rue à droite.*
Dan neemt u de vierde straat links.	*Puis vous prenez la quatrième rue à gauche.*

Le verbe *traverser* se traduit par **oversteken**, dont l'emploi présente une petite difficulté, car il s'agit d'un verbe séparable (voir **chapitre 9**) :

Bij het zebrapad steekt u over.	*Vous traversez au passage (pour) piétons.*

Voici encore quelques mots utiles :

de straat	*la rue*
de weg	*la route*
de snelweg	*l'autoroute*
naar	*vers*
tot	*jusqu'à*
voorbij	*après*
tegenover	*en face de*
naast	*à côté de*
voor	*devant*
achter	*derrière*

ergens	*quelque part*
het zebrapad	*le passage (pour) piétons*
het stoplicht	*les feux (de signalisation)*
de rotonde	*le rond-point*
de afslag	*la sortie (d'autoroute)*

Dans les dialogues de ce chapitre, le vouvoiement l'a emporté de loin sur le tutoiement : les protagonistes des différentes scènes ne se connaissent pas et maintiennent entre eux une distance qui est aussi une forme de politesse. Seule la conductrice du troisième dialogue s'autorise le tutoiement : elle est jeune, comme Michiel, et s'exprime beaucoup plus familièrement. Au lieu d'utiliser **Bent u hier bekend?**, elle lui demande **Ben je hier bekend?** Et pour l'interpeller, elle se contente d'un simple **Hoi**.

autoévaluation

Exercice 2

CD1 piste 23

Demandez votre chemin en vous adaptant à la situation décrite. Faites d'abord l'exercice oralement avec l'enregistrement, puis avec le livre par écrit. Notez que la réponse proposée, ainsi que les réponses fournies à la fin du livre et dans l'enregistrement ne sont que des exemples : il existe plusieurs solutions.

exemple : Vous demandez à une vieille dame où se trouve le bureau de poste (**het postkantoor**).

réponse : Pardon, mevrouw. Ik zoek het postkantoor.

a Dans une gare, vous demandez au contrôleur où sont les toilettes (**het toilet**).

b Vous demandez à une dame où est le bureau de poste.

c Vous demandez à un jeune garçon s'il y a un parking dans les environs.

d Vous demandez à un passant où se trouve la Langestraat.

e Vous demandez à une dame si elle connaît le quartier. Vous lui dites que vous cherchez une banque (**een bank**).

f Vous demandez à un policier où se trouve l'hôpital.

Hoi!

Dans le **chapitre 1**, l'expression familière **hoi!** est présentée parmi les formules utilisées pour saluer quelqu'un. Dans le troisième dialogue de ce chapitre, la jeune conductrice l'utilise à deux reprises : pour interpeller Michiel, au début, puis pour le saluer, en le quittant. Désormais répandu dans la langue quotidienne, **hoi!** se prête ainsi à de multiples emplois.

Hoor

Le mot **hoor** apparaît dans différents contextes comme une marque d'insistance. Comme la plupart de ces petits mots qui servent à renforcer le propos, il est souvent difficile à traduire, sinon intraduisible.

ja, hoor	*oui (bien sûr)*
bedankt, hoor	*merci (beaucoup)*

grammaire

Un modal : *moeten*

Dans le chapitre précédent, nous vous avons présenté les modaux : des verbes toujours associés à un autre verbe. Nous avons rappelé le cas particulier des verbes **hebben** et **gaan** : utilisés avec un modal, ces verbes ne sont pas exprimés. Nous avons retrouvé ce cas particulier dans ce chapitre : le modal est le verbe **moeten**, et le second verbe, **gaan**, qui est sous-entendu.

U moet hier rechtdoor (gaan).	*Vous devez aller tout droit.*
Je moet voorbij die kerk (gaan).	*Tu dois passer devant cette église.*

Utilisés avec les autres modaux, **gaan** et **hebben** se comportent de la même façon.

Ik wil een auto (hebben).	*Je voudrais avoir une voiture.*
We kunnen naar Brussel (gaan).	*Nous pouvons aller à Bruxelles.*
Jullie mogen niet uit (gaan).	*Vous ne pouvez pas sortir.*

autoévaluation

Exercice 3

Traduisez les phrases suivantes en néerlandais.

exemple : Tu dois aller à Bruxelles demain.

réponse : *Je moet morgen naar Brussel.*

a Vous devez tourner à gauche aux feux.

b Nous voudrions avoir un lecteur de DVD (**een dvd-speler**).

c Elle ne peut pas aller à la fête (**naar het feest**).

d Voudrais-tu avoir un chien ? (**een hond**)

e Le rapport (**het rapport**) doit être envoyé demain au siège (**naar het hoofdkantoor**).

f Puis-je avoir encore un gâteau (**nog een koekje**) ?

g Ils veulent rentrer tôt chez eux (**vroeg naar huis**).

h Remco et moi devons aller à Anvers (**naar Antwerpen**).

grammaire Des mots de liaison : *en, maar, of, want, dus*

Vous aurez sans doute remarqué que les répliques des dialogues sont de plus en plus longues. Au lieu de juxtaposer des phrases courtes, nous avons commencé à relier des phrases entre elles en utilisant des mots de liaison. Rien de plus simple : le néerlandais se comporte comme le français. Voyez ces deux phrases :

U gaat hier rechtsaf.	*Vous tournez à droite ici.*
U loopt tot de stoplichten.	*Vous allez jusqu'aux feux.*

Pour les relier, il suffit d'utiliser **en** *et* : **U gaat hier rechtsaf en loopt tot de stoplichten**.

Et pour opposer deux idées, on emploie **maar** *mais* :

Ik wil parkeren.	*Je voudrais me garer.*
Ik kan geen plek vinden.	*Je ne trouve pas de place.*

Ik wil parkeren maar ik kan geen plek vinden.

Les mots **en** et **maar** sont appelés des conjonctions de coordination. Voici les conjonctions de coordination les plus utiles :

• **en** *et* (réunit deux idées)

Ik moet naar de kapper en ik ga boodschappen doen.	*Je dois aller chez le coiffeur et je vais faire des courses.*

• **maar** *mais* (oppose deux idées)

Ik heb eigenlijk geen tijd maar ik ga toch.	*Je n'ai vraiment pas le temps, mais j'y vais quand même.*

• **of** *ou* (indique un choix)

Wil je vanavond soep of heb je liever vis?	*Ce soir, tu veux de la soupe ou tu préfères du poisson ?*

• **want** *car* (introduit une explication)

Ik kan vanavond niet want ik heb al een afspraak.	*Je ne peux pas venir ce soir, car j'ai déjà un rendez-vous.*

• **dus** *donc* (introduit une conclusion)

Ik heb niet veel tijd dus ik moet snel werken.	*Je n'ai pas beaucoup de temps, donc je dois travailler vite.*

autoévaluation Exercice 4

Complétez les phrases avec la bonne conjonction.

a Ik wil op vakantie ______ ik heb geen geld.

b We moeten hard werken ______ het werk moet vanavond af (*le travail doit être fini ce soir*).

c Wil je suiker ______ melk in je koffie?
d Geen suiker ______ wel melk, alsjeblieft.
e Ik ben moe ______ ik doe niks (*rien*)!
f Wilt u Nederlandse kersen ______ wilt u Spaanse (*des Espagnoles*)?
g Ik woon in Heerlen ______ mijn zus (*ma sœur*) woont daar ook.

grammaire

La place du verbe

L'ordre des mots en néerlandais obéit à des règles précises. La place du verbe dans la phrase, en particulier, est une des questions délicates de la grammaire néerlandaise.

Heureusement, les règles ne sont pas nombreuses, et elles sont faciles à comprendre. Retenez d'abord ceci : dans une phrase affirmative, le verbe se trouve toujours en deuxième position. La première position peut être occupée par un grand nombre d'éléments : un mot ou un groupe de mots. Par exemple :

Zij **heeft** een hele goede baan. *Elle a un très bon poste.*
Mijn vriend en ik **gaan** op vakantie. *Mon ami et moi partons en vacances.*

Souvent, la phrase commence par le sujet, comme dans les deux phrases précédentes (**zij** dans la première, **mijn vriend en ik** dans la seconde). Rien n'empêche, cependant, de commencer la phrase par un autre élément ; l'essentiel est de se rappeler que le verbe doit absolument rester en deuxième position, ce qui implique que le sujet sera rejeté après le verbe s'il ne peut occuper la première position : c'est ce que l'on appelle l'inversion.

Dans la phrase suivante, le sujet précède le verbe :

We **gaan** morgen op vakantie. *Nous partons demain en vacances.*

Mais si la phrase commence par **morgen**, le sujet ne peut occuper la première place et se trouve rejeté après le verbe :

Morgen **gaan** we op vakantie. *Demain, nous partons en vacances.*

Que se passe-t-il quand la phrase contient plusieurs verbes ? Un modal et un verbe à l'infinitif, par exemple. Dans ce cas, le verbe principal, c'est-à-dire le verbe conjugué, occupe la deuxième place, et l'infinitif est rejeté à la fin de la phrase.

Ik **moet** morgen de hele dag werken. *Je dois travailler demain toute la journée.*

Les phrases interrogatives constituent un cas particulier. Quand la question commence par un mot interrogatif, aucune difficulté : le verbe occupe la deuxième place.

Waarom **moet** je morgen werken? *Pourquoi dois-tu travailler demain ?*

Mais dans le cas contraire, le verbe se retrouve en première position et le sujet en deuxième position.

Moet je morgen werken? *Dois-tu travailler demain ?*

autoévaluation

Exercice 5

Ces phrases sont tirées des dialogues précédents. Identifiez le verbe et dites si l'inversion a eu lieu ou non.

a U moet hier links.

b Dan loopt u rechtdoor.

c Het station ziet u aan de linkerkant.

d Bij de stoplichten moet u linksaf.

autoévaluation

Exercice 6

Réécrivez les phrases suivantes en commençant par le(s) mot(s) souligné(s).

exemple : Ik drink <u>normaal</u> koffie met melk. *D'habitude, je prends du café au lait.*

réponse : Normaal drink ik koffie met melk.

a We gaan <u>morgen</u> naar het strand. *Nous irons à la plage demain.*

b Hij heeft <u>vaak</u> hoofdpijn. *Il a souvent mal à la tête.*

c Ze hebben een tweede huis <u>in Italië</u>. *Ils ont une résidence secondaire en Italie.*

d Hij rijdt altijd te snel <u>op de snelweg</u>. *Il roule toujours trop vite sur l'autoroute.*

e Je moet <u>de keuken</u> schoonmaken. *Tu dois nettoyer la cuisine.*

f Hij kan zijn e-mails <u>vandaag</u> niet lezen. *Aujourd'hui, il ne peut pas lire ses e-mails.*

g Ze wil <u>voor de spits</u> vertrekken. *Elle veut partir avant l'heure de pointe.*

h We willen <u>dit jaar</u> ons huis verven. *Cette année, nous voulons peindre notre maison.*

autoévaluation

Exercice 7

Reconstituez les phrases en plaçant les mots dans le bon ordre.

a werken - wij - vandaag - moeten

b wil - ook - morgen - je - naar de bioscoop (*au cinéma*) - ?

c op vakantie - wij - in februari - gaan

d rechtsaf - u - moet - bij de stoplichten

e weet - naar het Rijksmuseum - de weg - u - ?

f want - komen - ik - niet - kan - naar de dokter - moet - ik

g je vader en moeder (*ton père et ta mère*) - vandaan - komen - waar - ?

h repareren - ik - morgen - mijn computer - moet

Les numéraux ordinaux : premier, deuxième …

Les adjectifs numéraux ordinaux sont ceux qui indiquent l'ordre : *premier, deuxième, troisième*, etc. En néerlandais, ils se forment en ajoutant **-de** ou **-ste** à l'adjectif cardinal (*un, deux, trois*, etc.). Et pour les abréger à l'écrit, il suffit d'ajouter **-e** au nombre :

1e	eerste	11e	elfde
2e	tweede	12e	twaalfde
3e	derde	13e	dertiende
4e	vierde	14e	veertiende
5e	vijfde	15e	vijftiende
6e	zesde	16e	zestiende
7e	zevende	17e	zeventiende
8e	achtste	18e	achttiende
9e	negende	19e	negentiende
10e	tiende	20e	twintigste

Vous noterez que **eerste** et **derde** sont des formes irrégulières.

Exercice 8

Écrivez en toutes lettres les adjectifs ordinaux entre parenthèses.

exemple : Het postkantoor is in de (2e) straat rechts.

réponse : Het postkantoor is in de **tweede** straat rechts.

a Dit is de (4e) keer dat je te laat bent. *C'est la quatrième fois que tu es en retard.*

b De Sint Annalaan is de (3e) straat links. *La Sint Annalaan est la troisième rue à gauche.*

c Mijn (5e) vrouw heet Carolien. *Ma cinquième femme s'appelle Carolien.*

d De (13e) verdieping bestaat niet. *Le treizième étage n'existe pas.*

e Hij doet het rijexamen voor de (8e) keer. *Il passe le permis de conduire pour la huitième fois.*

Exercice 9

CD1 piste 24

Observez le plan ci-contre et écoutez l'enregistrement. En suivant les indications, reconstituez votre itinéraire et identifiez le lieu que vous devez atteindre.

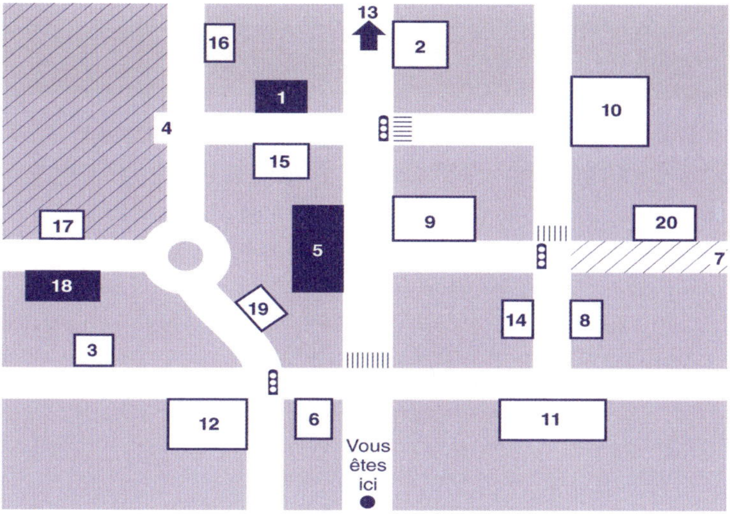

1 het postkantoor
2 de bank
3 het museum
4 het park
5 het hotel
6 de kerk
7 de markt *le marché*
8 het restaurant
9 het politiebureau *le commissariat*
10 het ziekenhuis
11 de supermarkt *le supermarché*
12 de bioscoop *le cinéma*
13 het station
14 het café
15 de VVV *l'office du tourisme*
16 de dokter
17 de school
18 het zwembad *la piscine*
19 de schoenwinkel *le magasin de chaussures*
20 het stadhuis *l'hôtel de ville*

a U moet rechtdoor voorbij het zebrapad tot de stoplichten. Bij de stoplichten gaat u rechtsaf. Het is rechtdoor aan het einde van de straat (*au bout de la rue*).

b Je moet hier rechtdoor en dan linksaf. Dan weer rechtdoor, en het is voorbij de stoplichten aan de rechterkant.

c U moet hier rechtsaf en dan direct linksaf. Het is aan de linkerkant.

d Je gaat hier direct linksaf en dan rechtdoor. Bij de stoplichten moet je rechtsaf tot de rotonde. Bij de rotonde neem je de tweede straat rechts. Het is aan de rechterkant.

autoévaluation

Exercice 10

Servez-vous du plan pour vous exercer à indiquer le chemin. Essayez de construire des dialogues en demandant d'abord votre chemin dans différents contextes (registre familier et non familier), puis en fournissant vous-mêmes les réponses.

06

We gaan winkelen

On va faire du shopping

Communication

- Décrire quelque chose
- Parler des couleurs
- Parler des vêtements
- Dire si vous aimez quelque chose ou non

Dialogues 1, 2 et 3

CD1 piste 25

Petra et Alex, qui sont en vacances aux Pays-Bas, descendent en ville pour faire du shopping :

Petra	Alex, ik heb een paar nieuwe schoenen nodig.
Alex	Alweer? Je hebt toch schoenen?
Petra	Jij snapt dat niet. Die passen toch niet bij deze broek.
Alex	Waarom niet?
Petra	Dat zie je toch zo? Trouwens, ik wil ook een paar comfortabele schoenen. We lopen zoveel. Ik wil een paar leuke sportschoenen. Kom op, we gaan winkelen.
Alex	O, nou. Oké dan.

een paar nieuwe schoenen	*une paire de nouvelles chaussures*
alweer?	*encore ?*
Je hebt toch schoenen?	*Tu as des chaussures, non ?*
Jij snapt dat niet.	*Tu ne comprends pas.*
Die passen toch niet bij deze broek.	*Elles ne vont pas avec ce pantalon.*
Dat zie je toch zo?	*Tu le vois bien, non ?*
trouwens	*d'ailleurs*
We lopen zoveel.	*Nous marchons beaucoup.*
leuk	*beau, joli*
kom op	*viens*
We gaan winkelen.	*Nous allons faire du shopping.*

In de winkelstraat:

Petra	Kijk, daar in die etalage. Daar hebben ze leuke schoenen.
Alex	Hmm. Wel duur.
Petra	Ik ga naar binnen.
Vendeuse	Dag. Kan ik u helpen?
Petra	Ja, er staat een paar witte sportschoenen in de etalage. Kan ik die even passen?
Vendeuse	Natuurlijk. Welke bedoelt u?
Petra	Die witte met rode strepen. Daar vooraan.
Vendeuse	Ik zie ze. Welke maat heeft u?
Petra	Maat 36.
Vendeuse	Ik ga ze even halen. Een ogenblik.

in de winkelstraat	*dans la rue commerçante*
kijk	*regarde*
daar in die etalage	*là, dans la vitrine*
duur	*cher*
Ik ga naar binnen.	*J'entre.*
Kan ik die even passen?	*Puis-je les essayer ?*
Welke bedoelt u?	*Lesquelles voulez-vous dire ?*
die witte	*les blanches*
met rode strepen	*avec des bandes rouges*
daar vooraan	*là, devant*
Welke maat?	*Quelle pointure ?*
Ik ga ze even halen.	*Je vais les chercher.*
een ogenblik	*un moment*

Even later:

Petra	Hoe vind je deze schoenen?
Alex	Nou, ik vind ze eigenlijk niet zo mooi. Ik hou niet van die rode strepen.
Petra	Ze zitten wel goed. Misschien zijn die donkerblauwe toch leuker. Die hebben witte strepen.
Vendeuse	Ze zijn er ook nog in het grijs met zwarte strepen.
Petra	O nee, ik hou helemaal niet van zwart en grijs. Dat is veel te somber. Nee, ik neem deze blauwe, denk ik. Vind je deze wel mooi, Alex?
Alex	Ja, die blauwe zijn mooier.
Petra	En ze staan net zo goed bij deze broek. Goed, ik neem ze.
Vendeuse	Prima, ik zal ze voor u in een tas doen. Loopt u even mee naar de kassa?

even later	*un peu plus tard*
Hoe vind je ...?	*Comment trouves-tu ... ?*
Ik vind ze eigenlijk niet zo mooi.	*Je ne les trouve pas très belles.*
Ik hou niet van ...	*Je n'aime pas ...*
Ze zitten wel goed.	*Elles me vont bien.*
misschien	*peut-être*
(donker) blauw	*bleu (foncé)*
leuker	*plus joli*

ook nog	*aussi*
grijs	*gris*
zwart	*noir*
veel te somber	*beaucoup trop sombre*
Ik neem ...	*Je prends ...*
Ze staan net zo goed bij deze broek.	*Elles vont parfaitement avec ce pantalon.*
Ik zal ze voor u in een tas doen.	*Je vais vous les mettre dans un sac.*
Loopt u even mee naar de kassa?	*Vous venez avec moi à la caisse ?*

autoévaluation

Exercice 1

Comme vous en avez maintenant l'habitude, écoutez les dialogues et lisez-les attentivement en vous assurant d'avoir tout compris. Puis jouez les scènes avec un partenaire.

Les magasins

Dans le chapitre 4, nous avons appris à *faire les courses* (**boodschappen doen**) nécessaires au ménage et à la vie quotidienne. Dans ce chapitre, nous nous trouvons en train de *faire du shopping* (**winkelen**) ou, pour mieux traduire littéralement le verbe néerlandais, de *faire les magasins*. On se souviendra que *le magasin* se dit en effet **de winkel**. Dans les noms composés qui désignent les magasins, vous trouverez aussi les mots **de zaak** *l'affaire* et **de handel** *le commerce* :

de boekwinkel/boekhandel	*la librairie*
de kledingzaak	*le magasin de vêtements*
het warenhuis	*le grand magasin*
de drogisterij	*la droguerie (et parapharmacie)*
de schoenwinkel	*le magasin de chaussures*
de sportwinkel	*le magasin de sport*

Les vêtements

Pour acheter des vêtements ou des accessoires d'habillement, vous vous rendrez dans un **kledingzaak** ou dans une **boetiek**. Voici une liste de mots utiles avec l'indication de leur pluriel. Vous noterez que le verbe *porter* se traduit en néerlandais par **dragen** :

Ik draag een T-shirt.	*Je porte un tee-shirt.*

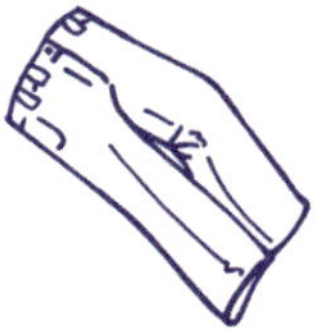

de broek
de broeken

de schoen
de schoenen

het overhemd
de overhemden

het T-shirt
de T-shirts

de korte broek
de korte broeken

de sportschoen
de sportschoenen

de blouse
de blouses

de rok
de rokken

de jurk
de jurken

de sok
de sokken

de stropdas
de stropdassen

de trui
de truien

het pak
de pakken

het jack
de jacks

de jas
de jassen

het horloge
de horloges

de oorbel	de ring	de bril	de piercing
de oorbellen	de ringen	de brillen	de piercings

Notez le cas particulier des lunettes : **de bril** est un singulier en néerlandais, traduit par un pluriel en français. Vous serez donc attentif à l'accord du verbe : au singulier en néerlandais, au pluriel en français.

Je nieuwe bril **is** mooi.	Tes nouvelles lunettes **sont** belles.

Les tailles

Dans les magasins de vêtements, les tailles (**de maten**) correspondent le plus souvent aux normes européennes, même s'il est vrai que les Néerlandais sont souvent plus grands que l'Européen moyen. Vous aurez parfois du mal à trouver les petites tailles.

Toch

Toch est un de ces petits mots qui sont utilisés dans bien des situations et qui sont particulièrement difficiles à traduire. Dans les dialogues, nous l'avons rencontré dans deux contextes différents. Dans le premier, il sert à renforcer une question ou une affirmation, tout en requérant l'approbation de l'interlocuteur.

Je hebt toch schoenen?	*Tu as bien des chaussures, non ?*
Die passen toch niet bij deze broek.	*Elles ne vont pas avec ce pantalon, n'est-ce pas ?*

Dans le second contexte, **toch** signifie *après tout, finalement*.

Misschien zijn die blauwe toch leuker.	*Les bleues sont peut-être plus jolies, finalement.*

Houden van

Pour exprimer vos goûts, vous pouvez utiliser le verbe **houden** *aimer*, toujours suivi de la préposition **van**.

Ik hou van rood.	*J'aime le rouge.*
Hij houdt niet van rood.	*Il n'aime pas le rouge.*

Le verbe **houden** est régulier, si ce n'est que le radical du verbe, qui devrait être **houd**, s'écrit (et se prononce) habituellement **hou** :

Ik hou van jou. *Je t'aime.*

Même chose quand **je/jij** se trouve après le verbe : on omet le **-t**, mais aussi le **-d** :

Hou je van rood? *Aimes-tu le rouge ?*

Dans le même contexte, le verbe **vinden** *trouver* est également utile :

houden van *aimer*	**vinden** *trouver*
ik hou van	ik vind
jij houdt van (*mais :* hou jij van?)	jij vindt (*mais :* vind jij?)
u houdt van	u vindt
hij/zij/het houdt van	hij/zij/het vindt
wij houden van	wij vinden
jullie houden van	jullie vinden
u houdt van	u vindt
zij houden van	zij vinden

autoévaluation

Exercice 2

CD1 piste 26

Conjuguez le verbe **houden van** en suivant le modèle donné. Vous pouvez vous servir de l'enregistrement pour vérifier vos réponses et les répéter à voix haute.

exemple : Robert / moderne kunst (*l'art moderne*).
Houdt Robert van moderne kunst?

a Milva / politiek (*la politique*)
b Esther en Fred / klassieke muziek (*la musique classique*)
c Marius / kranten lezen (*lire les journaux*)
d Bill en Nancy / zwemmen (*nager*)
e Frédérique en haar kinderen / schoonmaken (*nettoyer*)
f jij / literatuur (*la littérature*)

Exercice 3

CD1 piste 27

Donnez une réponse positive et une réponse négative aux questions construites dans l'exercice précédent. Vous pouvez vérifier vos réponses en écoutant l'enregistrement.

exemple : Houdt Robert van moderne kunst?

Ja, Robert houdt van moderne kunst.
Nee, Robert houdt niet van moderne kunst.

Exercice 4

CD1 piste 28

Conjuguez le verbe **vinden** en suivant le modèle donné. Vous pouvez vous servir de l'enregistrement pour vérifier vos réponses et les répéter à voix haute.

exemple : Anna / Italiaans eten (*la cuisine italienne*) / lekker (*délicieux*)

Vindt Anna Italiaans eten lekker?

a Johan / Indonesisch eten / lekker

b Julie en Micha / fietsen (*faire du vélo*) / leuk (*agréable*)

c jullie / soaps op de tv (*les séries télévisées*) / saai (*ennuyeux*)

d Michaels zus (*la sœur de Michael*) / fotografie / interessant

e jij / sporten (*faire du sport*) / leuk

f je ouders (*tes parents*) / de schilderijen (*les tableaux*) van Rembrandt / mooi

Les démonstratifs : *deze/die* + *dit/dat*

Dans les dialogues de ce chapitre, vous avez rencontré plusieurs fois ces quatre mots.

En principe, **deze** et **dit** s'emploient pour exprimer la proximité dans l'espace, alors que **die** et **dat** expriment l'éloignement.

deze auto	*cette voiture(-ci)*
die auto	*cette voiture(-là)*
dit huis	*cette maison(-ci)*
dat huis	*cette maison(-là)*

Dit et **dat** s'emploient devant les « het-woorden » (litt. *les mots avec* ***het***), c'est-à-dire les neutres singuliers. **Deze** et **die** s'emploient dans les autres cas : devant les « de-woorden » (litt. *les mots avec de*) et devant tous les pluriels.

dit boek *ce livre(-ci)*	dat boek *ce livre(-là)*
deze boeken *ces livres(-ci)*	die boeken *ces livres(-là)*
deze schoen *cette chaussure(-ci)*	die schoen *cette chaussure(-là)*
deze schoenen *ces chaussures(-ci)*	die schoenen *ces chaussures(-là)*

Les paires **deze/die** et **dit/dat** ne servent pas seulement à exprimer concrètement la proximité ou l'éloignement. Dans bien des contextes, l'idée de distance est abstraite : elle exprime une simple opposition.

Is **dit** boek van jou of **dat** boek? *C'est ce livre-ci ou ce livre-là qui est à toi ?*

Dans tous les exemples précédents, les quatre démonstratifs sont employés devant un nom : ce sont les équivalents du français *ce(t), cette, ces* (adjectifs démonstratifs). Rien n'empêche, cependant, de les utiliser seuls : dans ce cas, ils correspondent au français *celui-ci, celle-ci, celui-là, celle-là, ceux-ci, ceux-là, celles-ci, celles-là* (pronoms démonstratifs).

Is dit boek van jou of dat? *C'est ce livre-ci ou celui-là qui est à toi ?*
Wil je deze film zien of die? *Tu veux voir ce film-ci ou celui-là ?*

autoévaluation

Exercice 5

Complétez les phrases par **deze**, **die**, **dit** ou **dat**. Il y a souvent deux possibilités.

a Hoe heet ______ hond? (*Comment s'appelle ce chien ?*)
b Waar komt ______ geld vandaan? (*D'où vient cet argent ?*)
c Hoe heet ______ James Bond film? (*Comment s'appelle ce film de James Bond ?*)
d Zijn ______ sleutels van jou? (*Est-ce que ces clefs sont à toi ?*)
e Ik vind ______ koffie niet om te drinken! (*Je trouve ce café imbuvable !*)
f ______ horloge is heel oud. (*Cette montre est très vieille.*)
g ______ boek kost € 6 en ______ boek kost € 12. (*Ce livre-ci coûte 6 euros et ce livre-là coûte 12 euros.*)
h Mijn broer vindt ______ kamer niet groot genoeg. (*Mon frère trouve cette chambre pas assez grande.*)

grammaire

Les adjectifs qualificatifs

Les dialogues de ce chapitre fournissent de nombreux exemples d'adjectifs qualificatifs, ces mots qui accompagnent le nom pour en décrire les caractéristiques : **nieuw** *nouveau*, **leuk** *joli/agréable*, **wit** *blanc*, **somber** *sombre*, **mooi** *beau*.

Ces adjectifs qualificatifs sont utilisés devant un nom (ce sont les adjectifs épithètes) ou seuls, après un verbe (ce sont les adjectifs attributs).

En néerlandais, l'adjectif attribut est invariable.

Het boek is **mooi**.	*Le livre est beau.*

En revanche, l'adjectif épithète, qui se place toujours devant le nom, prend la terminaison **-e**.

het **mooie** boek	*le beau livre*
het **dikke** boek	*le gros livre*
de **dikke** kat	*le gros chat*
een **dikke** kat	*un gros chat*
de **kleine** kinderen	*les petits enfants*
kleine kinderen	*de petits enfants*

Il y a une exception à cette règle : l'adjectif épithète est invariable quand il précède un neutre singulier indéterminé, c'est-à-dire un « het-woord » utilisé sans article défini.

het **interessante** boek	*le livre intéressant*
een **interessant** boek	*un livre intéressant*
mooi **weer**, nietwaar?	*beau temps, n'est-ce pas ?*

Les adjectifs qui prennent la terminaison **-e** peuvent subir une modification orthographique selon les règles d'orthographe présentées au début de ce livre : **wit** *blanc* devient **witte**, par exemple, et **leeg** *vide* devient **lege**.

een wit overhemd	*une chemise blanche*
het witte overhemd	*la chemise blanche*
een leeg glas	*un verre vide*
het lege glas	*le verre vide*

Voici une liste d'adjectifs avec leur contraire :

groot *grand*	klein *petit*
dik *gros*	dun *maigre*
mooi *beau*	lelijk *laid*
duur *cher*	goedkoop *bon marché*
interessant *intéressant*	saai *ennuyeux*
snel *rapide*	langzaam *lent*
hoog *haut*	laag *bas*
warm *chaud*	koud *froid*
goed *bon*	slecht *mauvais*
oud *vieux*	jong *jeune*
licht *clair*	donker *foncé*

Et voici quelques adjectifs de couleur :

zwart *noir*	wit *blanc*
rood *rouge*	blauw *bleu*
groen *vert*	geel *jaune*
bruin *marron*	grijs *gris*
roze *rose*	oranje *orange*

Les adjectifs de matière sont souvent construits en ajoutant **-en** au nom de la matière.

het goud *l'or*	gouden *en or*
het zilver *l'argent*	zilveren *en argent*
het hout *le bois*	houten *en bois*

Une exception :

het plastic *le plastique*	plastic *en plastique*

Ces adjectifs de matière sont toujours invariables, qu'ils soient placés avant le nom (épithètes) ou après le verbe (attributs).

een gouden ring	*une bague en or*
een zilveren oorbel	*une boucle d'oreille en argent*
een houten tafel	*une table en bois*
een plastic tasje	*un sac en plastique*

Vous noterez que **welk(e)** *quel(le)* s'utilise aussi comme adjectif.

Welk boek?	*Quel livre ?*
Welke film?	*Quel film ?*

autoévaluation

Exercice 6

CD1 piste 29

Décrivez la tenue des personnes suivantes en veillant à l'accord de l'adjectif.

Vous pouvez vous servir de l'enregistrement pour vérifier vos réponses et les répéter à voix haute.

exemple : Marie : chemisier bleu, pantalon gris, chaussures noires
Marie draagt een blauwe blouse, een grijze broek en zwarte schoenen.

a Felipe : pantalon bleu, tee-shirt blanc, cravate verte

b Marja : robe rouge, boucles d'oreilles en or, lunettes noires

c Marc : costume foncé, cravate claire, montre en or

d Jurgen : tee-shirt noir, short jaune, chaussettes blanches

e Alice : jupe verte, chemisier rose, lunettes jaunes

f Karin : pantalon marron, chaussures noires, bague en argent

g Joop : pantalon gris, chemise bleue, cravate orange

h Miranda : robe blanche, chaussures roses, boucles d'oreilles en plastique

Exercice 7

Décrivez maintenant votre propre tenue le plus précisément possible, en vous aidant d'un dictionnaire si nécessaire.

Les comparatifs et les superlatifs

La supériorité relative est exprimée par un comparatif (*plus grand, plus petit*), et la supériorité absolue, par un superlatif (*le plus grand, le plus petit*).

Ik ben groter dan jij.	*Je suis plus grand que toi.*
Mijn auto is sneller dan jouw auto.	*Ma voiture est plus rapide que ta voiture.*
Maar zijn auto is het snelst.	*Mais sa voiture est la plus rapide.*

En néerlandais, ces formes sont faciles à construire : il suffit d'ajouter **-er** à l'adjectif pour former le comparatif et **-st** pour former le superlatif, qui est toujours précédé de l'article **het**.

adjectif	comparatif	superlatif
mooi *beau*	mooier *plus beau*	het mooist *le plus beau*
vreemd *étrange*	vreemder *plus étrange*	het vreemdst *le plus étrange*

Quand l'adjectif se termine par **-r**, le comparatif se forme en ajoutant **-der** au lieu de **-er**.

duur *cher* — duurder *plus cher* — het duurst *le plus cher*

Les règles d'accord de l'adjectif s'appliquent aux comparatifs et aux superlatifs : ils sont invariables quand ils précèdent un neutre singulier indéterminé ; ils prennent la terminaison **-e** dans les autres cas.

Ik wil een groter huis.	*Je voudrais une plus grande maison.*
Ik wil een grotere auto.	*Je voudrais une plus grosse voiture.*
de mooiste hond ter wereld	*le plus beau chien du monde*

Comme en français, les comparatifs et superlatifs les plus fréquents sont aussi les plus irréguliers.

goed *bon*	beter *meilleur*	het best *le meilleur*
veel *beaucoup (de)*	meer *plus (de)*	het meest *le plus*
weinig *peu (de)*	minder *moins (de)*	het minst *le moins*

grammaire — Les adjectifs employés comme adverbes

En néerlandais, un grand nombre d'adjectifs peuvent s'utiliser comme adverbes : il s'agit souvent d'adverbes de manière.

Het team speelt slecht.	*L'équipe joue mal.*
Hij heeft goed gewerkt.	*Il a bien travaillé.*

Parmi ces adverbes, il y en a un qui est souvent difficile à traduire : **graag**, qui signifie isolément *volontiers*, mais qui permet aussi de traduire la construction *aimer* + verbe :

Ik zwem graag.	*J'aime nager.*
Ik loop graag op het strand.	*J'aime courir sur la plage.*

Le comparatif et le superlatif de **graag** sont irréguliers : **liever** *plus volontiers* et **het liefst** *le plus volontiers*. Et de même que **graag** peut servir à l'expression d'un goût, **liever** et **het liefst** peuvent servir à l'expression d'une préférence :

Ik drink graag koffie.	*J'aime le café*
Ik drink liever koffie.	*Je préfère le café.*
Ik drink het liefst koffie.	*C'est le café que je préfère.*

autoévaluation — Exercice 8

CD1 piste 30

Vous faites du shopping avec un ami néerlandophone. Interrogez-le sur ce qu'il veut acheter en utilisant les démonstratifs **dit / dat**, **deze / die** dans votre question. Vous pouvez vous servir de l'enregistrement pour vérifier vos réponses et les répéter à voix haute.

exemple : de auto : blauw / zwart.
Wil je deze blauwe auto kopen of die zwarte (auto)?

a het boek (*le livre*) : dun / dik
b de poster (*l'affiche*) : goedkoop / duur
c de bank (*le canapé*) : groot / klein
d het horloge (*la montre*) : goud / zilver
e de tafel (*la table*) : hoog / laag
f de computer (*l'ordinateur*) : snel / langzaam
g de gordijnen (*les rideaux*) : groen / blauw
h het schilderij (*le tableau*) : modern / klassiek

L'expression du futur

En néerlandais, la manière la plus simple d'exprimer le futur est d'utiliser le présent. Lorsque la phrase comporte un complément de temps, c'est la solution qui s'impose. Souvenez-vous de cet exemple du premier chapitre :

Ik **bel** je morgen. *Je t'appellerai demain.*

Vous pouvez aussi utiliser le verbe **gaan** *aller*, qui se comporte comme un modal : il est associé à un verbe à l'infinitif placé à la fin de la phrase.

Ik **ga** een cd **kopen**. *Je vais acheter un CD.*

We **gaan** het huis roze **schilderen**. *Nous allons peindre la maison en rose.*

Enfin, le futur peut aussi s'exprimer au moyen du verbe **zullen** conjugué au présent et associé à un verbe à l'infinitif. Néanmoins, cette solution est beaucoup moins fréquente que les deux précédentes. On la réservera aux contextes où il s'agit d'exprimer explicitement une promesse ou un engagement.

Ik **zal** het niet **vergeten**. *Je ne l'oublierai pas.*

Hij **zal** het voor u **doen**. *Il le fera pour vous.*

Voici la conjugaison au présent de l'auxilaire **zullen** :

ik zal
jij zal
u zal
hij/zij/het zal
wij zullen
jullie zullen
u zal
zij zullen

Exercice 9

Observez l'agenda de Jasper et décrivez son programme de la semaine en utilisant **gaan** + infinitif.

exemple : maandag
Ik ga maandag zwemmen.

MAANDAG	DONDERDAG
zwemmen *nager*	squashen met Erik *faire du squash avec Erik*

DINSDAG	VRIJDAG
boodschappen doen *faire les courses*	koffie drinken bij Remco *prendre un café chez Remco*

WOENSDAG	ZATERDAG
de auto wassen *laver la voiture*	het huis schoonmaken *nettoyer la maison*
	ZONDAG
	met de hond op het strand wandelen *se promener sur la plage avec le chien*

07

Een retourtje Wageningen

Un aller-retour pour Wageningen

Communication

- Poser des questions sur les transports en commun
- Demander et dire l'heure

Les transports en commun

Aux Pays-Bas, les transports en commun (**het openbaar vervoer**) sont bien organisés. Les trains et les bus assurent un grand nombre de liaisons. Il y a un service de métro (**de metro**), certes limité, à Amsterdam et Rotterdam. Le tramway (**de tram**) est présent dans plusieurs villes : Amsterdam, La Haye, Utrecht, Rotterdam. Des lignes rapides de tramways (**de sneltram**) assurent la liaison entre les centres-villes et la périphérie.

Sur tout le réseau des transports en commun, vous devez utiliser une carte à puce, la **OV-chipkaart**, qui peut être nominative ou anonyme et qui a une validité limitée (5 ans pour la carte nominative et 4 à 5 ans pour la carte anonyme).

La carte nominative (**de persoonlijke OV-chipkaart**) peut être achetée sur Internet et la carte anonyme (**de anonieme OV-chipkaart**) dans certains supermarchés, chez certains buralistes (**de sigarenwinkels**), dans les distributeurs automatiques des gares ferroviaires (**de NS-stations**) et aux guichets des différentes compagnies de transport en commun.

Pour pouvoir être utilisée, la **OV-chipkaart** doit être créditée, au minimum, du montant que coûte le voyage que l'on projette d'effectuer. Vous pouvez la créditer (**opladen** = charger) sur Internet ou dans les différents « points de chargement » (**de oplaadpunten**), tels que certains supermarchés, les distributeurs automatiques des gares ferroviaires et les guichets des différentes compagnies de transport en commun, au moyen d'une carte de paiement ou, plus rarement, avec des espèces.

La **OV-chipkaart** doit être validée à une borne de validation (**inchecken**) en montant dans le véhicule de transport (**de tram**, **de bus** ou **de metro**). Pour le train, le système est un peu différent : les bornes sont situées sur les quais ou aux entrées/sorties des gares.

Elle doit à nouveau être validée à une borne en quittant le transport en question (**uitchecken**), afin d'enregistrer la fin du déplacement. Le solde de la carte (**het saldo**) s'y affiche à ce moment-là. Ainsi la distance parcourue peut être calculée de manière précise car la carte est débitée en fonction de cette distance (avec un montant fixe pour l'accès au service). Si vous changez de moyen de transport en commun dans un laps de temps égal ou inférieur à 35 minutes, il n'est pas nécessaire de revalider la carte et ce montant n'est pas débité une seconde fois. L'inconvénient de ce système de « validation à la sortie » est que si vous oubliez de valider votre carte en fin de trajet, le montant débité sera trop important. Dans ce cas, vous pouvez faire une réclamation en remplissant un formulaire prévu à cet effet (**het claimformulier**). Sachez également que le tarif au kilomètre est réduit pour les possesseurs d'une carte nominative qui ont moins de 12 ans ou plus de 65 ans.

Il existe également une carte à usage unique, créditée d'un montant prédéterminé, qui est destinée à ceux qui n'utilisent qu'occasionnellement les transports en commun ou aux touristes. Cette carte n'est disponible que dans les gares ferroviaires.

Parallèlement à ce système, l'utilisateur occasionnel peut aussi acheter un billet valable une seule fois auprès du conducteur du bus ou du tram mais celui-ci est beaucoup plus coûteux.

Le billet de train (**het treinkaartje** ou **het kaartje**) est un billet aller ou un billet aller-retour. Vous devrez préciser : le trajet simple (**de enkele reis** ou **het enkeltje**) ou le trajet aller-retour (**het retour** ou **het retourtje**). Une carte spéciale, la « carte avantages » (**de voordeelurenkaart**), permet d'obtenir une réduction (**een korting**) après 9h les jours de semaine et toute la journée pendant le week-end. À la gare (**het station**), vous pouvez acheter vos billets aux guichets ou les retirer aux distributeurs automatiques. Si vous les achetez aux guichets, le prix des billets est un peu plus élevé.

La gare ferroviaire

L'abréviation **NS** désigne les chemins de fer : **de Nederlandse Spoorwegen**, « les chemins de fer néerlandais ». La gare ferroviaire (**het NS-station**) est le plus souvent équipée d'une signalisation qu'il n'est guère difficile de décrypter : sur des panneaux quadrangulaires, des pictogrammes blancs sur fond bleu vous indiquent la direction du restaurant (un couteau et une fourchette), de la consigne (une valise et un parapluie) ou d'un fleuriste (une fleur). Les horaires des trains sont affichés sur écran ou sur papier jaune dans des encadrements de couleur bleue : vous y trouverez non seulement l'heure de départ, mais aussi la mention de la voie et la description de l'itinéraire. Des symboles identifient le type de train (express, omnibus) et sa fréquence (s'il circule le dimanche, par exemple). Pour demander où se trouve votre train, deux mots seront bien utiles : **het spoor** (*la voie*) et **het perron** (*le quai*). Vous pouvez utiliser indifféremment l'un ou l'autre.

Even

Encore un petit mot difficile à traduire : comme **dan**, **hoor**, **nou** et **toch**, que nous avons rencontrés dans les chapitres précédents, **even** est employé dans de multiples contextes. S'il peut souvent se traduire par *un peu*, il sert plutôt à renforcer le propos de celui qui parle : il s'agit d'interpeller l'autre et d'obtenir son assentiment, ou du moins de provoquer sa réaction. Peu importe la signification isolée de ce petit mot : c'est toute la phrase et son contexte qu'il faut considérer.

Even kijken hoor. *Voyons un peu.*

autoévaluation

Exercice 1

Répondez aux questions par des phrases complètes en néerlandais.

DQ 358832 NV Nederlandse Spoorwegen

Geldig op/van		Geldig tot en met	
21.05.09		DAGRETOUR	
HAARLEM	–	AMSTERDAM CS	
via:			
Afgiftepunt	Reductie	Nummer	Prijs
885.072		161821	6,70
Bijz.:			

Dit is het treinkaartje van Pierre. *Voici le billet de train de Pierre.*

a Van welk station vertrekt Pierre?
b Waar gaat hij naartoe?
c Wat kost het kaartje?
d Is het een enkeltje of een retourtje?

vocabulaire Comment dit-on ?

• Se renseigner sur l'itinéraire

Welke trein moet ik nemen?	*Quel train dois-je prendre ?*
Moet ik overstappen?	*Dois-je changer (de train) ?*
Is er een directe verbinding?	*Y a-t-il une liaison directe ?*

• Acheter un billet de train

Een enkeltje Alkmaar graag.	*Un aller simple pour Alkmaar.*
Mag ik een enkele reis naar Alkmaar?	*Puis-je avoir un aller simple pour Alkmaar ?*
Een retourtje Groningen graag.	*Un aller-retour pour Groningue.*
Mag ik een retour naar Groningen?	*Puis-je avoir un aller-retour pour Groningue.*

• Indiquer sa destination

Waar wilt u naartoe?	*Où voulez-vous aller ?*
Naar de Merwedestraat.	*À Merwedestraat.*
Ik wil naar de Merwedestraat.	*Je voudrais aller à Merwedestraat.*

• Demander l'heure

Hoe laat is het?	*Quelle heure est-il ?*
Het is tien voor één.	*Il est une heure moins dix.*
Hoe laat vertrekt de trein?	*À quelle heure part le train ?*
Om vijf over acht.	*À huit heures cinq.*

• S'adresser au chauffeur du bus

Waar moet ik inchecken?	*Où dois-je valider (en montant) ma carte à puce ?*
Kunt u me waarschuwen als we er zijn?	*Pouvez-vous me prévenir quand nous y serons ?*

Exercice 2

Complétez les phrases suivantes avec les mots proposés ci-dessous. Chaque mot ne peut être utilisé qu'une seule fois.

a Ik ga met de trein naar Wageningen. Op welk ____ moet ik zijn?

b In ____ en ____ is een metro.

c De ____ gaat om half zeven van spoor 3 en rijdt sneller dan de stoptrein.

d Heb je een OV-chipkaart? Denk dan vooral aan ____ als je uit de tram gaat.

e Hoe ____ vertrekt de stoptrein?

Amsterdam laat perron Rotterdam sneltram uitchecken

L'expression de l'heure

Pour indiquer l'heure, la langue usuelle se sert le plus souvent du cycle de 12 heures, alors que la langue administrative, celle des horaires de chemins de fer, par exemple, emploie le cycle de 24 heures. En l'occurrence, les usages ne diffèrent guère de ceux des pays francophones.

L'expression de l'heure est, en revanche, un peu différente. Pour y voir clair, divisons le cadran de l'horloge en deux moitiés : la partie supérieure s'organise autour de l'heure (le chiffre 12) ; la partie inférieure, autour de la demi-heure (le chiffre 6).

La partie supérieure ne réserve pas de surprises :

5.45 kwart voor zes
six heures moins le quart

5.50 tien voor zes
six heures moins dix

5.55 vijf voor zes
six heures moins cinq

6.00 zes uur
six heures

6.05 vijf over zes
six heures cinq

6.10 tien over zes
six heures dix

6.15 kwart over zes
six heures et quart

La partie inférieure du cadran est un peu plus déconcertante. En français, la demi-heure écoulée est exprimée par rapport à l'heure précédente. En néerlandais, c'est l'heure suivante qui sert de repère : on considère la demi-heure qui doit encore s'écouler. Ainsi, *six heures et demie* se traduit par **half zeven**.

6.20 tien voor half zeven
litt. *dix minutes avant six heures et demie*

6.25 vijf voor half zeven
litt. *cinq minutes avant six heures et demie*

6.30 half zeven
litt. *une demi-heure avant sept heures*

6.35 vijf over half zeven
litt. *cinq minutes après six heures et demie*

6.40 tien over half zeven
litt. *dix minutes après six heures et demie*

Pour lever toute ambiguïté, il est parfois nécessaire de préciser le moment de la journée dont il est question :

01.00	één uur 's nachts	une heure du matin
06.00	zes uur 's morgens/'s ochtends	six heures du matin
12.00	twaalf uur 's middags	midi
19.00	zeven uur 's avonds	sept heures du soir

Enfin, on notera que le mot **uur** *heure* n'est utilisé que pour exprimer l'heure exacte. Partout ailleurs, il est omis.

vocabulaire

Het is vijf uur.	*Il est cinq heures.*
Om half negen ga ik naar mijn werk.	*Je pars au travail à huit heures et demie.*
Ik moet de trein van vijf over tien nemen.	*Je dois prendre le train de dix heures cinq.*

autoévaluation

Exercice 3

CD1 piste 31

Quelle heure est-il ? Lisez l'heure sur ces cadrans. Vous pouvez vous servir de l'enregistrement pour vérifier vos réponses et les répéter à voix haute.

a Het is ______.

b Het is ______.

c Het is ______.

d Het is ______.

e Het is ______.

f Het is ______.

autoévaluation

Exercice 4

CD1 piste 32

Regardez cet horaire de trains et répondez aux questions par des phrases complètes, comme si vous étiez dans la gare centrale d'Amsterdam (**Amsterdam CS**). Vous pouvez faire l'exercice avec l'enregistrement.

Amsterdam CS / Schiphol ✈ / Haarlem / Den Haag / Rotterdam / Vlissingen

Amsterdam RAI / Schiphol ✈ / Den Haag

10a >vervolg>

Amsterdam CS	17 23	17 26			17 29	17 34	17 40		
Amsterdam Sloterdijk	17 28				17 34	17 40	17 45		
Amsterdam De Vlugtlaan									
Amsterdam Lelylaan		17 35							
Haarlem	17 38				17 44	17 51	17 55		
Haarlem					17 46		17 56		
Heemstede-Aerdenhout					17 50		18 00		
Amsterdam RAI									17 42
Amsterdam Zuid WTC									17 45
Schiphol		17 42							17 52
Schiphol		17 44							17 54
Hoofddorp									17 59
Nieuw Vennep									18 03
Leiden		17 59			18 06		18 15		18 14
Leiden		18 00		18 02	18 09		18 17		18 19
De Vink				18 05					
Voorschoten					18 14				18 24
Den Haag Mariahoeve				18 12	18 19				18 29
Den Haag Laan van NOI					18 22				18 32
Den Haag CS				18 18					18 35
Den Haag CS			18 12						
Den Haag HS		18 11	18 15		18 25		18 27		
Den Haag HS		18 12	18 16				18 28	18 31	

a Hoe laat vertrekt de volgende trein naar Den Haag Holland Spoor (HS)?

b Hoe laat is de trein daar?

c Ik moet om kwart over zes in Leiden zijn. Welke trein moet ik dan nemen?

d Hoe laat vertrekt de trein naar Voorschoten?

e Kunt u mij vertellen welke trein ik moet nemen naar Schiphol?

f Gaat er een trein van Haarlem naar Schiphol?

g Van welk station in Amsterdam gaat er een trein naar Den Haag Centraal (CS)?

h Hoe laat vertrekt de volgende stoptrein van Leiden naar Den Haag Centraal (CS)?

Willen

Dans le **chapitre 4**, vous avez rencontré plusieurs modaux. Nous retrouvons ici le verbe **willen**, l'un de ces modaux.

SINGULIER	
ik wil	je veux
je/jij wilt (wil)	tu veux
u wilt	vous voulez
hij/zij/het wil	il/elle veut
PLURIEL	
wij willen	nous voulons
jullie willen	vous voulez
u wilt	vous voulez (forme polie)
zij willen	ils/elles veulent

Ik wil bellen. *Je veux téléphoner.*
Wil jij een appel? *Veux-tu une pomme ?*
Zij willen wat drinken. *Ils veulent boire quelque chose.*

Infinitif avec ou sans *te* ?

Comme nous l'avons vu dans le **chapitre 4**, les modaux sont souvent associés à un verbe à l'infinitif, placé en fin de phrase.

Ik wil bloemen kopen. *Je veux acheter des fleurs.*
Ik ga bellen. *Je vais téléphoner.*
Wij willen wat drinken. *Nous voulons boire quelque chose.*
Zij gaan boodschappen doen. *Ils vont faire des courses.*

Dans ce chapitre, nous avons rencontré des verbes qui sont aussi associés à un infinitif, mais avec une différence importante : l'infinitif est dans ce cas précédé de **te**.

hoeven *devoir*
proberen *essayer*
vergeten *oublier*
staan *être (debout)*
zitten *être (assis)*

beginnen	*commencer*
beloven	*promettre*
U hoeft niet lang te wachten	*Vous ne devez pas attendre longtemps.*
Ik probeer te komen.	*J'essaierai de venir.*
Wij vergeten boodschappen te doen.	*Nous oublions de faire les courses.*
Hij staat te wachten.	*Il attend.*
Ik zit te lezen.	*Je suis en train de lire.*
De trein begint te rijden.	*Le train commence à rouler.*
Ik beloof te komen.	*Je promets de venir.*
Ik durf niet te kijken.	*Je n'ose pas regarder.*
Ik weiger dat te geloven.	*Je refuse de croire cela.*

Observez le diagramme suivant. La moitié gauche de la « roue » comprend des verbes qui peuvent être associés à un infinitif. La moitié droite propose une série d'infinitifs ou d'expressions à l'infinitif. Pour construire des phrases correctes, il suffit d'associer deux quartiers de même couleur (gris ou blanc) : les verbes qui s'emploient avec l'infinitif seul sont en blanc, les verbes qui sont suivis de **te** + infinitif sont en gris.

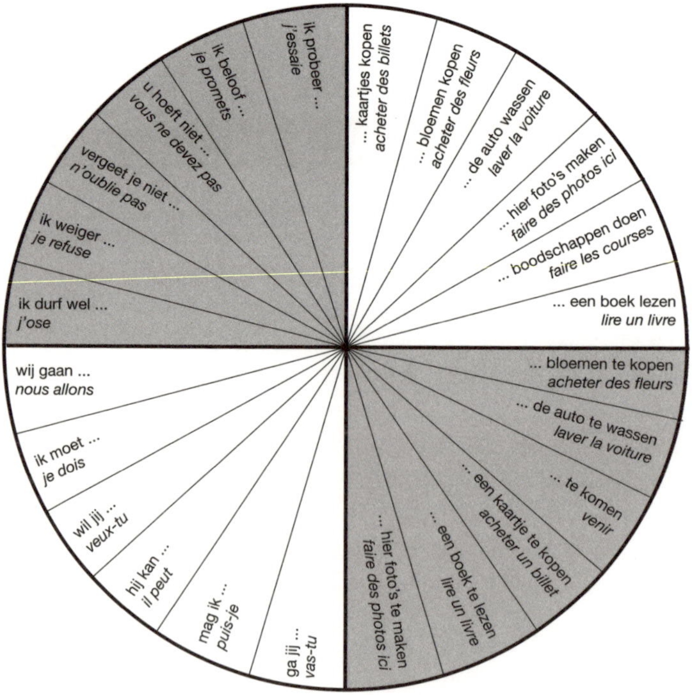

Le modal **moeten** sert à indiquer une obligation ou une nécessité.

U moet lang wachten. *Vous devez attendre longtemps.*
U moet komen. *Vous devez venir.*

Le verbe **hoeven** sert à former la négation de **moeten**.

U hoeft niet lang wachten. *Vous ne devez pas attendre longtemps.*
U hoeft niet te komen. *Vous ne devez pas venir.*

autoévaluation

Exercice 5

Complétez ou non par **te**.

a Ik moet de trein van negen uur ______ halen. (*Je dois prendre le train de 9h.*)
b Ik probeer de trein van half tien ______ halen. (*J'essaierai de prendre le train de 9h30.*)
c Ik durf niet naar huis ______ gaan. (*Je n'ose pas rentrer chez moi.*)
d Ik wil met je mee ______ komen. (*Je veux venir avec toi.*)
e Ik ga over tien minuten boodschappen ______ doen. (*Je vais faire les courses dans dix minutes.*)
f Hans zit de hele dag ______ lezen. (*Hans passe toute la journée à lire.*)
g Vergeet niet je wisselgeld mee ______ nemen. (*N'oublie pas de prendre ta monnaie.*)
h Je hoeft niet op me ______ wachten. (*Tu ne dois pas m'attendre.*)
i Waar moet ik ______ overstappen? (*Où dois-je changer de train ?*)
j Ingrid staat in de keuken ______ praten. (*Ingrid est en train de bavarder dans la cuisine.*)

autoévaluation

Exercice 6

Complétez les phrases avec les mots proposés ci-dessous. Chaque mot ne peut être utilisé qu'une seule fois.

a Ik ga ______ Dordrecht. ______ trein moet ik dan nemen?
b Er gaat een trein ______ acht minuten. U kunt proberen die trein ______ halen.
c ______ kan ik bellen?
d Ik ______ graag een retourtje Castricum.
e ______ ik een OV-chipkaart?
f Je ______ niet lang op de bus te wachten.

te	over	mag	naar	hoeft	welke	waar	wil

Exercice 7

Vous êtes à Amsterdam et vous devez rendre visite à un ami, qui est hospitalisé à Groningue (**Groningen**). Vous êtes à la gare. Demandez au guichetier un billet aller-retour, puis renseignez-vous sur l'heure de départ de votre train. Demandez-lui, ensuite, quelle heure il est.

Vous	———
Guichetier	Alstublieft
Vous	———
Guichetier	Alstublieft.
Vous	———
Guichetier	Even kijken, hoor. Om tien over half negen van spoor 8.

Arrivé à Groningen, vous devez prendre le bus pour vous rendre à l'hôpital. Vous demandez au chauffeur si vous devez changer de bus pour y aller. Vous lui demandez ensuite de vous prévenir quand vous serez arrivé(e) à destination et, enfin, dans combien de temps le bus part.

Vous	———
Chauffeur	Nee, de bus stopt vlak voor het ziekenhuis.
Vous	———
Chauffeur	Jazeker.
Vous	———
Chauffeur	Over vijf minuten.

Exercice 8

CD1 piste 33

Voici quelques-uns des pictogrammes utilisés aux Pays-Bas, avec leur signification en néerlandais.

a

de krantenkiosk

b

de fietsenstalling

c

de telefooncel

d

e

f

de bushalte — de restauratie — het wisselkantoor

Vous serez attentif à l'emploi des prépositions (**aan, op, bij, in**) :

Bij een krantenkiosk kun je kranten en tijdschriften kopen.	*Au kiosque à journaux, on peut acheter des journaux et des revues.*
In een fietsenstalling kun je fietsen stallen.	*Dans un parking à vélos, on peut garer son vélo.*
In een telefooncel kun je bellen.	*Dans une cabine téléphonique, on peut téléphoner.*
Bij een bushalte kun je de bus nemen.	*À l'arrêt de bus, on peut prendre le bus.*
In de restauratie* kun je iets eten en drinken.	*Au buffet de la gare, on peut manger et boire quelque chose.*
Op het wisselkantoor kun je geld wisselen.	*Au bureau de change, on peut changer de l'argent.*

*En néerlandais, **de restauratie** désigne spécifiquement *le buffet de la gare*. Dans les autres contextes, il conviendra d'utiliser **het restaurant** *le restaurant*.

Observez les pictogrammes et demandez où se trouve le lieu désigné. Construisez votre question de deux manières différentes, sur le modèle de l'exemple suivant, qui correspond au pictogramme b. Vous pouvez vérifier vos réponses en écoutant l'enregistrement.

Waar is de fietsenstalling?

Waar kan ik mijn fiets stallen?

Voici encore deux pictogrammes classiques :

de uitgang

de ingang

autoévaluation

Exercice 9

CD1 piste 34

Écoutez l'enregistrement : une voix annonce le départ des trains dans une gare. Pour chacune des trois annonces, identifiez l'heure de départ du train, la destination du train et la voie d'où le train partira.

Vous trouverez ci-dessous la transcription de l'enregistrement. Écoutez-le d'abord avant de lire ce texte.

- De sneltrein richting Den Haag vertrekt om 19.45 van spoor 7A; herhaling: de sneltrein richting Den Haag vertrekt om 19.45 van spoor 7A.
- De stoptrein richting Eindhoven vertrekt om 12.15 van spoor 2B; herhaling: de stoptrein richting Eindhoven vertrekt om 12.15 van spoor 2B.
- De intercity richting Arnhem vertrekt om 13.52 van spoor 5; herhaling: de intercity richting Arnhem vertrekt om 13.52 van spoor 5.

vocabulaire

de richting	*la direction*
de sneltrein richting Den Haag	*le train direct pour La Haye*
de herhaling	*la répétition*
herhaling: de sneltrein richting ...	*je répète : le train direct pour ...*

08

Een leuke vakantie

Un agréable séjour

Communication

- Vous exprimer au passé
- Décrire des lieux
- Parler du temps qu'il fait

dialogue

Dialogues 1 et 2

CD1 piste 35

Hélène et Anne, deux amies, passent le week-end à Amsterdam.

In het hotel:

Anne	We willen graag een tweepersoonskamer reserveren.
Réceptionniste	Hoe lang wilt u blijven?
Anne	Twee nachten.
Réceptionniste	Dat kan. Een tweepersoonskamer met douche en inclusief ontbijt kost € 120.
Anne	Ja, dat is goed.
Réceptionniste	Dat is voor u geboekt. Hier heeft u de sleutel.
Anne	Heeft u wat informatie over de uitgaansmogelijkheden in de stad?
Réceptionniste	Ja, ik heb een heleboel informatie. Hier is de *Uitkrant*, daar staan de films, concerten en toneelstukken in vermeld. Waar bent u in geïnteresseerd?
Hélène	We zijn vooral geïnteresseerd in kunst en cultuur. Zijn er speciale tentoonstellingen op het moment?
Réceptionniste	Er is net een grote tentoonstelling in het Stedelijk Museum geweest, maar die is nu afgelopen. Het Amsterdams Historisch Museum is tijdelijk gesloten, maar de andere musea zijn allemaal geopend.

vocabulaire

de tweepersoonskamer	*la chambre double*
Hoe lang wilt u blijven?	*Combien de temps voulez-vous rester ?*
de nacht	*la nuit*
het ontbijt	*le petit déjeuner*
geboekt	*réservé*
de sleutel	*la clef*
de uitgaansmogelijkheden	*les possibilités de sortie*
een heleboel informatie	*un tas d'informations*
de *Uitkrant*	l'agenda culturel d'Amsterdam
het toneelstuk	*la pièce de théâtre*
vermeld	*mentionné*
Waar bent u in geïnteresseerd?	*À quoi vous intéressez-vous ?*
We zijn geïnteresseerd in ...	*Nous nous intéressons à ...*
vooral	*surtout*

kunst en cultuur	*l'art et la culture*
de tentoonstelling	*l'exposition*
het Stedelijk Museum	*le Musée municipal*
er is ... geweest	*il y a eu ...*
afgelopen	*fini*
tijdelijk	*temporairement*
gesloten	*fermé*
De andere musea zijn allemaal geopend.	*Les autres musées sont tous ouverts.*

Hélène et Anne passent à la réception avant de quitter l'hôtel.

Réceptionniste	Heeft u een leuke vakantie gehad?
Hélène	Ja, heel leuk. We hebben erg veel gedaan en het was erg gezellig.
Réceptionniste	Wat heeft u allemaal gezien?
Hélène	We zijn gisteren naar het Nationale Ballet geweest in het Muziektheater en we hebben vandaag het Anne Frankhuis bezocht.
Réceptionniste	U heeft zeker ook een rondvaart door de grachten gemaakt?
Anne	Nee, maar we hebben wel langs de grachten gewandeld. En we hebben op een terrasje lekker wat gedronken en zo.
Hélène	Amsterdam is heel erg mooi.
Réceptionniste	Vooral in dit mooie weer! U heeft het dus naar uw zin gehad. Prima.
Anne	Ja, het is ons prima bevallen. We komen gauw weer terug.

Heeft u een leuke vakantie gehad?	*Avez-vous passé un agréable séjour ?*
We hebben erg veel gedaan.	*Nous avons fait beaucoup de choses.*
Het was erg gezellig.	*C'était très agréable.*
We hebben ... bezocht.	*Nous avons visité ...*
zeker	*certainement*
een rondvaart door de grachten	*un tour en bateau sur les canaux*
langs de grachten	*le long des canaux*
We hebben ... gewandeld.	*Nous nous sommes promenées ...*

op een terrasje	*à une terrasse*
We hebben lekker wat gedronken.	*Nous avons pris un bon petit verre.*
en zo	*et des choses comme ça*
heel erg mooi	*très beau*
dat mooie weer	*ce beau temps*
U heeft het dus naar uw zin gehad.	*Vous vous êtes donc bien plu.*
Het is ons prima bevallen.	*Ça nous a beaucoup plu.*
We komen gauw weer terug.	*Nous reviendrons vite.*

Exercice 1

Après avoir vérifié que vous comprenez tous les mots et toutes les expressions des dialogues, jouez les scènes avec un partenaire.

Les musées d'Amsterdam

Amsterdam possède un grand nombre de musées (**musea**) qui valent le détour. Les trois plus célèbres sont le **Rijksmuseum** (Musée national), le **Van Gogh Museum** (musée Van Gogh) et le **Stedelijk Museum** (Musée municipal). Le Rijksmuseum abrite la plus riche collection d'art et d'histoire des Pays-Bas. Les œuvres des grands maîtres de la peinture hollandaise du XVIIe siècle font sa renommée : c'est là que se trouve la fameuse **Nachtwacht** (*Ronde de nuit*) de Rembrandt. Le Van Gogh Museum conserve plus de deux cents tableaux de l'artiste. Le Stedelijk Museum – le musée de la Ville d'Amsterdam – abrite une impressionnante collection d'art moderne et d'art contemporain. Quant à l'**Amsterdam Historisch Museum** (Musée historique d'Amsterdam), qui est cité dans le dialogue, il présente un vaste panorama de l'histoire de la ville.

Les informations touristiques

Si vous avez besoin de renseignements, adressez-vous d'abord à l'office du tourisme : **de VVV**, abréviation de **Vereniging Voor Vreemdelingenverkeer**. Vous pourrez y réserver votre hôtel ou simplement vous informer. Vous trouverez dans les grandes villes un agenda culturel, souvent mensuel, à l'image de l'***Uitkrant*** d'Amsterdam, qui publie la liste des films, des spectacles et des expositions.
Vous pouvez aussi vous rendre dans un magasin de l'**ANWB**, abréviation de **Algemene Nederlandse Wielrijders Bond**, qui publie des cartes, des atlas et des guides touristiques. Cette organisation qui, dans d'autres pays, porte le nom de Touring Club ou d'Automobile Club, propose aussi des formules d'assurance-voyage, ainsi qu'une assistance technique et juridique.

Le Stopera d'Amsterdam

L'Opéra d'Amsterdam – **het Muziektheater** « le Théâtre musical » – accueille opéras, ballets et concerts. Depuis 1986, il occupe un complexe moderne, qui abrite aussi l'hôtel de ville : le **Stopera**, mot-valise formé de **stadhuis** « hôtel de ville » et de **opera**. Sa construction imposa la destruction d'un quartier ancien et souleva un concert de protestations. Les opposants détournèrent son nom pour en faire **Stop Opera**. Sur la place de l'Opéra se tient le célèbre marché aux puces de **Waterlooplein**, qui est le plus fréquenté d'Amsterdam.

vocabulaire

Comment dit-on ?

• Réserver une chambre

Ik wil graag een tweepersoonskamer reserveren.	*Je voudrais réserver une chambre double.*
Heeft u een eenpersoonskamer vrij?	*Avez-vous une chambre simple de libre ?*
Kunnen we een kamer voor twee nachten boeken?	*Pouvons-nous réserver une chambre pour deux nuits ?*
Wilt u een kamer met bad of met een douche?	*Voulez-vous une chambre avec baignoire ou avec douche ?*

• Donner votre avis sur votre séjour

We hebben genoten.	*Nous nous sommes bien plu.*
Het is me prima bevallen.	*ça m'a beaucoup plu.*
Ik heb het naar mijn zin gehad.	*Je me suis bien plu.*

• Décrire vos centres d'intérêt

Ik ben geïnteresseerd in kunst.	*Je m'intéresse à l'art.*
Ik ben niet geïnteresseerd in kunst.	*Je ne m'intéresse pas à l'art.*
Ik ben vooral geïnteresseerd in kunst.	*Je m'intéresse surtout à l'art.*

Le passé composé

Dans ces dialogues, vous avez appris à vous exprimer au passé en utilisant une forme verbale en deux parties : le passé composé.

Wij **hebben** een leuke vakantie **gehad**.	*Nous avons passé un agréable séjour.*
Ik **heb** langs de gracht **gewandeld**.	*Je me suis promené le long du canal.*
Hij **is** vroeg naar huis **gegaan**.	*Il est rentré tôt chez lui.*

Le passé composé est un des trois temps dont dispose le néerlandais pour exprimer le passé. On l'emploie pour décrire une action ou un état achevés dans le passé.

Comme en français, le passé composé se forme au moyen d'un auxiliaire (**hebben** ou **zijn**), conjugué au présent, et du participe passé. L'auxiliaire s'accorde naturellement avec le sujet, mais le participe passé est invariable et se place à la fin de la phrase.

Ik heb gewandeld.	*Je me suis promené(e).*
Jij hebt gewandeld.	*Tu t'es promené(e).*
U hebt/heeft gewandeld.	*Vous vous êtes promené(e).*
Hij heeft gewandeld.	*Il s'est promené.*
Zij heeft gewandeld.	*Elle s'est promenée.*
Wij hebben gewandeld.	*Nous nous sommes promené(e)s.*
Jullie hebben gewandeld.	*Vous vous êtes promené(e)s.*
Zij hebben gewandeld.	*Ils/Elles se sont promené(e)s.*

Le participe passé

La plupart des verbes néerlandais ont un participe passé régulier. Pour le former, il vous suffira de procéder en trois étapes :

1) Identifier le radical du verbe (l'infinitif moins la terminaison **-en**).
2) Ajouter **ge-** devant le radical.
3) Ajouter **-t** ou **-d** derrière le radical (**-t** quand le radical se termine par **-f**, **-k**, **-p**, **-s**, **-t**, ou **-ch**, et **-d** dans tous les autres cas).

Prenons l'exemple des verbes **werken** et **wandelen**.

Pour identifier le radical, nous retranchons la terminaison **-en** pour obtenir les formes **werk** et **wandel**. Puis nous ajoutons **ge-** devant les deux radicaux. Enfin, nous ajoutons la terminaison **-t** pour le premier verbe, et **-d** pour le second.

Le radical **werk** se termine en effet par **-k**, une des six consonnes qui exigent la terminaison en **-t**, alors que le radical **wandel** se termine par **-l**, une consonne qui appelle la terminaison **-d**.

Les deux participes passés sont donc : **gewerkt** et **gewandeld**.

Voici encore quelques exemples :

infinitif	**radical**	**participe passé**	
praten	praat	gepraat	*parler*
maken	maak	gemaakt	*faire*
fietsen	fiets	gefietst	*rouler à vélo*
stoppen	stop	gestopt	*s'arrêter*
branden	brand	gebrand	*brûler*
schilderen	schilder	geschilderd	*peindre*
regenen	regen	geregend	*pleuvoir*
reizen	reis	gereisd	*voyager*
leven	leef	geleefd	*vivre*

Conformément aux règles d'orthographe (voir page **XI**), les verbes dont le radical se termine déjà par **-t** ou par **-d** ne doublent pas la consonne au participe passé.

Notez aussi le cas particulier des verbes **reizen** et **leven** : leur radical se termine respectivement par **-s** et par **-f**, puisqu'un mot néerlandais ne peut jamais se terminer par **-z** ou par **-v**. Mais pour former le participe passé, on tient compte de ces deux dernières consonnes et on ajoute donc **-d** au radical : **gereisd** et **geleefd**.

grammaire

Les participes passés sans préfixe

Un certain nombre de verbes forment leur participe passé sans le préfixe **ge-** : il s'agit des verbes commençant par les syllabes **be-**, **er-**, **ge-**, **her-**, **ont-** et **ver-**. Voici quelques exemples :

bestellen	Ik heb wijn besteld.	*J'ai commandé du vin.*
erkennen	Ik heb het erkend.	*Je l'ai reconnu.*
geloven	Ik heb hem geloofd.	*Je l'ai cru.*
herhalen	Ik heb het herhaald.	*Je l'ai répété.*
ontmoeten	Ik heb hem ontmoet.	*Je l'ai rencontré.*
vertellen	Ik heb het verteld.	*Je l'ai raconté.*

Les participes passés irréguliers

Même si la plupart des verbes suivent les règles précédentes, il existe un certain nombre de verbes irréguliers, parmi les plus fréquents, auxquels ces règles ne s'appliquent pas. En effet, ces verbes ne forment pas leur participe passé à partir de leur radical. Le plus simple est d'apprendre par cœur ces formes irrégulières.

Vous trouverez une liste des verbes irréguliers à la fin du livre, mais voici déjà quelques exemples indispensables :

zijn	ik ben geweest	*j'ai été*
hebben	ik heb gehad	*j'ai eu*
kopen	Ik heb gekocht	*j'ai acheté*
brengen	Ik heb gebracht	*j'ai apporté*
beginnen	Ik ben begonnen	*j'ai commencé*
komen	Ik ben gekomen	*je suis venu*
doen	Ik heb gedaan	*j'ai fait*
blijven	Ik ben gebleven	*je suis resté*

L'auxiliaire : être ou avoir ?

La plupart des verbes réguliers, ainsi qu'un certain nombre de verbes irréguliers forment leur passé composé avec l'auxiliaire **hebben** *avoir*.

Jij hebt een mooie tekening gemaakt.	*Tu as fait un beau dessin.*
Wij hebben een tijdje gepraat.	*Nous avons bavardé un moment.*
We hebben veel gedaan.	*Nous avons fait beaucoup.*

Un petit nombre de verbes irréguliers forment leur passé composé avec l'auxiliaire **zijn**. Il s'agit le plus souvent de verbes qui indiquent un changement de lieu ou d'état.

Ik ben met mijn werk begonnen.	*J'ai commencé mon travail.*
Hij is met de trein gekomen.	*Il est venu en train.*
We zijn verhuisd.	*Nous avons déménagé.*

Les verbes **zijn** et **blijven** forment leur passé composé avec **zijn**.

Ik ben thuis gebleven.	*Je suis resté chez moi.*
Ik ben de hele dag op mijn werk geweest.	*J'ai été toute la journée au travail.*

Voici une liste des principaux verbes qui forment leur passé composé avec **zijn** :

zijn (geweest)	*être*
blijven (gebleven)	*rester*
komen (gekomen)	*venir*
gaan (gegaan)	*aller*
beginnen (begonnen)	*commencer*
stoppen (gestopt)	*s'arrêter*
vertrekken (vertrokken)	*partir*
verhuizen (verhuisd)	*déménager*
vallen (gevallen)	*tomber*
worden (geworden)	*devenir*
trouwen (getrouwd)	*se marier*
scheiden (gescheiden)	*divorcer*
sterven (gestorven)	*mourir*

grammaire

Les verbes de mouvement

Les verbes de mouvement se conjuguent avec l'un ou l'autre auxiliaire selon que l'accent est mis sur le changement de lieu (**zijn**) ou sur l'action de se déplacer (**hebben**).

La présence d'un complément de lieu, qui indique la direction ou la destination, impose l'emploi de **zijn**. La présence d'un complément de temps, qui insiste sur la durée, suscite l'utilisation de **hebben**.

Rijden *aller (en voiture), rouler*

We zijn naar Amsterdam gereden.	*Nous sommes allés à Amsterdam.*
We hebben daar wat rondgereden.	*Nous avons fait un tour là-bas.*

Wandelen *aller (à pied), se promener*

Ik ben naar het park gewandeld.	*Je suis allé au parc.*
Ik heb daar een uur gewandeld.	*Je m'y suis promené une heure.*

Lopen *aller (à pied), marcher*

De oude man is tot het bankje gelopen.	*Le vieil homme est allé jusqu'au banc.*
Daarna heeft hij in het park gelopen.	*Puis il a marché dans le parc.*

Vliegen *aller (en avion), voler*

We zijn naar Athene gevlogen.	*Nous sommes allés à Athènes.*
Ik heb nog nooit gevlogen.	*Je n'ai jamais pris l'avion.*

Ik ben naar Amsterdam gefietst

Ik heb gefietst

Fietsen *aller (à vélo), rouler*

Ik ben de stad in gefietst.	*Je suis allé en ville à vélo.*
Ik heb langzaam gefietst.	*J'ai roulé lentement.*

Rennen *courir*

Ik ben naar huis gerend.	*J'ai couru chez moi.*
Ik heb veel gerend vandaag.	*J'ai beaucoup couru aujourd'hui.*

L'emploi du passé composé vous paraîtra peut-être compliqué, mais ne vous inquiétez pas : c'est une question de pratique. L'essentiel à retenir tient en trois points :

1) Les verbes réguliers, qui sont les plus nombreux, forment leur participe passé comme suit : **ge** + radical + **t / d**. On ajoute **-t** quand le radical se termine par **-f**, **-k**, **-p**, **- s**, **-t** ou **-ch**. Dans tous les autres cas, on ajoute **-d**.
2) Les verbes irréguliers ne sont pas nombreux, mais sont très courants. Il faudra connaître par cœur leur participe passé.
3) La plupart des verbes se conjuguent avec l'auxiliaire **hebben**. Hormis **blijven** et **zijn**, les verbes qui se conjuguent avec **zijn** indiquent un changement de lieu ou d'état.

Exercice 2

CD1 piste 36

Vous rentrez de vacances. Votre collègue prend de vos nouvelles. Répondez à ses questions à partir des informations suivantes :

Vous êtes allés à Amsterdam, et ce voyage vous a plu. Vous avez visité le **Rijksmuseum**, et vous avez vu une pièce de théâtre. Vous répétez à votre collègue que ce voyage vous a plu.

Vous pouvez faire cet exercice avec l'enregistrement.

(Souvenez-vous qu'il y a plusieurs façons de dire que vous vous êtes bien plu.)

Collègue Hallo, heb je een leuke vakantie gehad?
Vous ______
Collègue Waar ben je geweest?
Vous ______
Collègue Wat heb je allemaal gedaan?
Vous ______
Collègue Dus je hebt het wel naar je zin gehad?
Vous ______

Exercice 3

Complétez les phrases en conjuguant le verbe au passé composé. Attention à l'auxiliaire : **zijn** ou **hebben**. Si vous avez un doute, reportez-vous à la liste des verbes irréguliers, pages **274-275**.

a Ik ______ gisteren naar de markt ______. (zijn)
b We ______ daar groente en fruit ______. (kopen)
c Daarna ______ we een eind ______. (fietsen)
d We ______ tot het strand ______. (fietsen)
e We ______ 's avonds naar een restaurant ______. (gaan)
f Jullie ______ veel ______ en ______. (eten / drinken)
g We ______ een leuk hotel vlak bij het strand ______. (boeken)
h Het was zo leuk, daar ______ we het wel mee ______. (treffen)
i Hélène ______ erg veel boeken ______. (lezen)
j We ______ uren ______. (praten)
k De kinderen ______ gisteren naar school ______. (rennen)
l Ze ______ hard ______. (rennen)
m ______ u dat al aan de kinderen ______? (vertellen)

n We ______ de lerares voor het eerst ______. (ontmoeten)
o Ik ______ het mijn ouders ______. (beloven)
p Zij ______ veel ______. (reizen)
q ______ je ook Nederlands ______? (studeren)

vocabulaire

de lerares	*l'enseignante*
beloven	*promettre*
studeren	*étudier*

autoévaluation

Exercice 4

Observez chaque image et sa légende, puis posez une question au passé composé en commençant par le mot donné.

exemple : De koningin opent de Oosterscheldedam in 1986.
Wanneer heeft de koningin de Oosterscheldedam geopend?

a Beatrix en Claus trouwen in 1966

b Rietveld maakt de Rietveldstoel

c Piet Blom bouwt paalwoningen

d Nederland wordt Europees kampioen in 1988

e Rembrandt schildert de *Nachtwacht* in 1642

f Een Amsterdammer kust koningin Beatrix

a Wanneer ______?

b Wie ______?

c Wie ______?

d Wanneer ______?

e Wanneer ______?

f Wie ______?

vocabulaire

de koningin	*la reine*
bouwen	*construire*
de paalwoningen	*les maisons sur pilotis*
schilderen	*peindre*
kussen	*embrasser*

autoévaluation

Exercice 5

CD1 piste 37

Racontez au passé composé vos voyages en Angleterre, en Italie et aux États-Unis en utilisant les informations fournies. Vous pouvez vérifier vos réponses avec l'enregistrement.

exemple : Ik ben naar België geweest.
Ik heb in Brugge het Minnewater bezocht.
Ik heb veel oude gebouwen gezien.
We hebben ook wat kant gekocht.
Ik heb lekkere wafels gegeten.

bezocht	*visité*
de kant	*la dentelle*
de wafel	*la gaufre*
de wafels	*les gaufres*

a Engeland / Londen, de Big Ben / de Theems / thee / fish and chips

b Italië / Florence, de kathedraal / oude kerken en schilderijen / souvenirs / pizza

c Amerika / New York, het Empire State Building / moderne architectuur / een T-shirt / bagels

La météo

La réussite des vacances est souvent tributaire des conditions atmosphériques qui, aux Pays-Bas comme en Belgique, sont plutôt variables. Il ne sera donc pas inutile de connaître le vocabulaire de la météo.

Het is koud.	*Il fait froid.*
Het is warm.	*Il fait chaud.*
Het is zacht.	*Il fait doux.*
Het is lekker weer.	*Il fait bon.*
Hoeveel graden is het vandaag?	*Combien fait-il aujourd'hui ?* (litt. *Combien de degrés y a-t-il aujourd'hui ?*)
Het is 15 graden.	*Il fait 15 degrés.*
Het regent.	*Il pleut.*
Het sneeuwt.	*Il neige.*
Het vriest.	*Il gèle.*
Het waait.	*Il y a du vent.*
De zon schijnt.	*Il y a du soleil.*
Het onweert.	*Il y a de l'orage.*

Exercice 6

Regardez par la fenêtre et répondez à cette question : **Wat voor weer is het vandaag?** *Quel temps fait-il aujourd'hui ?*

Lisez maintenant les prévisions météo du journal d'aujourd'hui et essayez de comprendre l'essentiel en vous servant du vocabulaire fourni.

HET WEER

VERWACHTING TOT VANAVOND:

Veel bewolking en in de ochtend en af toe regen. 's Middags enkele opklaringen. Middagtemperatuur ongeveer 2 graden. Tot matig toenemende zuidwestelijke wind, windkracht 3 à 4.

VRIJDAG T/M MAANDAG:

Af en toe zon. Ook een enkele regen- of onweersbui. Vrij zacht met een middagtemperatuur van ongeveer 16 graden.

Uitgebreid weeroverzicht op pagina 24

vocabulaire

de bewolking	*la nébulosité, les nuages*
af en toe regen	*pluies intermittentes*
enkele opklaringen	*quelques éclaircies*
de temperatuur	*la température*
ongeveer	*environ*
matig	*modéré*
toenemende zuidwestelijke wind	*vent du sud-ouest croissant*
de regenbui	*l'averse*
de onweersbui	*l'averse orageuse*
het onweer	*l'orage*

Pour comprendre les prévisions météo, il faut évidemment connaître les jours de la semaine. Les voici :

vocabulaire

maandag	*lundi*
dinsdag	*mardi*
woensdag	*mercredi*
donderdag	*jeudi*
vrijdag	*vendredi*
zaterdag	*samedi*
zondag	*dimanche*

Voici encore d'autres expressions :

zondagmorgen	*dimanche matin*
donderdagmiddag	*jeudi après-midi*
vrijdagavond	*vendredi soir*
woensdagnacht	*dans la nuit de mercredi*

Exercice 7

CD1 piste 38

Écoutez les prévisions météo transcrites ci-dessous et dites en français le temps qu'il fera ce matin, cet après-midi, ce soir et cette nuit.

De weersverwachting voor vandaag *Les prévisions du temps pour aujourd'hui*

Vanochtend is er bewolking. Vanmiddag zullen er enkele opklaringen zijn. Vanavond zal de wind toenemen. Vannacht zal het gaan regenen.

vandaag	*aujourd'hui*
vanochtend / vanmorgen	*ce matin*
vanmiddag	*cet après-midi*
vanavond	*ce soir*
toenemen	*augmenter*
vannacht	*cette nuit*

Exercice 8

Observez la carte météo ci-contre et répondez aux questions suivantes :

a Regent het in Nederland?

b Wat voor weer is het in Athene?

c Is het koud in Lissabon?

d Vriest het in Londen?

e Hoeveel graden is het in Stockholm?

f Waar is op de weerkaart de warmste plek in Europa?

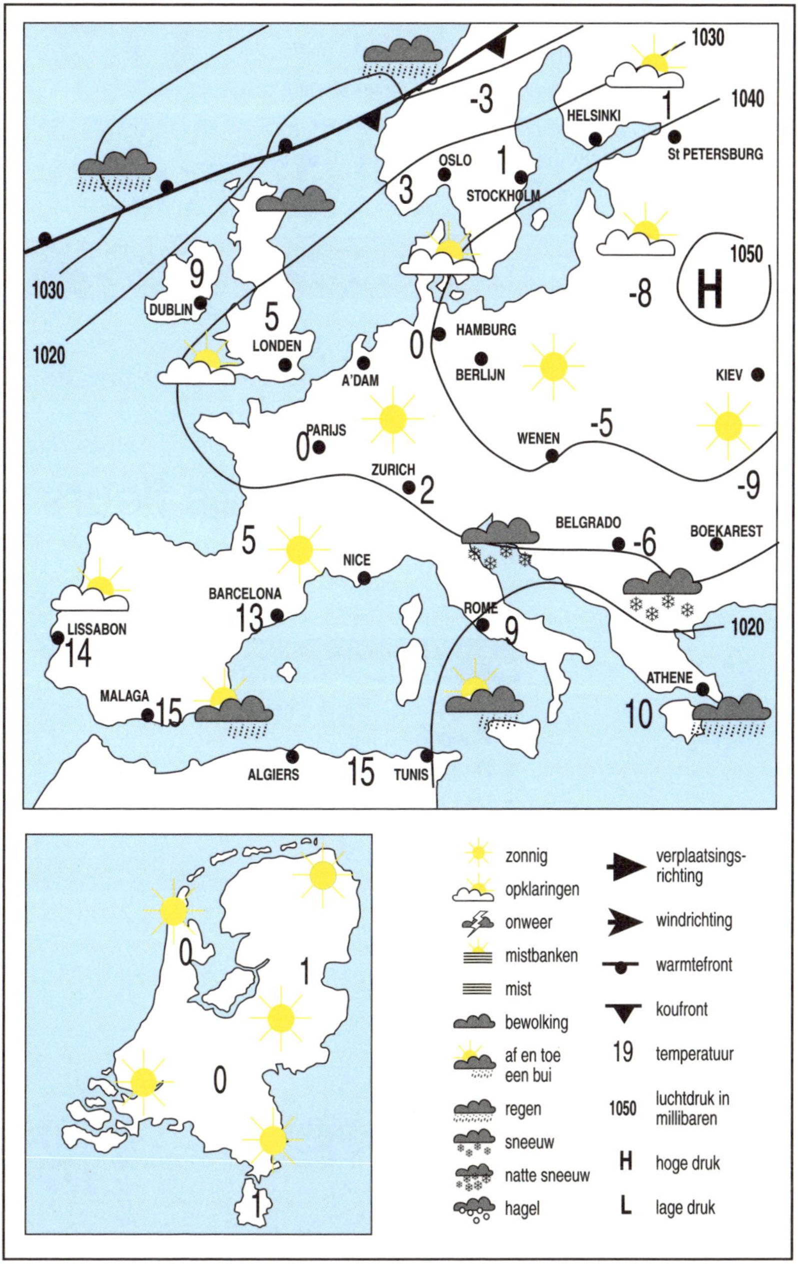
1030
1040
1050
1020
H
-3
1
3
9
5
0
-8
-5
-9
2
-6
13
14
15
9
10
HELSINKI
St PETERSBURG
OSLO
STOCKHOLM
DUBLIN
LONDEN
HAMBURG
A'DAM
BERLIJN
KIEV
PARIJS
WENEN
ZURICH
BELGRADO
BOEKAREST
NICE
BARCELONA
ROME
LISSABON
ATHENE
MALAGA
ALGIERS
TUNIS
zonnig
opklaringen
onweer
mistbanken
mist
bewolking
af en toe een bui
regen
sneeuw
natte sneeuw
hagel
verplaatsingsrichting
windrichting
warmtefront
koufront
19 temperatuur
1050 luchtdruk in millibaren
H hoge druk
L lage druk

09

Ik heb bloemen voor je meegebracht

Je t'ai apporté des fleurs

Communication

- Inviter des amis à dîner
- Parler du dîner
- Dire ce que vous voulez
- Dire ce que vous préférez

Dialogues 1, 2 et 3

CD1 piste 39

Hélène et Paul veulent inviter Jolande et Eelco à dîner. Hélène téléphone à Eelco :

Eelco	Met Eelco.
Hélène	Hoi Eelco, met Hélène.
Eelco	Hé, Hélène. Hoe gaat 't?
Hélène	Prima, luister. We willen jullie graag een keer uitnodigen om bij ons te komen eten. Jullie hebben zoveel voor ons gedaan sinds we hiernaartoe verhuisd zijn. Hebben jullie zin om zaterdagavond te komen?
Eelco	Dan kunnen we helaas niet. We moeten op visite bij de ouders van Jolande.
Hélène	Volgende week zaterdag misschien?
Eelco	Ja, dat is wat ons betreft prima.
Hélène	Goed. Jullie zijn toch geen vegetariërs, hè?
Eelco	Nee, niet meer. We eten allebei gewoon vlees.

Zaterdagavond:

Hélène	Hoi, kom binnen. Geef je jas maar, ik hang hem wel op.
Jolande	Hier, ik heb bloemen voor je meegebracht.
Hélène	Wat leuk. Ze zijn prachtig, dankjewel. Ga maar vast naar binnen, Paul staat nog even in de keuken.
Eelco	Jullie hebben het gezellig gemaakt, zeg.
Hélène	Dank je. Het ziet er al veel beter uit dan een paar weken geleden, hè?
Jolande	Ja. En al die kaarsen maken het ook gezellig.
Hélène	Willen jullie eerst iets drinken? Wijn, pils of heb je liever iets sterkers?
Eelco	Voor mij een pilsje, graag.
Jolande	Voor mij een rode wijn alsjeblieft.

Tijdens de maaltijd:

Paul	Wil je nog meer ketjap?
Eelco	Nee, dank je. Ik heb liever de satésaus.
Hélène	Ja, ik vind de satésaus ook heerlijk.
Eelco	Een beetje zoet, dat is lekker bij deze pittige gerechten.
Jolande	Het is heerlijk, Paul. Maar zoveel werk om alles klaar te maken!

Paul	Ach, dat valt wel mee. Ik heb een Indonesisch recept geprobeerd. Ik kan het je straks meegeven als je wilt. Wil je nog meer? Er is genoeg, hoor.
Eelco	Nee, dank je. Ik heb genoeg gehad. Ik zit vol.
Jolande	Ik ook. Het was echt zalig, maar ik kan niks meer op.

vocabulaire

een keer	*un jour*
uitnodigen	*inviter*
zoveel	*autant*
sinds	*depuis*
misschien	*peut-être*
wat ons betreft	*en ce qui nous concerne*
vegetariër	*végétarien*
geven	*donner*
de bloem	*la fleur*
meebrengen	*apporter*
Ga maar vast naar binnen.	*Entrez donc.*
gezellig	*agréable, charmant*
de kaars	*la bougie*
de pils	*la bière (blonde)*
iets sterkers	*quelque chose de plus fort*
tijdens de maaltijd	*pendant le repas*
de ketjap	sauce au soja d'Asie du Sud-Est
de satésaus	*la sauce saté*
heerlijk	*délicieux*
zoet	*doux*
pittig	*épicé*
het gerecht	*le plat*
klaarmaken	*préparer*
ach!	*ah !*
Dat valt wel mee.	*C'est pas si mal que ça.*
Indonesisch	*indonésien*
het recept	*la recette*
uitproberen	*essayer*
straks	*tout à l'heure*
Ik zit vol.	*J'ai assez mangé.*
zalig	*délicieux*
Ik kan niks meer op.	*Je suis rassasié(e).*

autoévaluation

Exercice 1

Relisez attentivement les dialogues en écoutant l'enregistrement plusieurs fois, puis jouez les scènes avec un partenaire.

Les habitudes de politesse

Aux Pays-Bas comme en Belgique, il est de coutume que les invités apportent des fleurs à la maîtresse de maison. Ce n'est évidemment pas une obligation : c'est une forme répandue de politesse, qui est toujours appréciée. Pour le reste, soyez naturels et laissez parler votre cœur : les Néerlandais et les Belges ne sont pas formalistes et passent pour aimer la simplicité. Dans le dialogue, les convives s'expriment d'ailleurs le plus simplement possible, en se tutoyant : **Wil je nog meer ketjap?**

Gezellig

Le mot **gezellig**, que vous entendrez souvent et dans des situations différentes, est difficile à traduire. Il qualifie ce qui est *agréable*, *convivial, charmant* et *accueillant* : une personne, un lieu, une conversation, une soirée.

La cuisine indonésienne

Les Néerlandais ont conservé de leur ancienne colonie un grand nombre d'habitudes culinaires. La cuisine indonésienne leur est familière, avec ses ingrédients particuliers : le dialogue fait allusion à la sauce au soja (**de ketjap**). Faut-il rappeler que cette sauce n'a rien à voir avec le ketchup, qui se dit en néerlandais **tomatenketchup** ? La sauce au saté (**de satésaus**) est aussi un apport de la cuisine indonésienne : c'est une sauce assez riche à base de cacahouètes.

vocabulaire

Comment dit-on ?

- **Inviter des amis**

Heb je zin om morgen te komen?	*ça te dit de venir demain ?*
Kom je morgen bij ons eten?	*Tu viens manger chez nous demain ?*

- **Demander quelque chose à table**

Kun je me het zout even geven?	*Peux-tu me passer le sel ?*
Mag ik de ketjap even?	*Puis-je avoir la sauce au soja ?*

- **Exprimer une préférence**

Wil je rode wijn of heb je liever pils?	*Veux-tu du vin rouge ou préfères-tu de la bière ?*
Ik heb liever pils. / Liever pils.	*Je préfère de la bière.*

- **Dire que l'on est végétarien**

Ik ben vegetariër.	*Je suis végétarien.*
Wij eten liever vegetarisch.	*Nous préférons manger végétarien.*

Veillez à bien distinguer le nom **vegetariër** et l'adjectif **vegetarisch** : **de vegetariër** *le végétarien*, **het vegetarische eten** *la cuisine végétarienne*.

autoévaluation

Exercice 2

Complétez ces dialogues en utilisant les phrases I-VII.

a	– Hier zijn wat bloemen voor je. __________	I	Ik heb liever sinaasappelsap.
b	__________ – Ja, lekker.	II	Wil je nog wat eten?
c	__________ – Heb je iets sterkers?	III	Wil je wijn of een pilsje?
d	__________ – Nee, ik heb genoeg gehad.	IV	Ze zijn mooi.
e	– Wil je een glas wijn? __________	V	Ja, leuk.
f	– Heb je zin om te komen? __________	VI	Kun je morgenavond?
g	__________ – Dat is wat mij betreft prima.	VII	Wil je iets drinken?

grammaire

Om + te + infinitif

Dans le **chapitre 7**, vous avez vu que certains verbes sont utilisés avec un infinitif précédé de **te**.

Ik probeer **te komen**.
U hoeft niet **te wachten**.

La construction **om + te + infinitif** est un peu différente. On l'utilise pour exprimer le but et on la traduit par *pour + infinitif*.

Ik ga naar de supermarkt **om** boodschappen **te doen**.	*Je vais au supermarché pour faire mes courses.*
Zoveel werk **om** alles klaar **te maken**.	*(C'est) un sacré travail pour tout préparer.*

Vous noterez aussi l'expression **zin hebben om + te + infinitif**, *avoir envie de faire quelque chose.*

Ik **heb zin om** naar huis **te gaan**.	*J'ai envie de rentrer chez moi.*
Hebben jullie **zin om** zaterdag **te komen**?	*ça vous dit de venir samedi ?*

Vous rencontrerez également l'expression **zin hebben in + nom**, *avoir envie de quelque chose.*

Ik **heb zin in** koffie.	*J'ai envie de café.*

autoévaluation

Exercice 3

CD1 piste 40

Rassemblez les deux phrases en une seule en utilisant **om** + **te** + infinitif. Vous pouvez vérifier vos réponses en écoutant l'enregistrement.

exemple : Ik ga naar de winkel. Ik koop bloemen.
Ik ga naar de winkel om bloemen te kopen.

a	Ik koop kaartjes.	Ik ga naar de opera.
b	Jan fietst hard.	Hij is op tijd thuis.
c	Ik wil naar de winkel.	Ik koop een fles wijn.
d	Anneke koopt een krant.	Ze leest hem.
e	We gaan naar het postkantoor.	We kopen postzegels.
f	We gaan naar de VVV.	We vragen informatie.

vocabulaire

de fles	*la bouteille*
lezen	*lire*
de postzegel	*le timbre*

grammaire

Iets/niets + adjectif

Quand **iets** et **niets** sont suivis d'un adjectif, il faut ajouter **-s** à l'adjectif.

iets sterkers	*quelque chose de plus fort*
niets nieuws	*rien de nouveau*
iets lekkers	*quelque chose de bon*
niets moois	*rien de beau*

grammaire

Les pronoms personnels compléments

Dans le **chapitre 4,** nous vous avons présenté les pronoms personnels sujets sous leur double forme, accentuée et non accentuée. Les pronoms personnels compléments (d'objet direct ou indirect) possèdent également une double forme, selon qu'ils sont ou non accentués. La forme non accentuée est la plus courante, en particulier dans la langue parlée. La forme accentuée s'emploie pour insister ou pour renforcer une opposition, comme dans cette situation où les deux enfants de Johanna veulent obtenir son attention :

Jos	Mam, kun je **me** helpen?	*Maman, tu peux m'aider ?*
Bram	Mam, kun je **mij** helpen?	*Maman, tu peux m'aider, moi ?*

SINGULIER		**PLURIEL**	
Accentué	Non accentué	Accentué	Non accentué
mij	**me**	**ons**	—
jou	**je**	**jullie**	**je**
u	**u**	**u**	—
hem	**('m)**	**hen/hun**	**ze**
haar	**(d'r)**	**ze**	—
het	**('t)**		

Les formes non accentuées qui sont mentionnées entre parenthèses ne s'utilisent pas dans la langue écrite.

Les pronoms **hen** et **hun** ne s'emploient que pour des personnes, alors que le pronom **ze** s'emploie pour des personnes et pour des choses. Les pronoms **hen** et **hun**, autrefois distingués, sont devenus presque interchangeables, mais ils sont de plus en plus supplantés par le pronom **ze**.

Enfin, vous noterez que, dans la phrase, le pronom complément se place, en principe, le plus près possible du verbe principal.

Voici quelques exemples :

Kun je me/mij de rijst aangeven?	*Peux-tu me passer le riz ?*
Ik heb jou/je eerder gezien.	*Je t'ai déjà vu.*
Ik versta u niet.	*Je ne vous comprends pas.*
Ik geef 'm/hem het boek.	*Je lui donne le livre.*
Ik kan d'r/haar zien.	*Je la vois.*
Kom je bij ons eten?	*Viens-tu manger chez nous ?*
Ik heb dit voor jullie klaargemaakt.	*J'ai préparé ceci pour vous.*
Ik heb hen/hun/ze ook uitgenodigd.	*Je les ai aussi invité(e)s.*

Dans le **chapitre 4**, nous avons vu que les pronoms personnels sujets **hij** et **het** étaient utilisés pour désigner des animaux et des choses. Les pronoms personnels compléments **hem**, **het** et **ze** sont utilisés de la même façon : **hem** remplace les « de-woorden », **het** remplace les « het-woorden », c'est-à-dire les neutres singuliers, et **ze** remplace tous les pluriels.

Heb je de krant gelezen?	*As-tu lu le journal ?*
Nee, ik heb **hem** niet gelezen.	*Non, je ne l'ai pas lu.*
Heb je het boek gelezen?	*As-tu lu le livre ?*
Nee, ik heb **het** niet gelezen.	*Non, je ne l'ai pas lu.*
Heb je mijn boeken gezien?	*As-tu vu mes livres ?*
Nee, ik heb **ze** niet gezien.	*Non, je ne les ai pas vus.*

Les pronoms **hem** et **ze** peuvent aussi désigner des personnes, mais le pronom **het** ne se rapporte qu'à des choses.

autoévaluation

Exercice 4

Complétez chaque phrase avec un pronom complément.

a Wat ______ (hij) betreft hoef je niet te komen.
b Voor ______ (ik) een pilsje graag.
c Ik heb het geld aan ______ (zij, pluriel) gegeven.
d Ik heb ______ (zij) niet gezien.
e Ga je met ______ (hij) naar de opera?
f Ik geloof ______ (jij) niet.
g Mijn ouders wonen naast ______ (wij).
h We komen bij ______ (jullie) eten.
i Heb je ______ (de boeken) weggezet?
j Heb je ______ (mijn kinderen) gezien?
k Heb jij ______ (de bloemen) meegebracht?
l Ik vind ______ (de jurk) mooi.

wegzetten *mettre de côté*

grammaire

L'impératif : ordres et demandes

Dans le **chapitre 1**, nous vous avons vu comment donner des ordres ou exprimer une demande en utilisant le verbe à l'impératif :

Kom binnen.	*Entre.*
Hang je jas op.	*Accroche ton manteau.*
Blijf hier.	*Reste ici.*

Eet je bord leeg. *Finis ton assiette.*
Ga zitten. *Assieds-toi.*

Cette forme s'utilise indifféremment au singulier et au pluriel. À la forme polie, cependant, il faut ajouter le pronom **u** après le verbe.

Komt u binnen. *Entrez.*
Gaat u zitten. *Asseyez-vous.*

L'infinitif peut aussi servir à exprimer une consigne ou une demande :

Niet roken. *Interdit de fumer.*
Vlees in stukjes snijden. *Coupez la viande en petits morceaux.*

Un ordre peut être atténué en une suggestion par l'ajout de **maar**, un petit mot qui n'a pas vraiment d'équivalent en français. C'est l'intonation et le contexte qui exprime la même nuance – un ordre « atténué » – chez un francophone.

Kom maar binnen. *Entre.*
Geef je jas maar. *Donne ton manteau.*
Ga maar zitten. *Assieds-toi.*
Eet maar op. *Mange.*
Blijf maar hier. *Reste.*
Neem maar hoor. *Prends-le.*

autoévaluation

Exercice 5

Rétablissez l'ordre des répliques correspondant aux images ci-contre.

a Ze zijn schitterend, dankjewel.
b Wat gezellig is het hier.
c Prima.
d Ga maar vast naar binnen.
e Hoe gaat het?
f Ik heb wat bloemen voor je meegebracht.
g Ja, lekker.
h Ga maar zitten.
i Heb je zin in koffie?
j Geef je jas maar. Ik hang hem wel op.
k Hallo, kom binnen.

Confrontez votre version du dialogue avec la solution donnée à la fin du livre.

grammaire

Les verbes séparables

Dans le **chapitre 8**, vous avez rencontré des verbes commençant par les préfixes **be-**, **het-**, **ont-**, **ver-**, **er-** et **ge-**. Ces verbes sont dits « inséparables » parce qu'ils conservent toujours leur préfixe. Cependant, il existe un grand nombre de verbes « séparables », dont le préfixe peut être détaché et placé ailleurs dans la phrase. Ce préfixe, qui modifie parfois le sens du verbe, peut être une préposition, un adverbe, un adjectif ou un nom.

Voici quelques exemples :

aansteken	*allumer*
afspreken	*arranger, convenir (de)*
afwassen	*faire la vaisselle*
binnenkomen	*entrer*
klaarmaken	*préparer*
meebrengen	*apporter*
nadenken	*réfléchir*
opbellen	*appeler, téléphoner*
opeten	*manger*
ophangen	*accrocher, suspendre*
schoonmaken	*nettoyer*
uitnodigen	*inviter*
uitproberen	*essayer*
weggaan	*s'en aller*
wegzetten	*mettre de côté*

grammaire

Comment et quand les séparer ?

a) Quand le verbe séparable est le verbe principal de la phrase, c'est-à-dire le verbe conjugué, le préfixe se place à la fin de la phrase :

Ik **bel** Saskia **op**.	*J'appelle Saskia.*
Bel me morgen even **op**.	*Appelle-moi demain.*
Ik **hang** je jas even **op**.	*J'accroche ton manteau.*
Hang je jas maar **op**.	*Accroche ton manteau.*
Ik **breng** bloemen voor je **mee**.	*J'apporte des fleurs pour toi.*
Breng je bloemen voor me **mee**?	*Apportes-tu des fleurs pour moi ?*

b) Quand le verbe est employé à l'infinitif, le préfixe n'est pas séparé :

Ik wil je **uitnodigen**. *Je voudrais t'inviter.*
Ik moet nu **weggaan**. *Je dois m'en aller.*
Wij zullen **afwassen**. *Nous ferons la vaisselle.*
Ik zal een nieuw recept **uitproberen**. *J'essaierai une nouvelle recette.*

c) Une exception, cependant : quand l'infinitif est employé avec **te**, le préfixe est séparé du verbe par **te** :

Ik heb geprobeerd om je **op** te **bellen**. *J'ai essayé de t'appeler.*
Je hoeft het niet **op** te **eten**. *Tu ne dois pas le manger.*

d) Quand le verbe est conjugué au passé composé, le **ge-** du participe passé se place entre le préfixe et le verbe :

Ik heb mijn jas **opgehangen**. *J'ai accroché mon manteau.*
Wij hebben voor jullie **afgewassen**. *Nous avons fait la vaisselle pour vous.*
Wij zijn gisteren **weggegaan**. *Nous sommes partis hier.*

autoévaluation

Exercice 6

Complétez les phrases avec la forme verbale qui convient.

exemples : Jaap en Hester hebben ons ______. (uitnodigen)
Jaap en Hester hebben ons uitgenodigd.

Ze ______ Anna en Jeroen ook ______. (uitnodigen)
Ze nodigen Anna en Jeroen ook uit.

a We ______ ______ . (binnenkomen)
b Het ziet er gezellig uit. Jaap heeft de kaarsen ______. (aansteken)
c We ______ onze jassen aan de kapstok ______. (ophangen)
d Ik heb een vriendin ______. (meebrengen)
e We zullen weer vroeg ______ moeten ______. (weggaan)
f Waarom is ze zo vroeg ______? (weggaan)
g Ik moet er nog over ______. (nadenken)
h Ik heb geen zin om ______ te ______. (nadenken)
i Heb je de boeken al ______? (wegzetten)

vocabulaire

de kapstok *le portemanteau*
waarom *pourquoi*
vroeg *tôt*

10

Vroeger

Autrefois

Communication

- Parler des moments de la journée, des jours de la semaine, des mois et des saisons de l'année
- Raconter des événements du passé

Dialogue

CD1 piste 41

Imran et Else, qui viennent de s'installer aux Pays-Bas, suivent un cours de néerlandais pour étrangers. Après le cours, ils vont prendre un verre :

Imran	Hoelang woon je al in Nederland?
Else	O, nog maar twee maanden. Niet zo lang dus!
Imran	En daarvoor?
Else	Ik kom uit Duitsland, maar ik heb hiervoor twee jaar in Frankrijk gewoond.
Imran	Beviel dat?
Else	Jazeker. Ik vond het heerlijk. Ik woonde in een groot huis op het platteland. De tuin die we hadden, was enorm. Ik vond mijn baan ook heel interessant. Ik moest wel elke dag anderhalf uur naar Parijs reizen, maar dat vond ik niet erg.
Imran	Waarom ben je nu dan toch naar Nederland verhuisd?
Else	Dat moest vanwege mijn werk. De baan die ik in Frankrijk had, was maar voor twee jaar. Dat wist ik. En het bedrijf bood me mijn huidige baan in Nederland aan. Woon jij al lang in Nederland?
Imran	Iets langer dan jij, zo'n zes maanden.
Else	En daarvoor?
Imran	Daarvoor heb ik een tijd in Brussel gewoond. Ik had daar wel een leuke baan, maar Brussel beviel me eigenlijk niet zo. Het appartement dat ik had, was erg klein. En ik moest evengoed nog drie kwartier reizen naar m'n werk elke ochtend. Ik vond Brussel ook te druk en te duur.
Else	Wat voor baan had je?
Imran	Ik ben financieel analist. Ik werkte in Brussel bij dezelfde bank als nu, alleen werk ik nu aan een ander project, over elektronisch betalingsverkeer in de EU.
Else	Interessant. Wat vind je van de Nederlandse lessen? Vind je het moeilijk?
Imran	Nee, niet echt. Alleen vond ik de onderwerpen die we vanavond hebben besproken niet makkelijk. Snapte jij alles?
Else	Nee, ik vond het ook niet makkelijk. Vooral de oefeningen die we moesten maken, waren moeilijk. Ik moet m'n aantekeningen nog maar eens doorlezen. Wil je nog iets drinken?

vocabulaire

Hoelang woon je al in Nederland?	*Depuis combien de temps vis-tu aux Pays-Bas ?*
Nog maar twee maanden.	*Depuis deux mois seulement.*
daarvoor / hiervoor	*auparavant, avant*
Beviel dat?	*ça t'a plu ?*
heerlijk	*superbe, magnifique*
op het platteland	*à la campagne*
enorm	*énorme, immense*
de baan	*le poste, l'emploi*
elke dag	*chaque jour*
reizen	*voyager, aller*
Dat vond ik niet erg.	*ça ne me dérangeait pas.*
Waarom ben je nu dan toch naar Nederland verhuisd?	*Pourquoi as-tu déménagé aux Pays-Bas ?*
vanwege mijn werk	*à cause de mon travail*
maar voor twee jaar	*seulement pour deux ans*
Dat wist ik.	*Je le savais.*
het bedrijf	*l'entreprise*
huidig	*actuel*
aanbieden	*offrir*
iets langer	*un peu plus longtemps*
Brussel beviel me eigenlijk niet zo.	*Bruxelles ne m'a vraiment pas plu.*
evengoed	*aussi, également*
het kwartier	*le quart d'heure*
te druk	*trop bruyant*
te duur	*trop cher*
Wat voor baan had je?	*Quel type de poste avais-tu ?*
Ik ben financieel analist.	*Je suis analyste financier.*
bij dezelfde bank	*dans la même banque*
het elektronisch betalingsverkeer	*les paiements électroniques*
de Europese Unie (EU)	*l'Union européenne (UE)*
niet echt	*pas vraiment*
de onderwerpen die we hebben besproken	*les sujets que nous avons discutés*
Snapte jij alles?	*Tu as tout compris ?*
vooral	*surtout*
zijn aantekeningen doorlezen	*parcourir ses notes*

autoévaluation

Exercice 1

Assurez-vous d'avoir bien compris les mots et les expressions du dialogue. Écoutez attentivement l'enregistrement en essayant d'imiter la prononciation le mieux possible. Puis jouez la scène avec un partenaire.

Les moments de la journée

Dans le dialogue, Imran utilise l'expression **elke ochtend** *chaque matin.* Nous avions déjà rencontré le mot **ochtend** *matin.* Récapitulons ici les différents moments de la journée.

de ochtend / de morgen	*le matin*
de middag	*l'après-midi*
de avond	*le soir*
de nacht	*la nuit*

Pour désigner un moment précis de votre journée, vous disposez des cinq expressions suivantes :

vanochtend / vanmorgen	*ce matin*
vanmiddag	*cet après-midi*
vanavond	*ce soir*
vannacht	*cette nuit*

S'il s'agit d'une activité ou d'un événement qui se répète régulièrement dans le temps, vous utiliserez les expressions suivantes, qui désignent un moment de la journée en général.

's ochtends / 's morgens	*le matin*
's middags	*l'après-midi*
's avonds	*le soir*
's nachts	*la nuit*

Veillez à les écrire correctement : **'s** est la forme élidée de l'article **des**, génitif archaïque de l'article **de** (comme l'allemand, le néerlandais possédait à l'origine des déclinaisons, qui ne survivent plus aujourd'hui que dans certaines expressions figées). Le souvenir des lettres élidées explique que **'s** ne s'écrit jamais avec une majuscule, même en début de phrase : c'est le premier mot qui suit qui prend la majuscule. Voici des exemples :

Ik ga 's ochtends altijd zwemmen.	*Je vais toujours nager le matin.*
Vanmiddag ga ik naar mijn ouders.	*Ce midi, je vais chez mes parents.*
's Avonds werk ik nooit!	*Le soir, je ne travaille jamais !*

Les moments de la semaine

Pour désigner un moment de la semaine, vous pouvez associer le nom du jour avec le moment de la journée :

maandagochtend	*lundi matin*
woensdagmiddag	*mercredi après-midi*
vrijdagavond	*vendredi soir*

Pour situer la journée dans la semaine, par rapport à celles qui précédent ou qui suivent, vous utiliserez :

vandaag	*aujourd'hui*
morgen	*demain*
overmorgen	*après-demain*
gister(en)	*hier*
eergister(en)	*avant-hier*

Vous pouvez écrire **gister** ou **gisteren**, **eergister** ou **eergisteren**.

Heb jij gisteren niet gewerkt?	*Tu n'as pas travaillé hier ?*

Pour désigner un jour de la semaine suivante, vous disposez de l'adjectif **aanstaande** *prochain*.

Aanstaande woensdag. ga ik uit eten	*Mercredi prochain, je vais manger dehors.*

Les semaines et les mois

Pour situer la semaine dans le temps, par rapport à celles qui précédent ou qui suivent, vous utiliserez :

volgende week	*la semaine prochaine*
vorige / verleden week	*la semaine dernière*
Hij is vorige week op. vakantie gegaan	*Il est parti en vacances la semaine dernière.*
Ze komen volgende week. dinsdag terug	*Ils reviennent la semaine prochaine, mardi.*

Les mois de l'année s'écrivent, comme en français, sans majuscule :

januari	mei	september
februari	juni	oktober
maart	juli	november
april	augustus	december

Les saisons

de lente / het voorjaar	*le printemps*
de zomer	*l'été*
de herfst / het najaar	*l'automne*
de winter	*l'hiver*

Notez que les terminaisons **'s** et **s** peuvent être ajoutées aux mots **winter** et **zomer** pour décrire une action habituelle qui se répète dans le temps.

's Winters schaatst iedereen in Nederland.	*En hiver, tout le monde fait du patin aux Pays-Bas.*
's Zomers is fietsen heel populair.	*En été, le vélo a beaucoup de succès.*

autoévaluation

Exercice 2

CD1 piste 42

Répondez à chaque question en utilisant l'information donnée entre parenthèses. Commencez la phrase par cette information. Vous pouvez faire l'exercice avec l'enregistrement.

exemple : Wanneer heb je dat gedaan? (gisteren)
Gisteren heb ik dat gedaan.

a Wanneer kom je thuis? (vanavond)
b Wanneer ga je naar Brussel? (overmorgen)
c Wanneer verhuis je? (in het najaar)
d Wanneer wil je op de koffie komen? (vanmiddag)
e Wanneer zwem je? ('s ochtends)
f Wanneer moet je examen doen? (in mei)

grammaire

Depuis combien de temps ?

Pour répondre à cette question, il faut nécessairement décrire une action qui a commencé dans le passé et qui continue dans le présent. Comme le français, le néerlandais décrit cette action au présent, mais exprime différemment le complément de temps, en se servant des adverbes **al**, qui signifie littéralement *déjà*, et **pas**, qui équivaut à *seulement*.

Ik woon **al** drie jaar in Amsterdam.	*Je vis à Amsterdam depuis trois ans (déjà).*
Hij woont **pas** twee maanden in Amsterdam.	*Il vit à Amsterdam depuis deux mois (seulement).*

Pour poser la question, le néerlandais utilise l'adverbe interrogatif **hoelang** *combien de temps*, associé à l'adverbe **al** :

Hoelang woon je **al** in Maastricht?	*Depuis combien de temps vis-tu à Maastricht ?*

Pour répondre à la question, vous pouvez aussi vous servir de **nog maar** *seulement*, de **sinds** *depuis* ou de **nu** *maintenant* :

Ik woon **nog maar** een maand in Nederland.	*Je vis aux Pays-Bas depuis un mois seulement.*
Dus u woont hier **sinds** vorig jaar?	*Vous vivez donc ici depuis l'année passée ?*
Zij wonen **nu** een maand hier.	*Ils vivent ici depuis un mois.*

autoévaluation

Exercice 3

CD1 piste 43

Répondez à chaque question en utilisant l'information donnée entre parenthèses. Il y a plusieurs réponses possibles. Vous pouvez faire cet exercice avec l'enregistrement.

exemple : Hoelang woon je al in Den Haag? (twee jaar)
Ik woon al twee jaar in Den Haag.

a Hoelang leer je al Nederlands? (vier maanden)

b Hoelang werk je al bij dat bedrijf? (vijf jaar)

c Hoelang heb je al vrij? (een week)

d Hoelang zijn jullie al getrouwd? (drie jaar)

e Hoelang schrijf je al poëzie? (twintig jaar)

f Hoelang heb je je zus al niet gezien? (acht maanden)

g Hoelang zijn jullie kinderen al op vakantie? (anderhalve week)

h Hoelang sta je hier al te wachten? (tien minuten)

grammaire

Un temps du passé : le prétérit

Dans le **chapitre 8**, vous avez appris à utiliser le passé composé en néerlandais.

Ik heb twee jaar in Den Bosch gewoond.	*J'ai vécu deux ans à Bois-le-Duc.*

Comme en français, le passé composé décrit ici une action qui s'est déroulée dans le passé et qui est terminée : vous n'habitez plus Bois-le-Duc.

Dans ce chapitre, vous allez apprendre à utiliser un autre temps du passé, qui est appelé le prétérit.

À la différence du passé composé, le prétérit est un temps simple : il n'y a qu'une seule forme verbale. Pour former le prétérit, il suffit d'ajouter au radical la terminaison **-de(n)** ou **-te(n)**. On ajoute **-te** (au singulier) ou **-ten** (au pluriel) si le radical se termine par l'une des consonnes suivantes : **-f**, **-k**, **-p**, **-s**, **-t**, **-ch**. Dans les autres cas, on ajoute **-de** (au singulier) ou **-den** (au pluriel).

Par exemple :

infinitif	radical	prétérit	
werken	werk	**werkte**	**werkten**
wonen	woon	**woonde**	**woonden**

Si le radical se termine par **-t** ou par **-d**, on double la consonne.

praten	praat	**praatte**	**praatten**
redden	red	**redde**	**redden**

Si le radical se termine par **-s** ou par **-f** mais que l'infinitif contient un **-z-** ou un **-v-**, le prétérit se termine quand même par **-de(n)**.

reizen	reis	**reisde**	**reisden**
leven	leef	**leefde**	**leefden**

Les verbes séparables se comportent au prétérit comme au présent : le préfixe se place à la fin de la phrase.

Ik **ging** vroeger erg vaak **uit**. *Autrefois, je sortais très souvent.*

Il y a des formes irrégulières. Voici les principales, au singulier et au pluriel :

infinitif	prétérit
hebben *avoir*	had, hadden
zijn *être*	was, waren
gaan *aller*	ging, gingen
doen *faire*	deed, deden
brengen *apporter*	bracht, brachten
kopen *acheter*	kocht, kochten
geven *donner*	gaf, gaven
komen *venir*	kwam, kwamen
zitten *être assis*	zat, zaten
vinden *trouver*	vond, vonden
moeten *devoir*	moest, moesten
kunnen *pouvoir, savoir*	kon, konden
willen *vouloir*	wilde, wilden
mogen *pouvoir*	mocht, mochten

grammaire

L'emploi du prétérit

Le prétérit néerlandais correspond tantôt à un imparfait en français, tantôt à un passé simple ou à un passé composé. Pour décrire une situation dans le passé, le néerlandais ne dispose en effet que de trois temps (prétérit, passé composé, plus-que-parfait), alors que le français en possède cinq.

Son premier emploi correspond à l'un des emplois de l'imparfait en français : décrire une action ou un état qui se répétait ou qui se prolongeait dans le passé.

In Den Bosch **woonde** ik in een groot huis.	*À Bois-le-Duc, j'habitais dans une grande maison.*

Dans le dialogue, Else décrit au prétérit son séjour en France. C'est une situation qui s'est prolongée dans le passé et qui est maintenant terminée : le français recourt à l'imparfait.

Ik **woonde** in een groot huis op het platteland. De tuin die we **hadden** was enorm. Ik **vond** mijn baan ook heel interessant. Ik **moest** wel elke dag anderhalf uur naar Parijs reizen, maar dat **vond** ik niet erg.	*J'habitais dans une grande maison à la campagne. Le jardin que nous avions était immense. Je trouvais mon poste très intéressant. J'avais chaque jour un trajet d'une heure et demie pour aller à Paris, mais ça ne me dérangeait pas.*

Quand Imran lui demande pourquoi elle s'est installée aux Pays-Bas, Else poursuit au prétérit, car il s'agit toujours d'une situation répétée ou prolongée dans le passé.

Dat **moest** vanwege mijn werk.	*Il le fallait à cause de mon travail.*
De baan die ik in Frankrijk **had**, **was** maar voor twee jaar.	*Le poste que j'avais en France n'était accordé que pour deux ans.*
Dat **wist** ik.	*Je le savais.*

Le prétérit est donc le temps de la durée, de la description et de la narration : il se prête à l'évocation d'un passé lointain, celui des souvenirs d'enfance, par exemple, ou d'événements récents, mais révolus.

Ik **zat** op een leuke school.	*J'étais dans une chouette école.*
We **hadden** woensdagmiddag vrij.	*Nous avions congé le mercredi après-midi.*
Ik **speelde** vroeger veel buiten.	*Autrefois, je jouais beaucoup dehors.*
Mijn broertje **huilde** vaak.	*Mon petit frère pleurait beaucoup.*

Le prétérit connaît cependant un second emploi : il sert à décrire une action ponctuelle qui a eu lieu dans le passé et qui est terminée. Dans ce cas, il équivaut à un passé simple ou à un passé composé en français.

Dans le dialogue, Else poursuit ses explications en disant :

En het bedrijf **bood** me mijn huidige baan in Nederland aan.	*Et l'entreprise m'a proposé mon poste actuel aux Pays-Bas.*

Exercice 4

autoévaluation

CD1 piste 44

Vous décrivez une situation qui a eu lieu en 1990. Conjuguez le verbe au prétérit. Vous pouvez vérifier vos réponses sur l'enregistrement.

exemple : Joan (werken) bij een bank.
Joan werkte bij een bank.

a Jolanda (doen) een cursus kalligrafie.
b Geert en Hanifa (wonen) nog samen in dat appartementje in Rotterdam.
c Masima (geven) les op een middelbare school (*une école secondaire*).
d Ik (gaan) vaak naar concerten en het theater.
e Hanneke (zitten) een jaar lang voor haar studie in het buitenland (*à l'étranger*).
f Eelkert (werken) meestal niet.

Exercice 5

autoévaluation

CD1 piste 45

Jan a vécu cinq ans en France. Décrivez son expérience. Vous pouvez vérifier vos réponses en écoutant l'enregistrement.

exemple : in een groot huis wonen
Hij woonde in een groot huis.

a een grote tuin hebben (*avoir un grand jardin*)
b als grafisch ontwerper werken (*travailler comme graphiste*)
c vaak uitgaan (*sortir souvent*)
d veel vrienden maken (*se faire beaucoup d'amis*)
e veel geld verdienen (*gagner beaucoup d'argent*)
f weinig vakantie krijgen (*ne pas avoir beaucoup de vacances*)
g in restaurants eten (*manger au restaurant*)
h veel Frans spreken (*parler beaucoup français*)

Dit is/dat is

Les expressions **dit is** et **dat is** s'emploient pour désigner une chose ou une personne. Au singulier, elles sont invariables : qu'il s'agisse d'un « het-woord » ou d'un « de-woord », le pronom démonstratif reste inchangé. L'opposition traditionnelle entre **dit** (rapproché) et **dat** (éloigné) n'est ici guère pertinente : vous pouvez utiliser indifféremment **dit is** et **dat is**.

Dit is de cd die ik gister gekocht heb.	*C'est le CD que j'ai acheté hier.*
Dat is het overhemd dat ik zoek.	*C'est la chemise que je cherche.*
Dat is een goede film.	*C'est un bon film.*

Au pluriel, seul le verbe varie : il suffit de remplacer **is** par **zijn**.

Dit **zijn** Martijns boeken.	*Ce sont les livres de Martijn.*
Dat **zijn** mooie foto's.	*Ce sont de belles photos.*

Les propositions relatives

Les propositions relatives fournissent des informations sur un mot ou un groupe de mots. Considérez les phrases suivantes :

De tuin was enorm.	*Le jardin était immense.*
Het appartement was erg klein.	*L'appartement était très petit.*
De oefeningen waren moeilijk.	*Les exercices étaient difficiles.*

Nous pouvons ajouter des informations sur le jardin, l'appartement et les exercices en introduisant une proposition relative.

De tuin die we hadden, was enorm.	*Le jardin que nous avions était immense.*
Het appartement dat ik had, was erg klein.	*L'appartement que j'avais était très petit.*
De oefeningen die we moesten maken, waren moeilijk.	*Les exercices que nous devions faire étaient difficiles.*

Les propositions relatives sont introduites par le pronom **dat** ou **die** selon que le nom qui les précède est un « het-woord » ou un « de-woord » : le pronom **dat** remplace un neutre singulier ; le pronom **die** remplace un masculin, un féminin ou un pluriel.

Dans une proposition relative, le verbe se trouve toujours à la fin. Si vous ajoutez par exemple un complément dans la proposition relative, ce complément se placera avant le verbe :

De tuin die we in Engeland hadden, was enorm.	*Le jardin que nous avions en Angleterre était immense.*

Enfin, la ponctuation mérite aussi l'attention : en néerlandais, la proposition relative est toujours suivie d'une virgule.

Exercice 6

Complétez les phrases par le pronom **die** ou **dat**.

a De auto ______ Jan gekocht heeft, is erg mooi.

b De boom ______ in mijn tuin staat, is erg oud.

c Het schilderij ______ ik heb gekocht, is van een bekende schilder (*un peintre connu*).

d De klok ______ in mijn keuken hangt, loopt achter (*retarde*).

e Het straatfeest ______ de buren (*les voisins*) hadden georganiseerd, was fantastisch.

f De printer (*l'imprimante*) ______ bij deze computer zat, was niet zo goed.

g Het mobieltje (*le téléphone portable*) ______ ik heb, is echt minuscuul.

h De kat (*le chat*) ______ steeds bij mij in huis komt, is van de buren.

Exercice 7

CD1 piste 46

Que voulez-vous acheter ? Répondez selon le modèle de l'exemple. Vous pouvez faire cet exercice avec l'enregistrement.

exemple : Het boek kost € 12,50.
Het boek dat ik wil kopen, kost € 12,50.

a De cd kost € 14.

b Het horloge kost € 125.

c Het T-shirt kost € 21.

d De tafel kost € 249.

e De lamp kost € 38,99.

f Het overhemd kost € 27,25.

g De fiets kost € 230.

h Het huis kost te veel.

11

Laten we naar Antwerpen gaan

Allons à Anvers

Communication

- Parler de vos goûts
- Réagir à une proposition
- Faire des suggestions
- Parler de la nourriture
- Exprimer la négation

Dialogues 1 et 2

CD2 piste 1

Pierre et Nicole visitent Anvers avec leur amie Jolanda, ses deux enfants, et Michael. Au petit déjeuner, ils discutent du programme de la journée :

Nicole	Ik wil graag naar het Rubenshuis. Ik ben er nog nooit geweest en ik hou erg van Rubens.
Pierre	Daar hebben de kinderen vast geen zin in. Die zijn niet zo dol op musea.
Michael	Ik hou ook niet zo van Rubens' schilderijen.
Nicole	Hebben jullie misschien zin om naar de antiekmarkt te gaan? Dat lijkt me ook heel interessant.
Jolanda	Ja, dat lijkt me ook leuk. Maar ik denk dat de kinderen daar ook niet in geïnteresseerd zijn.
Nicole	Ik heb een idee. Laten we naar de vogeltjesmarkt gaan. Dat is ook geschikt voor kinderen. Die zullen zich daar wel vermaken.
Michael	Een goed idee. En als ik me niet vergis, kun je in de stad ook tochtjes maken in een rijtuig. Dat vinden ze ook vast leuk.
Pierre	Dan kan de gids ons de stad laten zien. We hoeven ons dus niet te vervelen.

In een restaurant in de oude stad:

Pierre	Hier is de menukaart.
Michael	Nemen jullie een voorgerecht?
Jolanda	Ik heb wel zin in een kop soep.
Nicole	Ook voor de kinderen?
Jolanda	Nee, die kunnen we maar beter geen soep geven, anders eten ze de rest van de maaltijd niet meer.
Nicole	Ik neem als hoofdgerecht de wafels denk ik, dat is echt Vlaams. Neem jij die ook, Jolanda?
Jolanda	Nee, ik hou niet van wafels. Ik vind ze te zoet, maar we kunnen ze wel bestellen voor de kinderen.
Michael	Ik neem biefstuk met patat, dat is ook echt Vlaams.
Jolanda	Ja, dat neem ik ook.
Pierre	Ik ook, maar ik vind patat eigenlijk niet zo lekker. Ik neem er gebakken aardappelen bij.
Nicole	En toe? Nemen jullie een nagerecht?
Jolanda	Ik wil ijs, denk ik. Of zal ik chocolademousse nemen? Ik vind het allebei eigenlijk even lekker. Ik weet het nog niet.
Pierre	Chocolademousse net zo lekker als ijs? Nou, dat vind ik niet, hoor! Ik neem ijs.

Michael	Ik weet het nog niet. Ik beslis later wel.
Jolanda	Goed idee. Laten we de ober roepen, dan kunnen we bestellen.

vocabulaire

het Rubenshuis	*la maison de Rubens*
Ik hou erg van Rubens.	*J'aime beaucoup Rubens.*
Die zijn niet zo dol op musea.	*Ils ne raffolent pas des musées.*
het schilderij	*le tableau, la peinture*
de antiekmarkt	*le marché des antiquités*
Dat lijkt me interessant.	*ça me semble intéressant.*
Laten we naar de vogeltjesmarkt gaan.	*Allons au marché aux oiseaux.*
Dat is ook geschikt voor kinderen.	*ça convient aussi aux enfants.*
zich vermaken	*s'amuser*
als ik me niet vergis	*si je ne me trompe pas*
het tochtje	*le tour, la promenade*
het rijtuig	*la voiture (à chevaux)*
de gids	*le guide*
zich vervelen	*s'ennuyer*
de menukaart	*la carte (des menus)*
het voorgerecht	*l'entrée*
de soep	*la soupe*
het hoofdgerecht	*le plat principal*
de wafel	*la gaufre*
echt Vlaams	*typiquement flamand*
te zoet	*trop sucré*
bestellen	*commander*
de biefstuk	*le steak*
de gebakken aardappelen	*les pommes de terre sautées*
Ik neem er ... bij.	*Je prends … en accompagnement.*
En toe?	*Et ensuite ? Et comme dessert ?*
het nagerecht	*le dessert*
het ijs	*la glace*
even lekker	*aussi bon*
net zo lekker als	*aussi bon que*
nog niet	*pas encore*
beslissen	*décider*
de ober	*le garçon*
roepen	*appeler*

Exercice 1

Lisez attentivement les dialogues et écoutez l'enregistrement, puis jouez les scènes avec un partenaire.

Anvers

La ville d'Anvers (**Antwerpen**), située à l'embouchure de l'Escaut (**de Schelde**), conserve un centre historique d'un intérêt remarquable. Ses monuments et ses musées attirent un grand nombre de visiteurs. Comme les villes anciennes de Flandre (Bruges, Gand, Louvain, Malines), elle se distingue par une atmosphère et par un paysage particuliers. Ses églises et ses palais baroques contrastent avec le décor des villes protestantes des Pays-Bas, souvent plus austères.

Le marché aux oiseaux

Le marché aux oiseaux (**de vogeltjesmarkt**), qui se tient tous les dimanches matin dans le centre d'Anvers, n'est pas seulement un marché des oiseaux de volière et de basse-cour. Outre les petits animaux de compagnie, le visiteur peut aussi y trouver des fleurs, des vêtements, des bijoux et même des antiquités.

Au restaurant

L'entrée (**het voorgerecht**), le plat principal (**het hoofdgerecht**) et le dessert (**het nagerecht**) composent traditionnellement les menus des restaurants. Parfois, le dessert est aussi appelé **toetje**, ou simplement **toe**. Si la cuisine belge n'est pas la cuisine néerlandaise, la langue n'est pas non plus la même (nous y avons fait allusion au **chapitre 2**). Ainsi, vous ne retrouverez pas en Belgique la prononciation très gutturale du « g », caractéristique du néerlandais des Pays-Bas. Pour le reste, pas d'inquiétude : il ne s'agit que de variantes régionales. Ce que vous apprenez ici vous servira partout, en Belgique comme aux Pays-Bas.

Comment dit-on ?

- **Exprimer ses goûts**

Ik hou van Rubens.	*J'aime Rubens.*
Ik hou niet van moderne kunst.	*Je n'aime pas l'art moderne.*
Ik vind Rubens' schilderijen mooi.	*Je trouve les peintures de Rubens belles.*
Ik vind de antiekmarkt interessant.	*Je trouve le marché des antiquités intéressant.*

- **Exprimer ses goûts en matière de nourriture**

Jolanda houdt niet van wafels.	*Jolanda n'aime pas les gaufres.*
Nicole houdt wel van wafels.	*Nicole aime (bien) les gaufres.*
Ik vind patat lekker.	*J'aime les frites.*
Ik vind patat niet lekker.	*Je n'aime pas les frites.*
Jij eet graag patat.	*Tu aimes les frites.*
Ik heb zin van een wafel.	*J'ai envie d'une gaufre.*

- **Approuver une idée**

Het lijkt me leuk.	*Cela me semble bien.*
Het lijkt hem een goed idee.	*Cela lui semble une bonne idée.*
Ik denk dat het leuk is.	*Je pense que c'est bien.*
Dat is een goed idee, denk ik.	*C'est une bonne idée, je pense.*

- **Faire une suggestion**

Heb je zin om naar de antiekmarkt te gaan?	*Ça te dit d'aller au marché des antiquités ?*
Zullen we naar het Rubenshuis gaan?	*Si nous allions à la maison de Rubens ?*
Laten we naar de vogeltjesmarkt gaan.	*Allons au marché aux oiseaux.*

- **Exprimer ses préférences**

Ik ga liever naar de vogeltjesmarkt.	*Je préfère aller au marché aux oiseaux.*

- **Donner un avis sur la nourriture**

Ik vind deze koffie te zoet.	*Je trouve ce café trop sucré.*
Deze wijn is te zuur, het lijkt wel azijn.	*Ce vin est trop acide, on dirait du vinaigre.*
Ik moet wat minder zout eten.	*Je dois manger un peu moins salé.*
Grapefruits zijn een beetje bitter.	*Les pamplemousses sont un peu amers.*
zoet	*sucré*
zuur	*acide, aigre*
zout	*salé*
bitter	*amer*

Exercice 2

autoévaluation

Vous organisez une excursion avec un ami et discutez du programme.

Inspirez-vous des illustrations et des symboles pour construire un dialogue. Servez-vous des expressions que nous venons de voir : **dat lijkt me leuk**, **ik ben daar niet in geïnteresseerd**, **ik hou niet van**, etc.

Vous 

?

Votre ami ☹  ?

Vous ☹ 

?

Votre ami ☹  ?

Vous ☺ .

grammaire

Les verbes réfléchis

Comme le français, le néerlandais possède un certain nombre de verbes réfléchis. Ils sont accompagnés du pronom **zich**, équivalent du pronom *se*. Exemple : **zich wassen** *se laver*.

Ce pronom qui accompagne le verbe, appelé pronom réfléchi, renvoie au sujet : il varie donc selon les personnes.

Voici comment se conjugue au présent un verbe réfléchi :

ik interesseer **me**	*je m'intéresse*
jij interesseert **je**	*tu t'intéresses*
u interesseert **zich / u**	*vous vous intéressez*
hij / zij interesseert **zich**	*il / elle s'intéresse*
wij interesseren **ons**	*nous nous intéressons*
jullie interesseren **je**	*vous vous intéressez*
zij interesseren **zich**	*ils s'intéressent*

Comme tous les pronoms personnels, le pronom réfléchi se trouve parfois renforcé par **zelf** :

Ik interesseer **mezelf** niet voor antiek.	*Je ne m'intéresse pas aux antiquités.*
Hij voelt **zichzelf** prima.	*Il se sent très bien.*

(Advertentie)

Voici quelques exemples de verbes réfléchis :

zich haasten	*se dépêcher*
zich vergissen	*se tromper*
zich amuseren	*s'amuser*
zich vermaken	*s'amuser*
zich gedragen	*se comporter*
zich herinneren	*se souvenir*
zich verbazen	*s'étonner*
zich voelen	*se sentir*
zich vervelen	*s'ennuyer*

Vous noterez que certains verbes sont réfléchis en néerlandais, et non en français :

zich schamen	*avoir honte*
zich verslapen	*dormir trop longtemps*

Le cas inverse est encore plus fréquent : verbe réfléchi en français, verbe non réfléchi en néerlandais :

stoppen	*s'arrêter*
heten	*s'appeler*
trouwen	*se marier*

Dans la phrase, le pronom réfléchi se place :

a) après le verbe conjugué s'il s'agit d'une affirmation :

Ik verveel **me**.	*Je m'ennuie.*
Zij zullen **zich** daar vast wel vermaken.	*Ils s'amuseront certainement bien là-bas.*
Wij hebben **ons** goed gedragen.	*Nous nous sommes bien comportés.*

b) après le sujet s'il s'agit d'une question :

Waarom vervelen wij **ons**?	*Pourquoi nous ennuyons-nous ?*

c) après le sujet s'il s'agit d'une proposition subordonnée :

Hij zegt dat hij **zich** vermaakt.	*Il dit qu'il s'ennuie.*

Ici, la proposition subordonnée **dat hij zich vermaakt** *qu'il s'ennuie* dépend de la proposition principale **Hij zegt** *Il dit*. (Sur les propositions subordonnées, voir **chapitre 13**.)

Exercice 3

Complétez la phrase en ajoutant le pronom réfléchi à la bonne place.

exemple : Ik moet haasten, anders kom ik te laat.
(*Je dois me dépêcher, sinon je serai en retard.*)
Ik moet **me** haasten, anders kom ik te laat.

- **a** Hij verslaapt vaak. (*Il se réveille souvent trop tard.* Litt. *Il dort souvent trop longtemps.*)
- **b** Zij heeft nog nooit verslapen. (*Elle ne s'est jamais réveillée trop tard.*)
- **c** De kinderen hebben niet goed gedragen. (*Les enfants ne se sont pas bien comportés.*)
- **d** Ik verbaas over de verkiezingsuitslag. (*Je m'étonne du résultat des élections.*)
- **e** Herinner jij onze leraar Frans nog? (*Te souviens-tu de notre professeur de français ?*)
- **f** Wij hebben op het feest goed geamuseerd. (*Nous nous sommes bien amusés à la fête.*)
- **g** Verveel jij nooit tijdens de zomervakantie? (*Tu ne t'ennuies jamais pendant les vacances d'été ?*)

Le comparatif d'égalité

Dans le **chapitre 6**, nous avons vu comment exprimer la supériorité. Les exemples suivants vous montrent comment exprimer cette fois une égalité :

Ik hou **even**veel van vlees **als** van vis.	*J'aime autant la viande que le poisson.*
De groentesoep is **even** lekker **als** de tomatensoep.	*La soupe aux légumes est aussi bonne que la soupe de tomates.*
Ik hou **net zo** veel van vlees **als** van vis.	*J'aime autant la viande que le poisson.*
Dit schilderij van Rubens is **net zo** mooi **als** dat schilderij.	*Ce tableau de Rubens est aussi beau que ce tableau.*

Le comparatif d'égalité se forme donc comme suit :

even + adjectif + als, ou bien **net zo + adjectif + als**.

Vous noterez que **evenveel** *autant* s'écrit en un seul mot.

Exercice 4

Renate, Kim et Remi participent à une dégustation de vins. Pour chaque vin, ils sont invités à donner une appréciation entre 1 et 6 en utilisant le tableau ci-contre.

Construisez des phrases selon le modèle donné ci-dessous :

Jaap houdt niet van licht zoete witte wijn, maar wel van zeer zoete witte wijn.
Ou Nellie vindt witte wijn even lekker als rode wijn.
Ou Marion houdt meer van rode wijn dan van witte wijn.
Ou Arend vindt volle en robuuste rode wijn lekkerder dan lichte rode wijn.

	Renate	Kim	Remi
houdt van	wit 6	rood 2 en wit 2	A en wit 5, 6
houdt niet van	rood	wit 6	wit 1

vocabulaire

aangenaam	*agréable*
soepel	*souple*

Laten

Le verbe **laten** se prête à plusieurs emplois, en particulier quand il est suivi d'un verbe à l'infinitif.

Dans sa première acception, il signifie *laisser* :

Laat me niet alleen. *Ne me laisse pas seul.*

Suivi d'un infinitif, il traduit le verbe *laisser* ou le verbe *faire* :

Laat me gaan.	*Laisse-moi partir.*
Ik heb het hem **laten** doen.	*Je l'ai laissé faire.*
Ik moet mijn haar **laten** knippen.	*Je dois me faire couper les cheveux.*
Ik **laat** de auto repareren.	*Je fais réparer la voiture.*

L'expression **laten zien** (litt. *faire voir*) traduit le français *montrer*.

De gids zal ons de stad **laten** zien.	*Le guide nous montrera la ville.*

Le verbe **laten** entre aussi dans une construction qui sert à exprimer une suggestion à la première personne du pluriel, comme nous l'avons vu précédemment :

Laten we naar de vogeltjesmarkt gaan. *Allons au marché aux oiseaux.*

grammaire – La négation : *geen* ou *niet* ?

Étudiez l'exemple suivant :

We kunnen de kinderen maar beter **geen** soep geven, anders eten ze de rest van de maaltijd **niet** meer.	*Nous ferions mieux de ne pas donner de soupe aux enfants, sinon ils ne mangeront pas la suite du repas.*

Nous avons déjà vu que le néerlandais se sert de deux mots pour exprimer la négation : **geen** et **niet**.

Dans le **chapitre 2,** vous avez appris que **geen** s'emploie devant un nom indéterminé, c'est-à-dire un nom précédé de l'article indéfini (**een**) ou un nom privé de déterminant (ni article, ni adjectif). Le mot **geen** est, pour ainsi dire, un article indéfini à la forme négative : il signifie *ne … pas un(e)* ou *ne … pas de*.

Wil je een appel? – Nee, ik wil **geen** appel.	*Tu veux une pomme ?* *– Non, je ne veux pas de pomme.*
Ga je appels kopen? – Nee, ik ga **geen** appels kopen.	*Tu vas acheter des pommes ?* *– Non, je ne vais pas acheter de pommes.*

Dans ces exemples, le mot **appel** qui apparaît dans la question est bien indéterminé : il est précédé de l'article indéfini **een** (premier cas) ou n'est précédé d'aucun déterminant (second cas).

Voici maintenant des exemples où les mots **appel** et **boek** sont déterminés. Dans ce cas, on utilise **niet** :

Wil je die rode appel? – Nee, ik wil die rode appel **niet**.	*Tu veux cette pomme rouge ?* *– Non, je ne veux pas cette pomme rouge.*
Ga je de appels die ik zo lekker vind, kopen? – Nee, die ik ga **niet** kopen.	*Tu vas acheter les pommes que je trouve si bonnes ?* *– Non, je ne vais pas les acheter.*
Lees je het boek? – Nee, ik lees het boek **niet**.	*Tu lis le livre ?* *– Non, je ne lis pas le livre.*

La place de *geen*

Le mot **geen** se place directement devant le nom indéterminé ou devant l'adjectif qui le précède :

Ik wil geen **rode** appels.	*Je ne veux pas de pommes rouges.*
Ik eet geen **zoete** wafels.	*Je ne mange pas de gaufres sucrées.*

La place de *niet*

Dans le **chapitre 1**, nous avons vu que **niet** se place souvent en fin de phrase. Cependant, ce n'est pas toujours le cas. Voici les règles à suivre pour savoir où placer ce petit mot.

Dans la phrase, qu'elle soit affirmative ou interrogative, **niet** se place généralement après les compléments :

Ik luister **niet**.	*Je n'écoute pas.*
Ik ga volgende week **niet**.	*Je n'y vais pas* (litt. *Je ne vais pas*) *la semaine prochaine.*
Ik ken haar **niet**.	*Je ne la connais pas.*
Ik lees die boeken **niet**.	*Je ne lis pas ces livres.*

Cependant, **niet** se place avant :

a) l'adjectif attribut (employé avec le verbe **zijn**)

Zijn die schoenen **nieuw**?	*Ces chaussures sont-elles neuves ?*
– Nee, die zijn **niet nieuw**.	*– Non, elles ne sont pas neuves.*

b) l'adverbe (**nu**, **al**, **nog**, **hier**, **daar**, **zeer**, **veel**, etc.)

Heeft hij het **goed** gedaan?	*L'a-t-il bien fait ?*
– Nee, hij heeft het **niet goed** gedaan.	*– Non, il ne l'a pas bien fait.*

c) la préposition (**aan**, **bij**, **in**, **met**, **naar**, **op**, **te**, **tot**, **uit**, **van**, etc.)

Ben je **in Amsterdam** geweest?	*Es-tu allé à Amsterdam ?*
– Nee, ik ben **niet in** Amsterdam geweest?	*– Non, je ne suis pas allé à Amsterdam.*

d) le participe passé :

Ik heb die nieuwe film nog **niet** gezien.	*Je n'ai pas encore vu ce nouveau film.*

Dans la proposition subordonnée, où le verbe est rejeté à la fin, les mêmes règles s'appliquent : **niet** précède l'attribut, l'adverbe, la préposition et le participe passé :

Ik weet dat de kinderen hem **niet aardig** vinden.	*Je sais que les enfants ne le trouvent pas sympathique.*
Maria zegt dat ze **niet alleen** naar huis gaat.	*Maria dit qu'elle ne rentre pas seule à la maison.*
David zegt dat hij **niet van** wafels houdt.	*David dit qu'il n'aime pas les gaufres.*
Ik denk dat de kinderen daar **niet in** geïnteresseerd zijn.	*Je pense que ça n'intéresse pas les enfants.*

La place de **niet** dans la phrase est une question délicate, mais la pratique aura raison de vos hésitations. Efforcez-vous de répéter et de mémoriser des phrases complètes.

autoévaluation

Exercice 5

Mettez les mots dans le bon ordre. Le premier mot est celui qui commence par une majuscule.

a Ik / niet / dat / tv-programma / gekeken / heb / naar

b Ik / rode wijn / niet / lekker / vind

c boek / Hij / heeft / dat / niet / gelezen

d niet / dat ik gelezen heb, / is / Het verhaal / leuk

e komt / Mijn moeder / morgen / op bezoek / niet

f Ik / durf / alleen / in het donker / te / niet / naar huis / gaan

g Zit / steeds / niet / te / praten / met je vriendin

vocabulaire

het verhaal	*l'histoire*
steeds	*tout le temps*

Wel

Le mot **wel** (*bien*) sert à renforcer une affirmation. Comme ces petits mots que nous avons déjà rencontrés (**dan**, **hoor**, **nou**, **toch**), il ne se traduit pas nécessairement.

Zij zullen zich daar **wel** vermaken.	*Ils s'amuseront bien là-bas.*
Ik heb **wel** zin in een kop soep.	*J'ai envie d'un bol de soupe.*
We kunnen de wafels **wel** bestellen voor de kinderen.	*Nous pouvons commander les gaufres pour les enfants.*

Il arrive aussi que **wel**, employé avec **geen** ou **niet**, serve à souligner une opposition :

Ik heb **geen** auto, maar **wel** een fiets.	*Je n'ai pas de voiture, mais j'ai un vélo.*
Hij spreekt **geen** Frans, maar **wel** Duits.	*Il ne parle pas français, mais il parle allemand.*
Ik heb **geen** zin in koffie, maar **wel** in thee.	*Je n'ai pas envie de café, mais j'ai envie de thé.*
Ik hou **niet** van vlees, maar **wel** van vis.	*Je n'aime pas la viande, mais j'aime le poisson.*
Ik ga **niet** naar Amsterdam, maar **wel** naar Den Haag.	*Je ne vais pas à Amsterdam, mais je vais à La Haye.*
Dit werk heb je **niet** goed gedaan, maar dat **wel**.	*Tu n'as pas bien fait ce travail-ci, mais tu as bien fait celui-là.*

La place de **wel** dans la phrase est la même que celle de **niet**.

Nooit

Le mot **nooit** traduit le français *ne ... jamais*. La place de **nooit** dans la phrase est la même que celle de **niet**.

Ik koop **nooit** appels.	*Je n'achète jamais de pommes.*
Ik ga **nooit** naar Amsterdam.	*Je ne vais jamais à Amsterdam.*
Hij doet z'n werk **nooit** goed.	*Il ne fait jamais bien son travail.*

Exercice 6

CD2 piste 2

Complétez les phrases avec l'un des mots suivants : **niet**, **geen**, **wel**, **nooit**. Vous pouvez faire cet exercice avec l'enregistrement.

a Neem je suiker en melk in de koffie?

______ suiker, ______ melk graag.

b Zullen we naar Brugge gaan?
Ja, leuk, daar ben ik nog ______ geweest.

c Hou je van honden?
Nee, ik hou ______ van honden.

d Heb je een hond?
Nee, ik heb ______ hond, maar ______ een kat.

e Is er nog brood?
Nee, er is ______ brood meer.

f Vind je advocaat lekker?
Ik weet het niet. Ik heb het nog ______ gehad.

vocabulaire

de hond	*le chien*
de kat	*le chat*
de advocaat	*la liqueur aux œufs*

grammaire

Les diminutifs

En néerlandais, on se sert des diminutifs beaucoup plus souvent qu'en français. Les diminutifs sont toujours neutres (ce sont des « het-woorden ») et se terminent toujours par **-je**.

het huis → het huisje	*la petite maison*
het boek → het boekje	*le petit livre*

Le diminutif s'accompagne souvent d'une connotation affective :

het poesje	*le petit chat*
het kindje	*le petit enfant*

Cette connotation affective est tantôt positive :

het muziekje	*le petit air (de musique)*
het zonnetje	*le soleil*

Tantôt négative :

Wat een raar mannetje!	*Quel drôle de bonhomme !*
het huisje	*la maisonnette*
het beestje	*la (sale) petite bête*

Il ne suffit pas toujours d'ajouter **-je** pour former le diminutif. On doit parfois faire précéder **-je** d'une ou de deux lettres.

-tje	-etje	-pje	-kje
tafeltje	mannetje	boompje	puddinkje
stoeltje	ringetje	museumpje	woninkje
retourtje	kammetje	geheimpje	
enkeltje	bruggetje		
eitje	kippetje		

Lisez ce poème de Toon Hermans, où la présence de nombreux diminutifs (**hoedje**, **spulletjes**, **strohoedjes**, **vestjes**, etc.) souligne la relation affective que le poète entretient avec les objets de son enfance et, en particulier, avec ceux qui ont appartenu à son père.

Strooiehoed
Mijn vader had 'n strooien hoed
veel vaders hadden dat
en hing het hoedje in de gang
dan had dat hoedje wat

en als het hoedje er niet hing
had hij het z'n kop
hing het er wel, dan fleurde het
de sombere gang wat op

zo stralen alle spulletjes
strohoedjes, vestjes, dasjes,
hun eigen atmosfeertje uit
de tafeltjes, de kastjes

zo zingen alle prulletjes
hun eigenste gezang
de twijfelaar of 't hemelbed
en het hoedje in de gang.

t.

vocabulaire

de strooien hoed	*le chapeau de paille*
de gang	*le couloir*
de kop	*la tête*
opfleuren	*égayer*
uitstralen	*rayonner*
de spullen	*les affaires, les choses*
de kast	*l'armoire*

de prullen	*les babioles*
hun eigenste gezang	*leur propre chanson*
de twijfelaar	*le petit lit double (largeur 1m20)*
het hemelbed	*le lit à baldaquin*

Exercice 7

CD2 piste 3

Complétez les phrases avec les mots suivants, que vous n'utiliserez qu'une seule fois chacun. Vous pouvez faire cet exercice avec l'enregistrement.

dol	**vind**	**allebei**	**lijkt**	**zich**	**anders**

a Zullen we naar Amsterdam gaan?
Ja, dat ______ me een goed idee.

b Hou je van pannenkoeken?
Nee, ik ______ pannenkoeken niet zo lekker.

c Heb je zin om naar de antiekmarkt te gaan?
Eigenlijk niet. Ik ben niet zo ______ op antiek.

d Denk je dat de kinderen de dierentuin leuk zullen vinden?
Vast wel. Ze zullen ______ daar wel vermaken.

e Wil je tomatensoep of heb je liever groentesoep?
Ik vind ze ______ even lekker.

f Mogen de kinderen nu een ijsje?
Nee, ______ eten ze straks hun eten niet op.

de pannenkoek	*la crêpe*

Exercice 8

Lisez le portrait des personnages suivants, puis choisissez-leur un plat et une boisson sur le menu d'une crêperie de la région d'Amsterdam.

Marius vindt eieren met spek erg lekker. Hij drinkt geen alcohol, maar hij houdt veel van vers sinaasappelsap.

Jobje is 4 jaar. Hij weet nog niet wat hij wil, maar hij moet van zijn moeder iets gezonds drinken. Verder mag hij een speciaal kindergerecht.

Herman houdt niet van pannenkoeken. Hij wil graag iets met een slaatje erbij. Hij hoeft geen toetje, maar hij wil wel wat drinken. Hij houdt erg veel van bier, maar hij durft geen alcohol te nemen omdat hij nog met de auto naar huis moet.

Saskia is dol op Frankrijk. Ze heeft niet zo veel honger, dus ze neemt alleen soep en een speciale koffie toe. Ze drinkt een alcoholische drank.

PANNENKOEKENHUIS
"DE WITTE SWAEN"

———	1. KINDERPANNENKOEK SUIKER / STROOP	€ 6,95
———	2. PANNENKOEK NATUREL	€ 7,95
	OMELETTEN:	
———	OMELET MET SPEK OF HAM OF KAAS	€ 9,50
———	BOERENOMELET MET SALADE	€ 14,95
	ALLE OMELETTEN MET STOKBROOD / KRUIDENBOTER	
———	DIVERSE EXTRA'S	€ 2,00
	SOEPEN:	
———	TOMATENCRÈME SOEP	€ 5,00
———	FRANSE UIEN	€ 5,00
	KOUDE DRANKEN:	
———	MELK	€ 2,00
———	COCA COLA / SEVEN UP / TONIC / GINGER ALE	€ 2,50
———	APPELSAP / DRUIVENSAP	€ 2,75
———	VERSGEPERSTE JUS D'ORANGE	€ 3,50
	WIJN / BIER:	
———	BIER	€ 2,75
———	ALCOHOLVRIJ BIER	€ 3,00
———	FRANSE CIDER (hele fles € 15,00)	€ 3,00
	SPECIAAL AANBEVOLEN:	
———	THEE MET RUM	€ 4,25
———	IRISH COFFEE	€ 7,95
———	FRANSE KOFFIE	€ 7,95

het spek	*le lard*
gezond	*sain*
het kindergerecht	*le plat « enfants »*
het slaatje	*la salade*
omdat	*parce que*
Ze heeft niet zo veel honger.	*Elle n'a pas tellement faim.*
het pannenkoekenhuis	*la crêperie*
de salade	*la salade, la salade verte*

Exercice 9

CD2 piste 4

Reportez-vous aux portraits dressés dans l'exercice précédent, ainsi qu'à la carte de la crêperie. Complétez la conversation entre Herman et Saskia en utilisant les mots entre parenthèses. Écoutez ensuite le dialogue sur l'enregistrement.

Saskia Neem jij een pannenkoek, Herman?

Herman ——— (hou niet van / liever / met een slaatje)
Neem jij wel een pannenkoek?

Saskia ——— (geen zin)

Herman Ze hebben Franse uiensoep. Vind je dat lekker?

Saskia ——— (lijkt / lekker)
Zullen we een biertje erbij nemen?

Herman ——— (wel zin / durf / geen alcohol)
Wat wil jij drinken?

Saskia ——— (vind / Franse cider lekker)

Herman ———? (bestellen)

12

Ik stuur je wel een sms'je

Je t'envoie un SMS

Communication

- Parler au téléphone
- Utiliser le verbe **zouden**
- Utiliser les prépositions

Dialogue 1

CD2 piste 5

Douwe téléphone à son collègue Micha :

Secrétaire	Met de secretaresse van meneer Verhoeven.
Douwe	Met Douwe Davids. Zou ik Micha even kunnen spreken?
Secrétaire	Een ogenblikje meneer Davids. Ik verbind u door.
Secrétaire	Het toestel is in gesprek. Wilt u wachten of belt u terug?
Douwe	Ik wacht wel even.
Micha	Hallo Douwe. Hoe gaat het ermee?
Douwe	Prima Micha. Zeg, ik bel over die zaak waar we gisteren mee bezig waren. Jij zou nog bellen met die man met wie we dit contract zouden tekenen.
Micha	O, dat heb ik nog niet gedaan.
Douwe	O, waarom niet?
Micha	Sorry hoor, ik ben er nog niet aan toegekomen. Maar het contract is toch bijna afgerond. Het enige wat ik nog niet heb gedaan is de laatste gegevens invullen. Daarvoor heb ik informatie van Brinkman nodig.
Douwe	Ok. Ik heb het verslag nog eens goed doorgelezen. 't Ziet er prima uit zo. Er moeten nog wat tabelletjes bij. Wat zullen we daarmee doen?
Micha	Ik zal die in elkaar zetten, want ik heb toch al de gegevens hier op mijn computer.
Douwe	Hoe lang heb je daarvoor nodig, denk je?
Micha	Niet zo lang. Ongeveer een uur of twee. Ik zal het je mailen als ik het af heb. Maak je geen zorgen. Het komt echt op tijd klaar.
Douwe	Ok, als jij het zegt ... Overigens, we moeten binnenkort ook aan het rapport voor Janssen beginnen.
Micha	Wanneer moet dat af zijn?
Douwe	Ik weet de exacte datum niet uit mijn hoofd, maar het is zo rond het eind van de maand.

vocabulaire

Met Douwe Davids.	*Douwe Davids à l'appareil.*
Zou ik Micha even kunnen spreken?	*Pourrais-je parler à Micha ?*
een ogenblikje	*un instant*
Ik verbind u door.	*Je vous le passe.*

vocabulaire

Het toestel is in gesprek.	*Le poste est occupé.*
terugbellen	*rappeler*
de zaak waar we gisteren mee bezig waren	*l'affaire dont nous nous occupions hier*
Jij zou nog bellen met die man ...	*Tu devais téléphoner à ce monsieur …*
met wie	*avec qui*
tekenen	*signer*
Ik ben er nog niet aan toegekomen.	*Je n'en ai pas encore eu le temps.*
Het contract is bijna afgerond.	*Le contrat est presque terminé.*
het enige wat ...	*la seule chose que …*
de gegevens	*les données*
invullen	*remplir, compléter*
doorlezen	*parcourir*
't Ziet er prima uit zo.	*ça paraît très bien.*
de tabel	*le tableau*
Ik zal die elkaar zetten.	*Je les mettrai en ordre.*
de computer	*l'ordinateur*
Hoe lang ...?	*Combien de temps … ?*
een uur of twee	*une heure ou deux*
mailen	*envoyer un e-mail*
Maak je geen zorgen.	*Ne te fais pas de souci.*
Het komt echt op tijd klaar.	*Ce sera prêt tout à fait à temps.*
als jij het zegt	*si tu le dis*
overigens	*par ailleurs*
binnenkort	*sous peu*
niet uit zijn hoofd weten	*ne pas connaître de mémoire*
rond het eind van de maand	*vers la fin du mois*

autoévaluation

Exercice 1

Écoutez le dialogue et lisez-le attentivement. Assurez-vous de comprendre toutes les expressions, puis jouez les scènes avec un partenaire.

Comment dit-on ?

vocabulaire

- **Demander à parler à quelqu'un au téléphone dans un contexte professionnel**

Zou ik meneer Verhoeven kunnen spreken?	*Pourrais-je parler à M. Verhoeven ?*
Kan ik even met meneer Verhoeven spreken?	*Puis-je parler à M. Verhoeven ?*
Is Micha er?	*Est-ce que Micha est là ?*
Kunt u me doorverbinden met meneer Verhoeven?	*Pouvez-vous me passer M. Verhoeven ?*
Kunt u me doorverbinden met toestel 289?	*Pouvez-vous me passer le poste 289 ?*
Mag ik toestel 289?	*Puis-je avoir le poste 289 ?*

Votre interlocuteur vous répond :

Ogenblikje, alstublieft.	*Un instant, s'il vous plaît.*
Momentje, ik zal even kijken.	*Un moment, je vais voir.*
Ik zal u doorverbinden.	*Je vais vous le passer.*
Ik verbind u door.	*Je vous le passe.*
Het toestel is in gesprek.	*Le poste est occupé.*
Wilt u even wachten of belt u terug?	*Vous voulez attendre ou vous rappelez ?*

- **Demander à parler à un ami au téléphone**

Is Hans er?	*Est-ce que Hans est là ?*
Is Remi thuis?	*Est-ce que Remi est à la maison ?*
Mag ik hem even?	*Puis-je lui parler ?*
Kan ik Remi even spreken?	*Puis-je parler à Remi ?*

Votre interlocuteur vous répond :

Ja, ik zal hem even voor je roepen.	*Oui, je vais vous l'appeler.*

- **Utiliser les expressions de temps**

Hoe lang duurt het?	*Combien de temps faut-il ?*
Het duurt niet zo lang.	*Ce ne sera pas long.*
We hebben het op tijd afgekregen.	*Nous l'avons terminé à temps.*
Komt de bus op tijd?	*Le bus est-il à l'heure ?*

autoévaluation

Exercice 2

CD2 piste 6

Complétez les conversations téléphoniques en suivant les indications données en italique. Vous pouvez vérifier vos réponses en écoutant l'enregistrement.

a *Theo Bakker appelle un de ses collègues. La secrétaire décroche, et Theo demande à parler à M. Winkelman.*

– Met de secretaresse van meneer Winkelman.

– Met ______

b *Desiree van Manen appelle* ***het gemeentehuis*** *et demande le poste 153.*

– Met het gemeentehuis van Alkmaar.

– ______

c *Vous appelez* ***Uitzendbureau Randstad*** *et vous demandez à parler à M. Smit. La réceptionniste répond que le poste est occupé.*

– Met Uitzendbureau Randstad.

– Met ______

– ______

d *Marja Kruishout appelle son amie Bernadette van Randen. Le mari de Bernadette décroche, et Marja demande si Bernadette est là. Son mari répond : « Un moment ».*

– Met Harry van Randen.

– Met ______.

– ______

e *Özlem appelle son amie, Ingrid Berghuis. Le père d'Ingrid décroche en se présentant sous son seul nom de famille. Özlem se présente à son tour et demande si Ingrid est là. Le père d'Ingrid répond qu'il va l'appeler.*

– ______

– ______

– ______

f *Yannick appelle sa sœur Myrthe. La compagne de Myrthe, Elsa Hofman, décroche. Yannick se présente et demande si sa sœur est chez elle. Elsa répond qu'elle est là, et Yannick demande s'il peut lui parler.*

– ______

– ______

– ______

– ______

Zou

Zou ik meneer De Ligt even kunnen spreken?	*Pourrais-je parler à M. De Ligt ?*
Je zou nog bellen met die man.	*Tu devais appeler ce monsieur.*
Dat zou ik niet doen.	*Je ne ferais pas ça.*
Als ik een robot zou hebben, zou ik nooit meer hoeven op te ruimen.	*Si j'avais un robot, je ne devrais plus jamais faire de rangement.*

La forme verbale **zou** est le prétérit singulier du verbe **zullen**.

Comme tous les verbes, **zullen** ne possède que deux formes au prétérit : **zou** (singulier) et **zouden** (pluriel).

Comme le suggèrent les quatre exemples précédents, **zou / zouden** se prête à différents emplois :

a) Son premier emploi correspond à l'un des emplois du conditionnel en français : exprimer poliment une requête.

Zou je dit voor me kunnen doen?	*Pourrais-tu faire ceci pour moi ?*

Dans ce contexte, **zou / zouden** est souvent associé aux verbes **kunnen** et **willen**.

Zou je dit voor me willen faxen?	*Voudrais-tu me faxer ceci ?*
Zou je dit voor me kunnen faxen?	*Pourrais-tu me faxer ceci ?*
Zou ik je pen kunnen lenen?	*Pourrais-je emprunter ton stylo ?*

b) Dans un deuxième emploi, **zou / zouden** sert à rappeler une intention ou une décision prise dans le passé.

Je zou nog bellen.	*Tu devais téléphoner.*
We zouden het verslag nog afmaken.	*On devait finir le rapport.*
We zouden geen ruzie meer maken, weet je nog?	*On avait décidé de ne plus se disputer, tu as oublié ?*

c) Dans le troisième exemple, **zou / zouden** sert à donner un conseil ou à faire une suggestion.

Je zou wat vroeger naar bed moeten gaan.	*Tu devrais te coucher un peu plus tôt.*
Je zou je geld moeten investeren.	*Tu devrais placer ton argent.*

d) Dans le quatrième exemple, **zou / zouden** sert à exprimer une hypothèse, soumise à une condition non réalisée. Ce quatrième emploi correspond à l'un des emplois du conditionnel en français, à la différence que **zou / zouden** s'emploie aussi dans la proposition subordonnée, là où le français se sert toujours de l'indicatif imparfait.

Als ik de loterij zou winnen, zou ik stoppen met werken.	*Si je gagnais à la loterie, j'arrêterais de travailler.*
Als Marcel de loterij zou winnen, zou hij gewoon door blijven werken, maar hij zou misschien een peperdure computer kopen.	*Si Marcel gagnait à la loterie, il continuerait à travailler, mais il achèterait peut-être un ordinateur très très cher.*

autoévaluation

Exercice 3

CD2 piste 7

Vous avez une demande à faire. Exprimez poliment votre requête en utilisant **zou/zouden**. Entre parenthèses est précisée la situation de tutoiement ou de vouvoiement. Vous pouvez faire cet exercice en écoutant l'enregistrement.

exemple : Je vraagt je secretaresse of zij meneer Jansen voor je wil opbellen. (tutoiement)

Zou je meneer Jansen voor me willen opbellen?

a Je collega staat op om koffie te halen. Je hebt ook zin in koffie en vraagt of de collega ook een koffie voor jou wil meenemen. (tutoiement)

b Je bent druk bezig. De telefoon gaat. Je vraagt aan je huisgenoot of hij de telefoon wil opnemen. (tutoiement)

c Je betaalt met je creditcard in een restaurant, maar je hebt je pen vergeten. Je vraagt aan de ober of je zijn pen kan lenen. (vouvoiement)

d Jij hebt het eten klaargemaakt, dus je vraagt je partner of hij / zij de afwas wil doen. (tutoiement)

e Jij hebt de keuken schoongemaakt, dus je vraagt je partner of hij / zij de wc wil schoonmaken. (tutoiement)

f Jij hebt de auto gewassen, dus je vraagt je partner of hij / zij het gras wil maaien. (tutoiement)

g Je bent gewoon moe, dus je vraagt je partner of hij / zij je een glaasje wijn wil inschenken. (tutoiement)

h Je gaat vandaag eerder naar huis, dus je vraagt je collega of hij jouw telefoon wil opnemen. (vouvoiement)

i Jij hebt het hotel geboekt, dus je vraagt je vriend of hij de vlucht wil boeken. (tutoiement)

druk bezig zijn	*être très occupé*
de huisgenoot	*le/la colocataire*
lenen	*prêter*
het eten klaarmaken	*préparer le repas*
de afwas doen	*faire la vaisselle*
de keuken schoonmaken	*nettoyer la cuisine*
het gras maaien	*tondre la pelouse*
moe	*fatigué*
inschenken	*verser*
eerder	*plus tôt*
naar huis gaan	*rentrer (chez soi)*
de telefoon opnemen	*répondre au téléphone*
de vlucht	*le vol*

Exercice 4

CD2 piste 8

Les personnes suivantes n'ont pas fait ce qui était prévu. C'est du moins votre opinion. Vous vous en étonnez auprès d'elles en les tutoyant, sauf dans la dernière situation. Vous pouvez faire cet exercice en écoutant l'enregistrement.

exemple : Carel maakt het huis schoon.
Ik dacht dat jij het huis zou schoonmaken?

a Je collega zoekt de gegevens op.
Ik dacht dat jij ______?

b Jan en Hester gaan naar Griekenland.
Ik dacht dat jullie ______?

c Je vriendin gaat naar de bioscoop.
Ik dacht dat je ______?

d Arlette heeft een afspraakje met haar nieuwe vriendje.

e Gemma stuurt een e-mail naar Nienke.

f De secretaresse verbindt me door met de manager.

Exercice 5

CD2 piste 9

Vous passez pour une personne avisée. Vos amis et vos collègues ont l'habitude de vous demander conseil. Vous leur suggérez ce qui apparaît entre parenthèses. Vous pouvez faire cet exercice en écoutant l'enregistrement.

exemple : Ik kom altijd te laat op mijn werk. (je moet eerder uit je bed komen)
Je zou eerder uit je bed moeten komen.

a Ik ben bang dat ik niet voor mijn examen zal slagen. (je moet harder werker)
b Ik kan geen auto rijden. (je moet je rijbewijs halen)
c Mijn moeder zegt dat ze zo eenzaam is. (je moet haar wat vaker bellen)
d Mijn partner en ik zien elkaar bijna nooit. (jullie moeten afspraakjes met elkaar maken).
e Mijn kinderen worden te dik. (ze moeten wat minder snoepen)
f Sjoerd begint al kaal te worden. (hij moet een pruik kopen)
g Ik ben buiten adem als ik de trap oploop. (je moet naar de sportschool gaan)
h De studenten zijn soms zo gestrest. (ze moeten yoga doen).

vocabulaire

bang zijn	*avoir peur*
voor zijn examen slagen	*réussir son examen*
het rijbewijs	*le permis de conduire*
eenzaam	*seul*
We zien elkaar bijna nooit.	*Nous ne nous voyons presque jamais.*
een afspraakje maken	*se donner (un) rendez-vous*
snoepen	*manger des bonbons*
kaal	*chauve*
kaal worden	*perdre ses cheveux*
de pruik	*la perruque*
buiten adem zijn	*être essoufflé*
de trap oplopen	*monter les escaliers*
gestrest	*stressé*

autoévaluation

Exercice 6

Sur le modèle de l'exercice précédent, composez un jeu de questions et de réponses : le premier personnage soumet un problème au second, qui lui donne un conseil en utilisant **zou** / **zouden**.

autoévaluation

Exercice 7

CD2 piste 10

Que feriez-vous si … ? Répondez aux questions en utilisant l'information donnée entre parenthèses. Vous pouvez faire cet exercice avec l'enregistrement.

exemple : Wat zou je doen als je minister-president was? (het onderwijs verbeteren)
Als ik minister-president was / zou zijn, zou ik het onderwijs verbeteren.

Wat zou je doen als …

- **a** ... je de loterij won? (een jaar lang op vakantie gaan)
- **b** ... je een nieuwe studie kon volgen? (Swahili gaan studeren)
- **c** ... je terug in de tijd kon? (Rembrandt vragen een portret van me te schilderen)
- **d** ... je nu op een andere plaats kon zijn? (op een terrasje op een Grieks eiland willen zitten)
- **e** ... je een eigen huis kon laten bouwen? (een beroemde architect opdracht geven een huis op Texel te bouwen)
- **f** ... je een afspraakje met een beroemde ster kon hebben (uit willen gaan met Zinedine Zidane)
- **g** ... je een dief je auto zag stelen? (de politie bellen)
- **h** ... je de koningin mocht ontmoeten? (haar gewoon een hand geven)
- **i** ... iemand je vroeg om mee te doen aan een tv-show? (een gat in de lucht springen)

vocabulaire

het onderwijs verbeteren	*améliorer l'enseignement*
de loterij winnen	*gagner à la loterie*
een jaar lang op vakantie gaan	*partir en vacances pendant un an*
een portret schilderen	*peindre un portrait*
op een terrasje	*à une terrasse*
op een eiland	*sur une île*
eigen	*propre, à soi*

bouwen	*construire*
beroemd	*célèbre*
opdracht geven (te)	*charger (de)*
de ster	*la vedette, la star*
uitgaan met	*sortir avec*
de dief	*le voleur*
stelen	*voler*
de koningin ontmoeten	*rencontrer la reine*
een hand geven	*serrer la main*
vragen	*demander*
meedoen aan	*participer à*
een gat in de lucht springen	*sauter de joie*

Exercice 8

Répondez aux questions de l'exercice précédent en exprimant cette fois votre propre opinion.

Dialogue 2

CD2 piste 11

Kim appelle Anna pour savoir comment s'est passé son rendez-vous de la veille :

Anna	Hallo.
Kim	Hai, met mij.
Anna	Hoi.
Kim	Vertel eens. Hoe was het gisteren?
Anna	Fantastisch.
Kim	Wat hebben jullie allemaal gedaan?
Anna	Gewoon naar de kroeg.
Kim	Veel gelachen?
Anna	Nou en of!
Kim	Waar heb je het over gehad?
Anna	Van alles en nog wat.
Kim	En ... ben je verliefd?
Anna	Volkomen ... Ik kreeg vanochtend al een telefoontje van hem en twee sms'jes.
Kim	Nou, dat gaat de goeie kant op.

Anna	Zeg, ik moet weg, ik heb een afspraakje met hem.
Kim	Ahh ... dit lijkt serieus.
Anna	Nou ja ... we zien wel. Zeg, bedankt voor het belletje, hè.
Kim	Ok. Ik bel je nog wel.
Anna	Ok, tot horens dan.
Kim	Ja, doei.
Anna	Doei.

vocabulaire

Vertel eens.	*Raconte.*
gewoon	*simplement*
de kroeg	*le bistrot, le café*
Veel gelachen?	*Vous vous êtes bien amusés ?*
Nou en of!	*Et comment !*
Waar heb je het over gehad?	*De quoi as-tu parlé ?*
Van alles en nog wat.	*De tout et de rien.*
verliefd zijn	*être amoureux/euse*
volkomen	*complètement*
een telefoontje krijgen	*recevoir un coup de téléphone*
het sms'je	*le SMS*
Dat gaat de goeie kant op.	*C'est bien parti.*
Ik moet weg.	*Je dois y aller.*
Dit lijkt serieus.	*Ça a l'air sérieux.*
We zien wel.	*On verra bien.*
het belletje	*le coup de téléphone*
Ik bel je nog wel.	*Je t'appellerai.*
tot horens	*à plus tard*

Aux Pays-Bas comme en Belgique, les formules utilisées au téléphone sont les mêmes que dans la plupart des pays européens. On déconseillera cependant de répondre à un appel par un simple **Hallo**. L'usage veut que la personne qui décroche le téléphone décline son identité en faisant précéder son nom ou son prénom de la préposition **met**.

Les comportements sont néanmoins en constante évolution. Sous l'influence de la culture anglo-saxonne, renforcée par la diffusion des séries télévisées britanniques, américaines et australiennes, les néerlandophones empruntent de plus en plus de formules à la langue anglaise, en particulier dans les situations de la vie quotidienne.

Aussi n'est-il pas rare d'entendre quelqu'un se contenter d'un simple **Hallo** pour répondre au téléphone. De même, les nouvelles technologies sont en train de modifier en profondeur les habitudes de communication, à l'image de ce qui se passe dans tous les pays européens. L'usage du téléphone portable est aujourd'hui répandu, en particulier parmi les jeunes générations. Le portable se nomme en néerlandais **mobiel**, **mobieltje**, **telefoontje**, **gsm**, **gsm'etje** ou **06-nummer**. Le dernier terme est utilisé aux Pays-Bas, où les numéros de téléphone portable commencent par le préfixe 06. Vous entendrez dire :

Bel me op mijn 06-nummer. *Appelle-moi sur mon portable.*

Le message transmis sur un téléphone portable est un **tekstbericht**, mais la plupart des utilisateurs se servent du sigle **sms** (Short Message Service) : le SMS se dit **het sms'je** (prononcé **es-em-esje**). Un verbe a été forgé à partir de ce sigle : **sms'en** *envoyer un SMS.*

autoévaluation

Exercice 9

CD2 piste 12

Imaginez que votre sœur vous appelle pour savoir comment se sont passées vos retrouvailles avec une amie d'enfance. Jouez votre rôle dans cette conversation en vous inspirant du dialogue précédent. Vous pouvez faire cet exercice avec l'enregistrement.

Votre sœur	Hoe was het vorige week met Nienke?
Vous	*[Fantastique.]*
Votre sœur	Waar hebben jullie over gepraat?
Vous	*[De tout et de rien.]*
Votre sœur	Was ze veel veranderd?
Vous	*[Non, elle était exactement la même.]*
Votre sœur	Ah, dus jullie hebben veel gelachen?
Vous	*[Et comment !]*
Votre sœur	Zien jullie elkaar binnenkort weer?
Vous	*[Elle m'a déjà appelé ce matin. Elle viendra peut-être le mois prochain.]*
Votre sœur	Leuk dat het meteen weer klikte.
Vous	*[Oui, c'était vraiment chouette. Je dois y aller, mais je te rappellerai.]*
Votre sœur	Ja ok. O trouwens, ik heb een nieuw 06-nummer, maar ik heb het zo gauw niet bij de hand. Ik stuur je wel een sms'je.
Vous	*[Oui, d'accord. Merci pour le coup de téléphone. À plus tard.]*
Votre sœur	Ja, tot horens. Doei.

vocabulaire

vorige week	*la semaine dernière*
Was ze veel veranderd?	*Avait-elle beaucoup changé ?*
Zien jullie elkaar binnenkort weer?	*Vous allez vous revoir bientôt ?*

Leuk dat het meteen weer klikte.	*C'est chouette que vous vous entendiez bien aussi vite à nouveau.*
Ik heb het zo gauw niet bij de hand.	*Je ne l'ai pas sous la main.*
Ik stuur je wel een sms'je.	*Je t'envoie un SMS.*

Voici quelques expressions dont vous aurez besoin pour répondre aux questions :

exactement la même	nog precies hetzelfde
le mois prochain	volgende maand
vraiment chouette	echt leuk

Les prépositions

Vous avez déjà rencontré un certain nombre de prépositions : **op**, **om**, **in**, **door**, **bij**, etc. Ces mots invariables introduisent un complément, qui est souvent un complément de lieu ou de temps.

Un grand nombre de verbes et d'expressions sont toujours suivis de la même préposition : il conviendra de les mémoriser soigneusement. Voici quelques exemples :

afhangen van	*dépendre de*
een afspraakje maken met	*prendre un rendez-vous avec*
iets bij de hand hebben	*avoir quelque chose sous la main*
verliefd zijn op	*être amoureux de*
het eens zijn met	*être d'accord avec*
een hekel hebben aan	*détester*
bezig zijn met	*être occupé à*

Exercice 10

Complétez le texte avec les prépositions suivantes. Certaines d'entre elles sont utilisées plusieurs fois.

in	om	van	naar	op	met	bij	uit	over	na

Ik ga bij Japie wonen

______ half twee 's nachts trof de politie ______ Almere een tienjarige jongen aan in een bushokje. Hij zat stil ______ een hoekje ______ een deken ______ zich heen, en had een tas ______ een knuffelbeest, een pyjama en z'n spaarpot ______ zich.

De jongen wilde niets zeggen, en werd meegenomen en ______ het politiebureau ______ bed gestopt. Men kon bij politiekorpsen ______ de omgeving geen inlichtingen ______ een vermist jongetje krijgen. ______ enige tijd bleek hij toch te willen praten: hij kwam ______ Alkmaar, had ruzie met z'n ouders gekregen en de trein ______ Amsterdam genomen. Daar was hij overgestapt ______ de bus ______ Almere.

De ruzie was gelukkig niet zo erg en de ouders waren bereid om midden ______ de nacht ______ Alkmaar ______ Almere te rijden ______ de jongen weer op te halen.

(D'après Erik van Muiswinkel et Thecla Bakker, *Man laat zich oor aanlijmen*).

vocabulaire

aantreffen	*rencontrer, tomber sur*
het bushokje	*l'Abribus®*
stil	*tranquillement*
de deken	*la couverture*
om zich heen	*autour de soi*
het knuffelbeest	*l'animal en peluche*
de spaarpot	*la tirelire*
de jongen	*le garçon*
meenemen	*emporter*
het politiekorps	*les forces de police*
inlichtingen	*des informations*
blijken	*sembler, paraître*
vermist	*disparu*
de ruzie	*la dispute*
midden in de nacht	*au milieu de la nuit*
ophalen	*aller chercher*

Les prépositions jouent un rôle essentiel dans la phrase parce qu'elles précisent généralement le rapport qui existe entre deux groupes de mots. Un grand nombre de prépositions introduisent un complément de lieu (de situation ou de direction). Considérez les exemples ci-dessous, ainsi que l'illustration qui suit, qui représente la gare centrale d'Amsterdam :

De tram stopt **voor** het Centraal Station **in** Amsterdam.	*Le tram s'arrête devant la gare centrale d'Amsterdam.*
Er staat een rij mensen **achter** elkaar **bij** de tramhalte te wachten.	*Les gens font la queue à l'arrêt de tram.*
Iemand loopt **met** een fiets **langs** het wachtende groepje mensen.	*Quelqu'un passe, le vélo à la main, devant le groupe de ceux qui attendent.*
Een oude dame stapt **uit** de tram.	*Une vieille dame descend du tram.*
Een man kijkt **naar** het nummer **van** de tram: ja, het is lijn negen.	*Un homme regarde le numéro du tram : oui, c'est la ligne 9.*
De klok **op** het stationsgebouw wijst de tijd **aan**.	*L'horloge de la gare indique l'heure.*

autoévaluation

Exercice 11

Observez l'illustration suivante et complétez les phrases par une préposition.

a Één stoel staat ______ het raam.
b Diezelfde stoel staat ______ het bed en de tafel.
c Een andere stoel staat ______ de deur.
d Het bed staat ______ de muur.
e ______ de muur hangen een aantal schilderijen.
f ______ de hoek hangt een spiegel ______ de muur.
g ______ de spiegel staat een tafel.
h ______ de tafel staan flesjes en een waskom en nog wat meer dingen.
i De waterkan staat ______ de waskom.
j Er is een kapstok ______ de muur waar een paar kleren ______ hangen.
k Die kleren hangen ______ elkaar.

vocabulaire

het raam	*la fenêtre*
onder	*sous*
de stoel	*la chaise*
tussen	*entre*
de deur	*la porte*
de muur	*le mur*
de tafel	*la table*
de hoek	*le coin*
de spiegel	*le miroir*
de waterkan	*la cruche*
de waskom	*la bassine*
de kapstok	*le portemanteau*

grammaire

Les prépositions dans les relatives

Dans le **chapitre 10**, vous avez appris à utiliser les pronoms relatifs **die** et **dat**, et à construire des propositions relatives :

De bank **die** ik zo graag wilde hebben, is nu uitverkocht.
Le canapé que je voulais tellement avoir n'est plus disponible.

Het meisje **dat** daar loopt, is de dochter van onze buren.
La fille qui passe là-bas est la fille de nos voisins.

Cependant, quand le pronom relatif est précédé d'une préposition, les pronoms **die** et **dat** sont remplacés par **wie** ou par **waar**, selon que le pronom remplace une personne ou une chose.

Une personne : préposition + *wie*

Si le pronom relatif désigne une personne, la proposition relative est introduite par la préposition suivie de **wie** :

de man **met wie** ik samenwerk	*l'homme avec qui je collabore*
de mensen **met wie** ik praat	*les gens avec qui je parle*

Une chose : *waar* + préposition

Si le pronom relatif désigne une chose ou une idée, la proposition relative est introduite par **waar** suivi de la préposition :

de zaak **waarover** we hebben gepraat	*l'affaire dont nous avons parlé*
het project **waaraan** we hebben gewerkt	*le projet auquel nous avons travaillé*

En principe, **waar** et la préposition sont soudés et s'écrivent en un seul mot. Il arrive cependant, en particulier dans la langue parlée, que la forme **waar + préposition** se trouve scindée. Dans ce cas, la préposition se place à la fin de la proposition relative, juste devant le verbe :

de zaak **waar** we **aan** hebben gewerkt	*l'affaire à laquelle nous avons travaillé*
dat boek **waar** we gisteren zo lang **over** hebben gepraat	*ce livre dont nous avons parlé si longuement hier*

Exercice 12

Complétez les phrases suivantes en choisissant l'une des deux solutions proposées entre parenthèses.

a De computer (waarmee/met wie) ik werk, is vrij oud.
b Dit is het computerprogramma (waarmee/met wie) ik altijd werk.
c De vergadering (wie/waar) ik naartoe ben geweest, duurde lang.
d Mijn collega (met wie/waarmee) je hebt gesproken, gaat morgen op vakantie.
e De zaak (over wie/waarover) ik heb verteld, is bijna afgerond.
f Het jaarverslag (waaraan/aan wie) we bezig zijn, wordt het eind van deze maand gepubliceerd.
g De zakenrelatie (met wie/waarmee) ik uit eten ben geweest, heeft het contract getekend.
h Het verslag (voor wie/waarvoor) we gegevens verzamelen, moet volgende week klaar zijn.

de vergadering	*la réunion*
lang duren	*durer longtemps*
het jaarverslag	*le rapport annuel*
publiceren	*publier*
tekenen	*signer*
verzamelen	*rassembler*

Er + prépositions

Vous avez déjà rencontré le mot **er** dans des phrases comme :

Er is post voor je. — *Il y a du courrier pour toi.*

Ik ben **er** gisteren geweest. — *J'y suis allé hier.*

Les deux exemples précédents illustrent deux emplois du mot **er** : il est le sujet du verbe dans l'expression **er is/er zijn**, équivalent du français *il y a* ; il est complément de lieu dans le second exemple, où il équivaut au pronom français *y*.

Voici maintenant un troisième emploi du mot **er**.

Souvenez-vous des pronoms compléments que nous avons vus au **chapitre 9**, et en particulier des pronoms de la 3e personne qui remplacent des choses : **hem**, **het** et **ze**.

Heb je dat boek gelezen? – Ja, ik heb **het** gelezen.

Il se trouve que ces trois pronoms ne peuvent jamais s'employer avec une préposition : dans ce cas, il faut utiliser **er**.

Heb je **van** het feest gehoord? – Ja, ik heb **ervan** gehoord.	*As-tu entendu parler de la fête ?* *– Oui, j'en ai entendu parler.*
Heb je **van** dit sausje geproefd? – Ja, ik heb **ervan** geproefd.	*As-tu goûté cette sauce ?* *– Oui, je l'ai goûtée.*
Werk je **aan** het verslag? – Ja, ik werk **eraan**.	*Travailles-tu au rapport ?* *– Oui, j'y travaille.*
Heb je **naar** de cijfers verwezen? – Ja, ik heb **ernaar** verwezen.	*As-tu fait référence aux chiffres ?* *– Oui, j'y ai fait référence.*
Heb je **over** het bedrijf gepraat? – Ja, ik heb **erover** gepraat.	*As-tu parlé de l'entreprise ?* *– Oui, j'en ai parlé.*

Rappelons que **er** ne remplace que des choses : quand il s'agit de personnes, il suffit d'utiliser les pronoms du **chapitre 9**.

Enfin, une dernière difficulté : certaines prépositions changent de forme quand elles sont associées à **er**. C'est le cas de la préposition **met**, qui devient **mee** :

Heb je **met** de computer gewerkt? – Ja, ik heb **ermee** gewerkt.	*As-tu travaillé sur l'ordinateur ?* *– Oui, j'ai travaillé dessus.*
Ga je akkoord **met** die beslissing? – Ja, ik ga **ermee** akkoord.	*Es-tu d'accord avec cette décision ?* *– Oui, je suis d'accord.*

Toutes ces règles ne doivent pas vous effrayer : avec un peu de pratique, vous finirez par mémoriser des expressions toutes faites. Si l'on requiert votre accord, par exemple, il suffira de répondre : **Ja, ik ben het ermee eens** *Oui, je suis d'accord*, ou bien **Ik ben het eens met Rieke** *Je suis d'accord avec Rieke*. L'essentiel est de répéter et de mémoriser des phrases, et non des mots.

Il arrive parfois que le mot **er** soit séparé de la préposition dans la phrase : c'est le cas en présence d'un adverbe, d'un adjectif ou de la négation **niet** :

Ik heb **er** veel **over** gehoord.	*J'en ai beaucoup entendu parler.*
Ik werk **er** hard **aan**.	*J'y travaille beaucoup.*
Ik ben **er** druk **mee** bezig.	*Je m'y consacre beaucoup.*
Ik ben **er** tevreden **mee**.	*J'en suis satisfait.*
Ik ben **er** niet **aan** toegekomen.	*Je n'ai pas réussi à m'y mettre.*

Exercice 13

Répondez aux questions par l'affirmative. Utilisez **er** associé à une préposition. Décidez de scinder ou non la forme **er** + préposition.

exemples : Ga je met de computer werken?
Ja, ik ga ermee werken.
Ga je morgen met de computer werken?
Ja, ik ga er morgen mee werken.

a Luister je naar de radio?
b Ben je aan dit werk toegekomen?
c Rijd je vaak met die grote auto?
d Heb je onder de auto gekeken?
e Kun jij bij de bovenste plank? (*Peux-tu atteindre l'étagère du haut ?*)
f Heb je met die pen geschreven?
g Heb je goed naar deze cijfers gekeken?

Exercice 14

Répondez aux questions de l'exercice précédent par la négative. Utilisez **er** associé à une préposition.

exemple : Ga je met de computer werken.
Nee, ik ga er niet mee werken.

autoévaluation

Exercice 15

Répondez aux questions suivantes comme vous l'entendez, pourvu que vous utilisiez **er**.

exemple : Geloof je in spoken?
Ja, ik geloof erin.
Nee, ik geloof er niet in.

a Heb je een hekel aan koken?
b Hou je van lezen?
c Hou je van lekker eten?
d Vertrouw je op je intuïtie?
e Besteed je veel tijd aan je uiterlijk?
f Besteed je veel geld aan kleren?
g Leer je veel uit dit boekje?
h Werk je graag met technische apparaten?

vocabulaire

geloven in	*croire en*
het spook, de spoken	*le fantôme, les fantômes*
een hekel hebben aan	*détester*
het lekkere eten	*la bonne cuisine*
vertrouwen op	*faire confiance à*
de intuïtie	*l'intuition*
besteden aan	*consacrer à*
het uiterlijk	*l'apparence*
Leer je veel uit dit boekje?	*Ce livre t'a-t-il appris beaucoup ?*
het apparaat	*l'appareil*

Dans toutes les réponses de l'exercice 15, vous auriez pu remplacer **er** par **daar**. La signification reste la même, si ce n'est que **daar** est une forme plus insistante. Vous pouvez aussi commencer la phrase par **daar**, ce que vous ne pouvez pas faire avec **er**, du moins dans ce contexte.

autoévaluation

Exercice 16

Répondez aux questions de l'exercice 15 en utilisant **daar** à la place de **er**. Utilisez les deux possibilités : **daar** au début ou à l'intérieur de la phrase.

exemple : Geloof je in spoken?
Ja, daar geloof ik in.
Ja, ik geloof daarin.

activité

Lecture

CD2 piste 13

Écoutez et lisez le texte suivant, rédigé par un adolescent de 15 ans pour un site Internet.

Tegenwoordig heeft echt iedereen wel een gsm, of je hem nou gewoon hebt voor de zekerheid of voor de lol of voor je werk, er zijn maar weinig mensen meer zonder! En wat doe je er eigenlijk mee? Ja, bellen, maar dat is volgens mij niet eens de reden waarom je een gsm zou kopen, of althans niet de enige reden. Ik heb er dus ook een. Om eerlijk te zeggen, heb ik hem, omdat iedereen er een heeft. Maar ik heb echt niet de allerkleinste en allerduurste die er is. Als je dan eenmaal een gsm hebt, dan wen je er gauw aan. Je kan dan eigenlijk niet meer zonder. En geld dat die dingen kosten! Bellen doe ik eigenlijk niet zo vaak. Ik besteed zo'n € 40 in de maand aan mijn telefoontje. Dat is nog niet eens veel vergeleken met mijn leeftijdgenoten (ik ben 15 jaar). Het geld is zo op, vooral aan sms'jes. Als je eenmaal met iemand aan het sms'en bent dan blijf je aan gang. Vaak zijn het dan van die kleine berichtjes zoals: ok ... zie je dan.

(D'après http://www.uwkrant.nl © RTL/de Holland Media Groep S.A. et Neofiet B.V.)

vocabulaire

tegenwoordig	*aujourd'hui, de nos jours*
voor de zekerheid	*pour la sécurité*
voor de lol	*pour le plaisir*
zonder	*sans*
volgens mij	*d'après moi*
althans	*du moins*
om eerlijk te zeggen	*pour être honnête*
de allerkleinste	*le plus petit*
als je dan eenmaal een gsm hebt	*une fois qu'on a un portable*
wennen aan	*s'habituer*
gauw	*vite, rapidement*
Je kan niet meer zonder.	*On ne peut plus s'en passer.*
vaak	*souvent*
besteden aan	*consacrer à*
vergeleken met	*comparé à*
mijn leeftijdgenoten	*les gens de mon âge*
Het geld is zo op.	*L'argent se volatilise.*
vooral	*surtout*
Je blijft aan de gang.	*On ne s'arrête plus.*

autoévaluation

Exercice 17

Répondez aux questions suivantes en néerlandais, en utilisant le plus possible le vocabulaire du texte.

- **a** Quelles sont, pour l'auteur, les raisons de posséder un téléphone portable ?
- **b** L'auteur lui-même possède-t-il un portable ?
- **c** Quelle catégorie de portable possède-t-il ?
- **d** Que se passe-t-il une fois que l'on possède un portable ?
- **e** À quoi l'auteur consacre-t-il environ 40 euros par mois ?
- **f** Comment est-ce possible ?

13

Ik weet echt niet wat ik wil

Je ne sais vraiment pas ce que je veux

Communication

- Parler de vos compétences professionnelles
- Utiliser les propositions subordonnées
- Utiliser les interjections

Lecture

CD2 piste 14

Écoutez et lisez ce texte publié sur le site Internet d'une agence de gestion des ressources humaines, qui propose aux employeurs d'envoyer leur personnel suivre des sessions de formation et de conseil.

Personeelsadvies

Ieder mens is uniek qua talent, persoonlijkheid en capaciteiten. Dat betekent dat ook ieder mens anders op veranderingen reageert. De één vindt een nieuwe situatie een uitdaging, terwijl de ander het een bedreiging vindt. Bij 'Personeelsadvies op maat' kijken we daarom eerst naar de wensen, talenten en motivatie van uw medewerkers. Zo krijgt iedere medewerker precies het advies en de training die hij of zij nodig heeft. Onze trainers zijn zeer ervaren professionals die snel tot de essentie doordringen.

vocabulaire

ieder	*chaque*
de mens	*l'homme, l'être humain*
qua	*en ce qui concerne, quant à*
de persoonlijkheid	*la personnalité*
betekenen	*signifier*
anders	*différemment*
de verandering	*le changement*
reageren op	*réagir à*

de uitdaging	*le défi*
de één ... de ander	*l'un … l'autre*
de bedreiging	*la menace*
het personeelsadvies	*le conseil en ressources humaines*
op maat	*sur mesure*
daarom	*c'est pourquoi*
de wens	*le souhait*
de motivatie	*la motivation*
de medewerker	*le collaborateur*
krijgen	*recevoir*
iets nodig hebben	*avoir besoin de quelque chose*
zeer ervaren	*très expérimenté*
tot de essentie doordringen	*aller au fond des choses*

Exercice 1

Répondez aux questions suivantes en néerlandais. Utilisez le plus possible le vocabulaire du texte.

a Sous quels aspects chaque être humain est-il unique ?

b Quelle en est l'implication sur notre réaction aux changements ?

c Quelles sont les différentes réactions aux changements ?

d Que considère en premier lieu l'agence de conseil en ressources humaines ?

e Que propose-t-elle ensuite ?

Aux Pays-Bas, les entreprises ont pris l'habitude, conformément à l'évolution internationale du management, de proposer à leur salariés des sessions de formation et d'orientation. Cette pratique s'est même répandue au sein des administrations publiques, qui incitent les fonctionnaires à suivre des formations et à réfléchir à l'orientation de leur carrière.

Exercice 2

Dans le texte de la page précédente, soulignez les verbes conjugués et leurs sujets. Certaines phrases contiennent deux sujets et deux verbes conjugués. Vous noterez aussi que le verbe conjugué n'est pas toujours là où vous l'attendez, c'est-à-dire en deuxième position dans la phrase.

Les propositions subordonnées

Vous avez pu voir dans l'exercice précédent que le verbe conjugué peut se trouver, non pas en deuxième, mais en dernière position :

Dat **betekent** dat ook ieder mens anders op veranderingen **reageert**.	*Cela signifie que chacun réagit différemment aux changements.*
De één **vindt** een nieuwe situatie een uitdaging, terwijl de ander het een bedreiging **vindt**.	*L'un considère une nouvelle situation comme un défi, alors que l'autre y voit une menace.*

Si nous analysons ces deux phrases, nous voyons qu'elles se composent de deux propositions distinctes :

Dat betekent	dat ook ieder mens anders op veranderingen reageert
De één vindt een nieuwe situatie een uitdaging	terwijl de ander het een bedreiging vindt

Dans ces exemples, la première colonne contient la proposition principale, alors que la seconde contient la proposition subordonnée. Les propositions principales peuvent former une phrase complète, alors que les propositions subordonnées ont absolument besoin d'une proposition principale pour former une phrase. Jusqu'à présent, la plupart des propositions que vous avez rencontrées étaient des propositions principales.

Du point de vue grammatical, les propositions subordonnées présentent deux caractéristiques essentielles :

- le verbe conjugué est rejeté à la fin de la subordonnée (**reageert** et **vindt** dans les deux exemples) ;
- la subordonnée commence par un mot de liaison, appelé « conjonction de subordination » (ici **dat** et **terwijl**).

Le cas de la proposition relative (voir **chapitre 10**), dont le verbe est également rejeté à la fin, ne constitue qu'un cas particulier : la proposition relative est en effet un type de proposition subordonnée.

Exercice 3

Le texte de la page 183 contient deux propositions relatives. Pouvez-vous les identifier ?

Exercice 4

CD2 piste 15

Écoutez le texte suivant sur l'enregistrement. Il est extrait d'un entretien avec le directeur d'une école secondaire d'Amsterdam, où certains cours sont maintenant donnés en anglais. Identifiez les propositions principales et les propositions subordonnées :

Wij hebben op onze school al wel veel ervaring hiermee, omdat we al 25 jaar lesgeven in alle vakken aan kinderen voor wie het Nederlands geen moedertaal is.

We hebben hier kinderen die uit Turkije, Suriname, Indonesië en andere landen komen. Kinderen en ouders kiezen deze school omdat het praktisch nut heeft. Het is handig om Nederlands en Engels te spreken. Voordat we de kinderen op deze school toelaten, vragen we altijd naar hun motivatie. Ze moeten niet alleen naar deze school komen, omdat hun ouders dat graag willen. Veel kinderen komen hier omdat ze later een internationaal beroep willen hebben. Ze willen acteur of computerprogrammeur worden. Het is dan een voordeel als je goed Engels spreekt.

La première phrase est compliquée : il y a une subordonnée dans une subordonnée. Plus loin, c'est plus simple : il n'y a parfois qu'une proposition principale.

vocabulaire

de ervaring	*l'expérience*
lesgeven	*enseigner, faire cours*
het vak	*la matière, la discipline*
de moedertaal	*la langue maternelle*
het land	*le pays*
kiezen	*choisir*
het nut	*l'utilité*
handig	*commode, pratique*
toelaten	*admettre*
altijd	*toujours*
de motivatie	*la motivation*
de ouders	*les parents*
het beroep	*la profession*
de acteur	*l'acteur*
het voordeel	*l'avantage*
als	*si*

autoévaluation

Exercice 5

Répondez aux questions suivantes en néerlandais. Utilisez le plus possible le vocabulaire du texte.

- **a** Pourquoi cette école était-elle bien préparée pour organiser un enseignement bilingue ?
- **b** Pourquoi les parents et les enfants choisissent-ils cette école ?
- **c** Pourquoi l'école interroge-t-elle les enfants sur leur motivation ?
- **d** Quel est l'avantage de cette école pour celui qui veut devenir informaticien ou faire une carrière internationale ?

grammaire

Les conjonctions de subordination

Les mots qui relient une proposition subordonnée à une proposition principale sont appelés *conjonctions de subordination*, par opposition aux *conjonctions de coordination* (**en, of, maar, want, dus**), qui relient deux propositions principales. Les conjonctions de subordination précisent l'articulation logique entre les deux propositions. Elles peuvent exprimer :

le temps

voordat	*avant que*
nadat	*après que*
terwijl	*pendant que*
sinds	*depuis que*
zodra	*dès que*
als (+ présent)	*lorsque, quand*
toen (+ passé)	*lorsque, quand*

la concession

hoewel	*bien que*
terwijl	*alors que*

la cause

omdat	*parce que*
doordat	*du fait que*
aangezien	*vu que*

la conséquence

zodat	*de sorte que*

la condition

als	*si*
tenzij	*à moins que*

la comparaison

alsof	*comme si*
zoals	*comme*

le but

opdat	*pour que*

Exercice 6

Replacez le verbe entre parenthèses au bon endroit dans la phrase.

a Het was alsof ik hem eerder gezien. (had)
b Ik heb die parasol niet gekocht omdat ik hem te duur. (vond)
c Ik vind het zo leuk als ik iemand op straat Nederlands praten. (hoor)
d Ik moet mijn moeder bellen omdat het niet goed met haar. (gaat)
e Mijn vader ging altijd met me voetballen als hij maar even tijd. (had)

Exercice 7

Complétez les phrases par une de ces conjonctions de subordination :

omdat	als	voordat	terwijl	hoewel	toen

a Harry ging met zijn zoon op vakantie, ______ Meta thuisbleef met hun dochter.
b Kim gaat alleen met zijn vrienden op vakantie, ______ hij pas 15 is.
c Adrie maakt zich geen zorgen over haar tieners, ______ sommige van hun vrienden drugs gebruiken.
d Voor mijn achttiende verjaardag krijg ik een auto van mijn ouders, ______ ik dan nog steeds niet rook.
e Ik ontmoette mijn grote liefde, ______ ik 21 was.
f Wij hebben een heel goede relatie, ______ we elkaar respecteren.
g Ik wil eerst een carrière hebben, ______ ik zwanger raak.

vocabulaire

thuisblijven	*rester à la maison*
zich zorgen maken over	*se faire du souci pour*
de tiener	*l'adolescent*
de verjaardag	*l'anniversaire*
roken	*fumer*

elkaar respecteren	*se respecter*
kiezen	*choisir*
zwanger raken	*tomber enceinte*

Les propositions subordonnées

Dans la phrase, la proposition subordonnée ne vient pas nécessairement en seconde position : elle peut aussi se placer en tête de phrase.

Omdat ik eerst een carrière wil hebben, wacht ik nog even met kinderen krijgen.	*Parce que je veux d'abord avoir une carrière, j'attends encore un peu avant d'avoir des enfants.*

Si la proposition subordonnée se trouve au début de la phrase, la proposition principale qui la suit commence par le verbe conjugué. La subordonnée est en effet considérée comme un complément occupant la première place dans la phrase : il faut donc procéder à l'inversion (du verbe et du sujet) dans la principale.

Dans l'exemple, la proposition subordonnée **Omdat ik eerst een carrière wil hebben,** est au début de la phrase : le verbe **wacht** de la proposition principale se place donc avant le sujet **ik**.

Exercice 8

CD2 piste 16

Réécrivez les phrases de l'exercice 7 en commençant par la proposition subordonnée. Vous pouvez vérifier vos réponses en écoutant l'enregistrement.

exemple : Terwijl Meta thuisbleef met hun dochter, ging Harry met zijn zoon op vakantie.

Dialogue 1

CD2 piste 17

Karina heeft een intakegesprek met een loopbaanbegeleider:

Conseiller	We kijken eerst naar wat je tot nu toe hebt bereikt en wat je capaciteiten zijn. Dan kijken we naar waar je de komende paar jaar naartoe wilt.
Karina	Dat is nu juist zo moeilijk want ik weet echt niet wat ik wil of waar ik goed in ben.
Conseiller	Goed, we beginnen gewoon met een lijstje invullen. Je moet aangeven wat je sterkste kanten zijn en welke vaardigheden je hebt.

de loopbaan	*la carrière*
de begeleider	*le conseiller, l'accompagnateur*
tot nu toe	*jusqu'à présent*
bereiken	*atteindre, parvenir*
de komende paar jaar	*les années qui viennent*
waar je naartoe wilt	*vers quoi tu veux te diriger*
moeilijk	*difficile*
ik weet echt niet	*je ne sais vraiment pas*
gewoon	*simplement*
een lijstje invullen	*remplir une liste*
je sterkste kanten	*tes points forts*
de vaardigheid	*la compétence*

Karina heeft het volgende lijstje ingevuld:

Geef een cijfer van 1 tot 5.

1 = ik kan dat helemaal niet/ik ben daar helemaal niet goed in
2 = ik kan dat een beetje
3 = ik kan dat redelijk goed/ik ben daar redelijk goed in
4 = ik kan dat goed/ik ben daar goed in
5 = ik kan dat heel erg goed/ik ben daar erg goed in

vaardigheden	*1 2 3 4 5*
effectief kunnen communiceren *savoir communiquer de façon efficace*	*5*
in het openbaar kunnen spreken *savoir parler en public*	*2*
andere meningen kunnen respecteren *savoir respecter des opinions différentes*	*4*
goed naar anderen kunnen luisteren *savoir bien écouter les autres*	*3*
op een vriendelijke manier nee kunnen zeggen *savoir dire non d'une façon aimable*	*1*
je makkelijk aan nieuwe situaties kunnen aanpassen *savoir s'adapter facilement à de nouvelles situations*	*3*
effectief kunnen onderhandelen *savoir négocier de façon efficace*	*2*
effectief en overtuigend kunnen argumenteren *savoir argumenter de façon efficace et convaincante*	*3*

problemen kunnen analyseren *savoir analyser les problèmes*	*4*
anderen kunnen inspireren *savoir inspirer les autres*	*5*

autoévaluation

Exercice 9

CD2 piste 18

Lisez le formulaire rempli par Karina, puis complétez la conversation avec son conseiller, qui l'interroge sur ses compétences. Vous pouvez faire cet exercice en écoutant l'enregistrement.

Conseiller Kun je effectief communiceren?

Karina Ik kan dat heel erg goed. *ou* Ik ben daar erg goed in.

Conseiller Kun je in het openbaar spreken?

Karina ———

Conseiller Kun je andere meningen respecteren?

Karina ———

Conseiller Kun je goed naar anderen luisteren?

Karina ———

Conseiller Kun je op een vriendelijke manier nee zeggen?

Karina ———

Conseiller Kun je je makkelijk aan nieuwe situaties aanpassen?

Karina ———

Conseiller Kun je effectief onderhandelen?

Karina ———

Conseiller Kun je effectief en overtuigend argumenteren?

Karina ———

Conseiller Kun je problemen analyseren?

Karina ———

Conseiller Kun je anderen inspireren?

Karina ———

Exercice 10

Remplissez à votre tour le formulaire et dressez la liste de vos compétences.

Utilisez les expressions : Ik ben (redelijk) goed in/helemaal niet goed in … *ou* Ik kan (redelijk) goed/helemaal niet goed …

exemple : Ik ben redelijk goed in effectief communiceren.
Ik kan redelijk goed effectief communiceren.
Ik kan helemaal niet goed op een vriendelijke manier nee zeggen.

Attention au verbe **zich aanpassen** : le pronom **je** devient **me**.

Le discours indirect

Aux propositions subordonnées introduites par une conjonction de subordination et exprimant diverses nuances (le temps, la concession, la cause, la conséquence, la condition, la comparaison, le but), il faut ajouter une seconde catégorie de subordonnées : celles qui constituent le discours indirect. Les unes sont des affirmations indirectes, ou propos rapportés, et sont introduites par la conjonction **dat**. Les autres sont des questions indirectes, et sont introduites par un mot interrogatif (**wat**, **wie**, **waar**, **wanneer**, **waarom**, **hoe**, **welke**).

discours indirect	**discours direct**
We kijken eerst naar **wat** je hebt bereikt.	Wat heb je bereikt?
Ik weet echt niet **waar** ik goed in ben.	Waar ben je goed in?
Ik weet **dat** ik goed ben in problemen analyseren.	Ik ben goed in problemen analyseren.
Ik weet **dat** ik goed in het openbaar spreken kan.	Ik kan goed in het openbaar spreken.

La question indirecte peut aussi être introduite par la conjonction **of**, qui équivaut au *si* français :

Ik weet niet **of** ik goed kan communiceren.	*Je ne sais pas si je sais bien communiquer.*
Ik vraag me af **of** ik naar die cursus zal gaan.	*Je me demande si je vais aller à ce cours.*
Weet jij **of** hij effectief kan communiceren?	*Sais-tu s'il sait communiquer de façon efficace ?*

Exercice 11

Reprenez la description de vos compétences. Récrivez le texte en utilisant le discours indirect, qui vous permettra de nuancer vos propos.

exemple : Ik weet niet of ik op een vriendelijke manier nee zeggen.
Ik denk dat ik goed in het openbaar spreken kan.
Ik hoop dat ik effectief kan communiceren.
Ik vraag me af of ...

Dialogue 2

CD2 piste 19

Gesprek tussen twee vriendinnen:

Annemie	Ik doe een personal management training.
Marie	Goh, wat is dat precies?
Annemie	Nou, je kijkt naar je eigen capaciteiten en problemen. Je leert hoe je je tijd beter kan indelen, hoe je je eigen doelen kan kiezen, hoe je een probleem kan analyseren en aanpakken en hoe je assertief kunt zijn.
Marie	Waarom doe je dat?
Annemie	Nou eigenlijk omdat mijn baas het wil en betaalt. Maar ook omdat ik vind dat het mijzelf helpt. Je leert jezelf wel kennen in zo'n cursus.
Marie	Maar is het nadeel niet dat je alleen maar met jezelf bezig bent en niet met je werk?
Annemie	Nee hoor, het is juist goed om over jezelf na te denken. En dat helpt je juist in je werk.

leren	*apprendre*
indelen	*répartir*
zijn tijd beter indelen	*mieux utiliser son temps*
kiezen	*choisir*
een probleem aanpakken	*s'attaquer à un problème*
eigenlijk	*à vrai dire, au fond*
de baas	*le patron*
gewoon	*simplement*
zichzelf kennen	*se connaître (soi-même)*
de cursus	*le cours*
het nadeel	*le désavantage, l'inconvénient*
met zichzelf bezig zijn	*s'occuper de soi*
over zichzelf nadenken	*réfléchir à sa propre situation*

Exercice 12

Lisez, écoutez et jouez le dialogue plusieurs fois.

Exercice 13

Répondez aux questions suivantes en néerlandais. Vous devrez remplacer le pronom **mijzelf** par le pronom **haar** dans la phrase **b**.

a Qu'apprend-on dans ce cours de **personal management** ?

b Pourquoi Annemie suit-elle cette formation ?

c Quel serait l'inconvénient de cette formation (du moins selon Marie) ?

d Qu'en pense Annemie ?

Exercice 14

CD2 piste 20

Décrivez « objectivement » la formation suivie par Annemie en présentant ses avantages et ses inconvénients. Utilisez les informations contenues dans le dialogue. Si vous vous sentez inspiré, vous pouvez imaginer d'autres avantages et inconvénients. Vous pouvez commencer vos phrases comme suit : **Het is een voordeel/nadeel dat ...** Écoutez ensuite la description d'Annemie sur l'enregistrement.

activité Lecture

CD2 piste 21

Écoutez et lisez l'e-mail que Mariëlle a envoyé à un conseiller d'orientation professionnelle, ainsi que la réponse obtenue.

Beste Yvo,

Ik ben nu al 13 jaar docente op dezelfde basisschool, eerst voltijds, maar na de geboorte van mijn oudste zoon ben ik in deeltijd gaan werken. Ik heb het goed naar mijn zin op deze school, ik vind lesgeven erg leuk en dat gaat me na zoveel jaar ook makkelijk af. Ik kan goed met mijn collega's overweg, ik heb genoeg tijd voor mezelf en m'n kinderen en ik word gerespecteerd en gewaardeerd. Nu stapt het hoofd van de school op en het lijkt een logische stap dat ik op zijn baan solliciteer. Mijn collega's verwachten dat ook van me. Maar mijn deeltijdpartner wil niet samen met mij op die baan solliciteren. En eigenlijk ben ik er nog niet aan toe om weer voltijds te gaan werken.

Mariëlle

Beste Mariëlle,

Je staat voor een aantal moeilijke beslissingen. Je moet een keus maken tussen voltijds en in deeltijd werken, en je moet beslissen of je de 'logische' stap naar een managementpositie wilt zetten, met alle bijbehorende voor- en nadelen van dien.

Eerst moet je jezelf een aantal vragen stellen: Wat voor kwaliteiten heb je voor deze functie nodig en heb je die kwaliteiten ook in huis? Wat ambieer je voor jezelf? Wil je eigenlijk wel een baan op managementniveau? Je schrijft niet of de baan je in principe wel aantrekt.

Je kunt in je sollicitatie aangeven dat je de baan in deeltijd wil doen of je kunt een andere deeltijdpartner zoeken met wie je op deze baan solliciteert. Het gebeurt nog niet zoveel dat banen op managementsniveau gedeeld worden, maar het is beslist niet onmogelijk. Wel is de kans groot dat je uiteindelijk een driekwart baan doet en maar voor een halve baan betaald krijgt.

En bedenk wel: je hoeft niet NU te solliciteren. Het lijkt aantrekkelijk omdat je misschien een goede kans maakt, maar als je het solliciteren op een baan als hoofd nog even uitstelt, dan zijn je kinderen weer iets ouder. Misschien kun je nu extra taken aannemen die je alvast voorbereiden op zo'n functie. Je kunt dan tevens zien of zo'n managementbaan je aantrekt.

Verder zul je voor jezelf moeten bepalen of een baan als hoofd wel datgene is wat je wilt. Veel dingen die je nu leuk vindt in je werk zul je dan moeten inleveren: het vlotte contact met je collega's, het directe contact met de kinderen en vooral het feit dat je het nu naar je zin hebt en tijd voor jezelf over hebt. Je zult moeten bepalen of de voldoening of de financiële beloning van een hogere positie opweegt tegen de nadelen en de stress die deze baan met zich meebrengt.

Wat je ook besluit: luister vooral naar jezelf. Laat je niet door anderen gek maken. Jij moet uiteindelijk die baan doen. Succes!

Yvo

vocabulaire

de docent(e)	*l'enseignant*
de basisschool	*l'école primaire*
voltijds	*à plein temps*
de geboorte	*la naissance*
in deeltijd gaan werken	*travailler à temps partiel*
Ik heb het goed naar mijn zin.	*Je me plais bien.*
op deze school	*dans cette école*
Het gaat me makkelijk af.	*Je suis à l'aise.*
goed overweg kunnen met	*avoir un bon contact avec*
genoeg tijd hebben	*avoir assez de temps*
gewaardeerd worden	*être apprécié*
het hoofd	*le directeur*
opstappen	*s'en aller, partir*
het lijkt	*il semble*
een logische stap	*un pas logique*
solliciteren op	*poser sa candidature pour*
de baan	*le poste, l'emploi*
er aan toe zijn om	*être prêt à*
staan voor	*se trouver confronté à*
de beslissing	*la décision*

een keus maken tussen	*faire un choix entre*
een stap zetten naar	*faire un pas vers*
met alle bijhorende voor- en nadelen van dien	*avec tous les avantages et inconvénients qui lui sont attachés*
zich een aantal vragen stellen	*se poser un certain nombre de questions*
de functie	*la fonction, le poste*
Heb je die kwaliteiten in huis?	*Possèdes-tu ces qualités ?*
Wat ambieer je voor jezelf?	*Quelle est ton ambition ?*
het niveau	*le niveau*
aantrekken	*attirer*
de sollicitatie	*la candidature*
aangeven	*indiquer*
gebeuren	*arriver, se passer*
nog niet zoveel	*pas encore si souvent*
Het is beslist niet onmogelijk.	*Ce n'est certainement pas impossible.*
de kans is groot dat ...	*le risque est grand que …*
uiteindelijk	*finalement*
maar	*seulement, ne … que*
betaald krijgen	*être payé*
Bedenk wel.	*Sachez-le.*
aantrekkelijk	*attrayant, tentant*
uitstellen	*reporter, retarder*
extra taken aannemen	*accepter des tâches supplémentaires*
alvast	*déjà*
zich voorbereiden op	*se préparer à*
tevens	*en même temps, à la fois*
bepalen	*déterminer*
datgene is wat je wilt	*c'est ce que tu veux*
inleveren	*renoncer à*
het vlotte contact met ...	*le contact facile avec …*
het feit dat ...	*le fait que …*
de voldoening	*la satisfaction*
de financiële beloning	*la rétribution financière*
opwegen tegen	*compenser*
besluiten	*décider*
Laat je niet door anderen gek maken.	*Ne te laisse pas troubler par les autres.*

autoévaluation

Exercice 15

Écoutez et lisez attentivement le texte plusieurs fois. C'est un texte difficile qui comporte beaucoup de nouveaux mots et expressions. Prenez votre temps, étudiez les paragraphes l'un après l'autre et essayez de saisir l'essentiel. Si la compréhension du texte ne vous pose aucun problème, vous pouvez aller plus loin et entrer dans les détails. Essayez de comprendre, par exemple, la place des verbes dans la phrase. Observez les accords (le pluriel des noms, les adjectifs), l'emploi des pronoms, ou encore la forme des participes passés. Vous pouvez aussi lire le texte à haute voix.

autoévaluation

Exercice 16

Répondez aux questions suivantes en néerlandais. Utilisez le plus possible le vocabulaire du texte. Soyez attentif aux pronoms et aux formes verbales.

- **a** Que fit Mariëlle après la naissance de son premier enfant ?
- **b** Qu'est-ce que Mariëlle aime dans son travail ?
- **c** Pourquoi envisage-t-elle de poser sa candidature au poste de directeur d'école ?
- **d** Pourquoi hésite-t-elle à poser sa candidature ?
- **e** Quelles sont les décisions difficiles auxquelles Mariëlle est confrontée ?
- **f** Quelles sont les trois solutions que le conseiller propose à Mariëlle ?
- **g** Quel est son principal conseil ?

autoévaluation

Exercice 17

Le conseiller d'orientation a proposé trois solutions à Mariëlle.

Réécrivez les trois solutions proposées en utilisant cette fois la forme de politesse. Pour chacune des propositions, discutez les avantages et les inconvénients. N'oubliez pas le dernier conseil.

U heeft drie mogelijkheden:

1 ____________________

Het voordeel hiervan is dat ____________________
(de voordelen hiervan zijn __________).

Het nadeel hiervan is dat ____________________
(de nadelen hiervan zijn __________).

2 ____
____
____

3 ____
____
____

Ik raad u aan om ______________________________________

vocabulaire

de mogelijkheid	*la possibilité*
aanraden	*conseiller*

Vous pouvez rédiger la lettre de plusieurs façons. La solution donnée dans le corrigé n'est qu'un exemple.

autoévaluation

Exercice 18

CD2 piste 22

Imaginez un dialogue entre Mariëlle et le conseiller d'orientation, puis jouez-le avec un partenaire. Écoutez ensuite le dialogue qui vous est proposé sur l'enregistrement.

autoévaluation

Exercice 19

Quel conseil donneriez-vous à Mariëlle ? Écrivez-lui un e-mail pour lui exposer votre opinion. Vous devrez choisir entre la forme familière (le tutoiement) et la forme de politesse (le vouvoiement).

Exercice 20

Imaginez un entretien entre un conseiller d'orientation et une personne de votre choix, confrontée à un choix difficile. Si vous manquez d'inspiration, parlez de vous-même et des dilemmes auxquels vous avez peut-être été confronté.

Adverbes et interjections

Dans les chapitres précédents, nous avons déjà eu l'occasion d'attirer votre attention sur la présence, en particulier dans les dialogues, d'un grand nombre de petits mots invariables qui déconcertent souvent le francophone : **dan**, **hoor**, **nou, toch** ou **even**. Isolés, ces petits mots sont difficiles à traduire, car leur signification dépend le plus souvent du contexte : à vrai dire, ils sont justement là pour rappeler l'existence du contexte, sans lequel la phrase prononcée n'aurait pas la même signification.
Le plus souvent, en effet, ils révèlent la présence de celui qui parle : on l'entend exprimer une opinion, souligner une opposition, atténuer une demande, souligner un élément de la phrase ou, simplement, requérir l'attention de son interlocuteur.

Rien n'est plus difficile, pour un étranger, que d'utiliser ces petits mots intraduisibles, à la signification mouvante. Contentez-vous, pour l'instant, de savoir qu'ils existent et de bien interpréter leur fonction dans la phrase. Et comme nous l'avons déjà suggéré, mémorisez des phrases, et non des mots.

• **gewoon**

We gaan gewoon naar de kroeg.	*Nous allons au café.*

La présence de l'adverbe **gewoon**, qui signifie *simplement, comme à l'ordinaire*, indique qu'il s'agit, aux yeux de celui qui parle, d'un événement habituel, tout à fait ordinaire.

• **(alleen) maar**

Je bent alleen maar met jezelf bezig.	*Tu ne penses qu'à toi.*
Ik wilde het alleen maar makkelijker voor je maken.	*Je voulais juste t'aider.*

L'adverbe **maar** – à ne pas confondre avec la conjonction de coordination – sert ici à renforcer la restriction déjà exprimée par l'adverbe **alleen**. Par cette insistance, celui qui parle révèle davantage sa présence : c'est son opinion que l'on entend.

• **juist**

Dat helpt je juist in je werk.	*Ça peut servir pour ton travail.*
Ja, dat helpt je juist wel.	*Ça peut t'être utile.*

L'adverbe **juist**, qui signifie *justement*, *précisément*, sert une nouvelle fois à souligner l'affirmation de celui qui parle. Dans le second exemple, cette insistance est renforcée par l'association de deux adverbes : **juist** et **wel**.

- **goh**

Goh, wat is dat precies? — *Oh, qu'est-ce que c'est que ça ?*

L'interjection **goh**, qu'on trouve souvent en début de phrase, exprime la surprise.

- **nou**

Nou, je kijkt naar je eigen problemen. — *Eh bien, tu examines tes propres problèmes.*

Le mot **nou**, que nous avons déjà rencontré dans les chapitres précédents, sert à marquer un moment de pause ou d'hésitation. Celui qui parle s'apprête à expliquer quelque chose : il rassemble ses idées et demande l'attention de son interlocuteur.

- **even**

Ik zal even voor u kijken. — *Je vais m'occuper de vous, d'accord ?*

Encore un petit mot que nous avons déjà rencontré. Comme nous le rappelions dans le **chapitre 7**, l'adverbe **even** sert à renforcer le propos : celui qui parle veut interpeller son interlocuteur et obtenir son assentiment.

autoévaluation

Exercice 21

CD2 piste 23

Complétez les phrases suivantes par un adverbe ou une interjection. Vous pouvez vérifier vos réponses avec l'enregistrement.

a ______ sinds wanneer heb jij je haar geverfd?
b Heeft u administratieve vaardigheden? – ______ ik kan redelijk goed met de computer overweg en ik ben goed in bestanden organiseren.
c Geen probleem. Ik zal dat vanmiddag ______ doen.
d Ik heb het ______ op de markt gekocht.
e Maar begrijp je dan niet, dat het voor mij ______ een probleem is?
f Jij creëert altijd ______ conflicten.

vocabulaire

zijn haar verven	*se teindre les cheveux*
overweg kunnen met	*savoir se servir de*
het bestand	*le fichier*

14

Ik voel me niet zo lekker

Je ne me sens pas très bien

Communication

- Parler de santé
- Expliquer ce qui ne va pas au médecin
- Parler de problèmes psychologiques et affectifs

Dialogue

CD2 piste 24

Sjoerd emmène ses deux enfants chez le médecin.
In de spreekkamer bij de huisarts:

Sjoerd	Dag, dokter.
Médecin	Dag. Wat kan ik voor u doen?
Sjoerd	Nou, het gaat eigenlijk om de kinderen.
Médecin	Wat is er met ze aan de hand?
Sjoerd	Sieme is gisteren van zijn fiets gevallen. Ik dacht eerst dat het niet zoveel voorstelde. Maar vanochtend had hij hoofdpijn en ik begon me zorgen te maken.
Médecin	Hoe heb je dat voor elkaar gekregen, jongeman?
Sieme	Ik was aan het fietsen en ik keek niet uit en toen viel ik op de grond.
Médecin	Had je geen helm op?
Sieme	Neeee.
Sjoerd	Dat wil hij niet. 't Is niet stoer hè?
Médecin	Mmmmm, dat was niet zo slim van je, hè? Maar laat me eens kijken. Doet dit zeer?
Sieme	Au, ja dat doet pijn.
Médecin	Heb je last van duizeligheid?
Sieme	Nee.
Médecin	Ik denk dat het wel meevalt. U moet het wel in de gaten houden. Als hij last krijgt van duizeligheid of als de hoofdpijn erger wordt, dan moet u terugkomen met hem. Dan kunnen we een röntgenfoto laten maken.
Sjoerd	Goed. Zou u ook nog even naar Ines kunnen kijken?
Médecin	Ja natuurlijk. Wat is het probleem?
Sjoerd	Ze heeft zo'n rare uitslag.
Médecin	Heeft ze koorts?
Sjoerd	Nee, alleen een beetje verhoging. Maar ze voelt zich niet zo lekker.
Médecin	Jeukt het?
Ines	Een beetje.
Médecin	Zo te zien heb je waterpokken. Dat is erg besmettelijk, dus deze week kan je niet naar school.
Sjoerd	Kunt u iets aan de jeuk doen?
Médecin	Ik zal u een receptje voor een zalfje geven.

vocabulaire

de spreekkamer	*le cabinet de consultation*
de huisarts	*le médecin généraliste*
het gaat om ...	*il s'agit de …*
Wat is er aan de hand?	*Que se passe-t-il ?*
Het stelt niet zoveel voor.	*Ce n'est pas grave.*
de hoofdpijn	*le mal de tête*
zich zorgen maken	*s'inquiéter, se faire du souci*
Hoe heb je dat voor elkaar gekregen, jongeman?	*Comment as-tu fait ton compte, mon garçon ?*
Ik was aan het fietsen.	*Je roulais à vélo.*
Ik keek niet uit.	*Je n'ai pas fait attention.*
uitkijken	*regarder (autour de soi), faire attention*
de helm	*le casque*
Het is niet stoer hè?	*C'est pas cool, non ?*
Dat is niet zo slim.	*Ce n'est pas très malin.*
Doet dit zeer?	*ça fait mal ?*
het zeer	*le mal, la douleur*
Heb je last van duizeligheid?	*As-tu des problèmes de vertige ?*
de duizeligheid	*le vertige*
Het valt wel mee.	*Ce n'est pas si grave que ça.*
in de gaten houden	*tenir à l'œil, surveiller*
erger worden	*s'aggraver*
de röntgenfoto	*la radio*
raar	*bizarre*
de uitslag	*l'éruption, les boutons*
de koorts	*la fièvre*
een beetje verhoging	*un peu de température*
zich niet lekker voelen	*ne pas se sentir bien*
Jeukt het?	*ça chatouille ?*
jeuken	*démanger, chatouiller*
de waterpokken	*la varicelle*
besmettelijk	*contagieux*
de jeuk	*la démangeaison*
het recept	*l'ordonnance*
het zalfje	*la crème*

Ce dialogue comprend un grand nombre d'expressions idiomatiques, qui peuvent servir dans différents contextes : **Wat is er aan de hand?**, **Het gaat om …**, **Het valt wel mee**, etc. L'idéal est évidemment de connaître ces expressions par cœur.

Vous aurez sans doute remarqué la présence de verbes réfléchis : **zich voelen** et **zich zorgen maken**. Si vous hésitez sur la forme du pronom réfléchi, reportez-vous au paragraphe consacré aux verbes réfléchis (**chapitre 11**).

Exercice 1

Lisez et écoutez le dialogue en prenant connaissance des nouveaux mots et expressions, puis jouez-le avec un partenaire.

Les mots de la santé

Que dit-on au docteur quand on est souffrant ? Les deux expressions suivantes conviennent à toutes les parties du corps :

Ik heb pijn in mijn ...

Ik heb pijn in mijn buik.	*J'ai mal au ventre.*
Ik heb pijn in mijn maag.	*J'ai mal à l'estomac.*
Ik heb pijn in mijn keel.	*J'ai mal à la gorge.*
Ik heb pijn in mijn oor.	*J'ai mal à l'oreille.*
Ik heb pijn in mijn rug.	*J'ai mal au dos.*
Ik heb pijn in mijn hoofd.	*J'ai mal à la tête.*
Ik heb pijn in mijn benen.	*J'ai mal aux jambes.*
Ik heb pijn in mijn oren.	*J'ai mal aux oreilles.*

Mijn ... doet pijn/zeer.

Mijn buik doet pijn/zeer.	*Mon ventre me fait mal.*
Mijn maag doet pijn/zeer.	*Mon estomac me fait mal.*
Mijn voet doet pijn/zeer.	*Mon pied me fait mal.*
Mijn arm doet pijn/zeer.	*Mon bras me fait mal.*
Mijn rug doet pijn/zeer.	*Mon dos me fait mal.*
Mijn hoofd doet pijn/zeer.	*Ma tête me fait mal.*

Au pluriel, il suffit d'accorder le verbe :

Mijn ogen doen pijn/zeer.	*Mes yeux me font mal.*
Mijn oren doen pijn/zeer.	*Mes oreilles me font mal.*
Mijn benen doen pijn/zeer.	*Mes jambes me font mal.*

Voici encore deux autres expressions :

Ik heb … pijn.

Ik heb hoofdpijn.	*J'ai mal à la tête.*
Ik heb buikpijn.	*J'ai mal au ventre.*
Ik heb oorpijn.	*J'ai mal à l'oreille.*
Ik heb keelpijn.	*J'ai mal à la gorge.*
Ik heb kiespijn.	*J'ai mal aux dents.*
Ik heb spierpijn.	*J'ai des courbatures.*

Cette expression ne permet pas de parler de toutes les parties du corps : elle ne s'applique qu'aux exemples donnés ci-dessus. On ne dira pas, par exemple : *Ik heb voetpijn*.

Ik heb last van mijn …

Ik heb last van mijn buik.	*J'ai des problèmes au ventre.*
Ik heb last van mijn longen.	*J'ai des problèmes aux poumons.*
Ik heb last van duizeligheid.	*J'ai des problèmes de vertige.*
Ik heb last van mijn been.	*J'ai des problèmes à la jambe.*
Ik heb last van mijn rug.	*J'ai des problèmes au dos.*

Cette dernière expression ne sert pas à décrire une crise aiguë et soudaine, mais un mal qui vous afflige dans la durée. Notez qu'on ne dit pas : *Ik heb last van mijn hoofd*, mais plutôt : Ik heb vaak last van hoofdpijn.

Voici d'autres expressions, pour compléter le vocabulaire de la santé :

Ik ben gezond.	*Je suis en bonne santé.*
Ik ben ziek.	*Je suis malade.*
Ik ben misselijk.	*J'ai des nausées.*
Ik voel me niet zo lekker.	*Je ne me sens pas très bien.*
Ik ben verkouden.	*Je suis enrhumé.*
Ik heb griep.	*J'ai la grippe.*
Ik moet veel hoesten.	*Je tousse beaucoup.*
Ik heb een oorontsteking.	*J'ai une otite.*
Ik heb een longontsteking.	*J'ai une pneumonie.*
Ik heb een keelontsteking.	*J'ai une angine.*
Mijn oog is ontstoken.	*J'ai une infection de l'œil.*
Ik ben depressief.	*Je suis dépressif.*
Ik ben totaal gestrest.	*Je suis complètement stressé.*
Ik ben allergisch voor ...	*Je suis allergique à …*
Ik heb hooikoorts.	*J'ai le rhume des foins.*

Exercice 2

Quelle est la réponse qui convient le mieux ?

a Vous vous êtes blessé au genou en jouant au football. Le médecin vous ausculte et vous demande si vous avez mal. Que répondez-vous ?

- I Ik heb last van mijn been.
- II Dat doet pijn.
- III Ik was aan het voetballen.

b Le médecin vous apprend que la blessure est plus grave que vous ne pensiez. Vous devrez faire une radio à l'hôpital. Que dites-vous ?

- I Ik dacht dat het niet zoveel voorstelde.
- II Hoe heeft u dat voor elkaar gekregen?
- III Ik wil een röntgenfoto laten maken.

c Vous consultez un médecin parce que vous craignez une pneumonie. Le médecin vous ausculte et conclut que vos poumons sont en parfaite santé. Quelle est votre réaction ?

- I Ik dacht dat het vanzelf overging
- II Dat valt mee.
- III Ik heb zeker longontsteking?

d Vous consultez un médecin car vous avez souvent mal à la tête. Que dites-vous ?

- **i** Ik heb vaak hoofdpijn.
- **ii** Ik heb last van mijn hoofd.
- **iii** Mijn hoofd doet zeer.

autoévaluation

Exercice 3

CD2 piste 25

Sept patients sont dans la salle d'attente d'un médecin. Chacun à son tour décrit ce dont il souffre. Faites des phrases complètes, comme si vous répondiez à la question du médecin. Il y a parfois plusieurs réponses possibles. Vous pouvez faire cet exercice en écoutant l'enregistrement.

exemple : Wat kan ik voor u doen?
Ik heb pijn in mijn rug.

- **a** J'ai des vertiges.
- **b** J'ai mal aux jambes.
- **c** J'ai mal au pied.
- **d** J'ai mal à la gorge.
- **e** Mon œil est infecté.
- **f** J'ai des nausées.
- **g** Je tousse beaucoup.

autoévaluation

Exercice 4

CD2 piste 26

Écoutez et lisez cet e-mail envoyé par Petra à son amie Lisette. Puis imaginez que vous êtes Petra et que vous êtes chez le médecin. Répondez simplement aux questions et aux commentaires du médecin, tels qu'ils figurent à la page suivante.

Ik ben gisteren naar de dokter geweest omdat ik de laatste tijd vaak last heb van hoofdpijn. Ze vroeg of ik ook andere klachten had. Je weet dat ik vaak heel erg slecht slaap. Het bleek dat mijn bloeddruk een beetje te hoog was en ze vroeg of ik me ergens zorgen over maakte. Ik vertelde dat ik het erg druk had op mijn werk. Ze zei toen dat ik het wat rustiger aan moet doen en dat ik me moet leren ontspannen. Ze wilde me liever geen medicijnen geven. Ik zei dat ik van plan was om een yogacursus te gaan volgen. Eigenlijk vind ik het wel goed dat ze me geen medicijnen gaf, vind je ook niet?

vragen of	*demander si*
de klacht	*la plainte*
Ze vroeg of ik ook andere klachten had.	*Elle m'a demandé si je me plaignais d'autre chose.*
de bloeddruk	*la tension (artérielle)*
Ik heb het druk op mijn werk.	*J'ai beaucoup de travail.*
het rustiger aan doen	*mener une vie plus tranquille*
ontspannen	*se détendre*
Ik ben van plan om ... te	*J'ai l'intention de …*
het medicijn	*le médicament*

a Wat kan ik voor u doen?

b Heeft u ook andere klachten?

c Maakt u zich ergens zorgen over?

d Uw bloeddruk is een beetje te hoog. U moet zich eigenlijk leren te ontspannen.

Exercice 5

CD2 piste 27

Vous avez des nausées, faites un peu de température et toussez beaucoup. Répondez aux questions du médecin. Vous pouvez faire cet exercice avec l'enregistrement.

Médecin	Wat kan ik voor u doen?
Vous	*[Je tousse beaucoup.]*
Médecin	Heeft u ook andere klachten?
Vous	*[J'ai un peu de température.]*
Médecin	En hoe voelt u zich?
Vous	*[Je ne me sens pas très bien et j'ai des nausées.]*
Médecin	Eet u normaal?
Vous	*[Je ne mange rien.]*
Médecin	U hebt geen longontsteking. Het is waarschijnlijk een griepje.

Zijn + *aan het* + infinitif

Sieme was aan het fietsen.	*Sieme roulait à vélo.*
Ik ben aan het voetballen.	*Je joue au football.*

Ik was aan het voetballen	*Je jouais au football.*
Hij is aan het werken.	*Il travaille.*
De kinderen zijn aan het spelen.	*Les enfants jouent.*
Ik ben aan het lezen.	*Je suis en train de lire.*

La construction **zijn + aan het + infinitif** sert à exprimer une action qui se prolonge dans le temps. Pour rendre la même nuance, le français possède une construction équivalente : *être en train de + infinitif*. La construction néerlandaise est cependant d'un emploi beaucoup plus fréquent que son équivalent en français : **zijn + aan het + infinitif** se traduira donc souvent par un verbe conjugué au présent ou à l'imparfait.

autoévaluation

Exercice 6

Observez l'image et décrivez ce qui s'y passe.

exemple : De man is met de hond aan het wandelen.

autoévaluation

Exercice 7

CD2 piste 28

Wat was je aan het doen? Wat waren jullie aan het doen?

Répondez à la question en vous servant des illustrations. Commencez par **We waren net ...** ou par **Ik was net ...** Vous pouvez faire cet exercice en écoutant l'enregistrement.

a **schoenen kopen**

b **opruimen**

c **eten**

d **vrijen**

e **mijn broer bellen**

f **in de tuin werken**

g **deze oefening maken**

activité

Lecture

CD2 piste 29

Écoutez et lisez ces deux textes trouvés sur un forum de discussion consacré à la santé. Les internautes font appel à la communauté du Web pour soulager leurs inquiétudes.

Probleem 1

Ik heb erge last van hooikoorts. Heeft iemand advies voor mij?

Kaatje

Beste Kaatje,

Nou, hier kan ik over meepraten. Bij ons heeft het hele gezin hooikoorts plus nog wat andere allergieën. Er staat hier altijd een doos zakdoeken op tafel en die is een mum van tijd leeg.

Wat doen we eraan? We slikken pillen. Verder gebruiken we af en toe een neusspray en oogdruppels als er veel pollen in de lucht hangen. Ik kan je maar een ding aanraden: ga naar je huisarts en laat je testen op allergieën.

Josje

Hier kan ik over meepraten.	*Je suis bien placé pour en parler.*
de allergie, de allergieën	*l'allergie, les allergies*
een doos zakdoeken	*une boîte de mouchoirs*
in een mum van tijd	*en un rien de temps*
leeg	*vide*
pillen slikken	*avaler des comprimés*
de neusspray	*le spray nasal*
de oogdruppels	*les gouttes pour les yeux*
als er veel pollen in de lucht hangen	*quand il y a beaucoup de pollen dans l'air*

Probleem 2

Ik ben 31 jaar en heb al 2 jaar problemen met mezelf. Ik heb eigenlijk nergens zin in en ik ben altijd moe. Ik heb de afgelopen twee jaar van alles en nog wat geprobeerd. Ik ben voor van alles en nog wat getest, maar de dokters zitten ook met hun handen in 't haar. Wel slik ik allerlei medicijnen, maar niets helpt. Ik besteed weinig tijd en aandacht aan mijn vrouw en kinderen, hoewel ik heel veel van hen hou. Dat is voor hen ook heel moeilijk. Is er iemand die mij een beetje kan helpen? Ik ben radeloos.

Pascal

Beste Pascal,

Ik begrijp precies hoe je je voelt. Ik ken veel mensen zoals jij. Toch kun je hier weer bovenop komen. Ik adviseer je om natuurlijke remedies te gaan gebruiken. Het zal je helpen je leven weer in balans te brengen, zodat je weer kan genieten van je relatie met je vrouw en kinderen. Voor een behandeling kun je bij mij terecht. Ik help je graag de juiste remedie te vinden en je te begeleiden de komende tijd. Je zal zien dat de lichamelijke en mentale problemen overwonnen kunnen worden.

Wouter Hendriks, natuurtherapeut

Hallo,

Ik kan me helemaal in u verplaatsen al ben ik een meisje van 18 en heb ik geen kinderen. Ook ik heb jaren last gehad van moeheid en depressiviteit. Op een gegeven moment zei de dokter tegen mij dat ik niet moest zeuren omdat ik nog zo jong was. Toen ben ik op internet gaan zoeken en ik heb twee dingen gevonden die me hebben geholpen:

1) Therapie: ik ben naar een psycholoog gegaan en kwam erachter dat ik in de knoop zat met mijn verleden. Door er veel over te praten kwam alles eruit en ik voel me nu veel beter.

2) Homeopathie: een homeopaat kijkt naar de hele persoon en niet alleen de symptomen. Ik heb hier veel baat bij gehad en nu ben ik weer helemaal de oude.

Ik hoop dat u hier iets aan heeft. Veel succes!

Iris

vocabulaire

Ik heb nergens zin in.	*Je n'ai envie de rien.*
Ik heb van alles geprobeerd.	*J'ai essayé toutes sortes de choses.*
met de handen in 't haar zitten	*s'arracher les cheveux*
allerlei medicijnen	*toutes sortes de médicaments*
radeloos	*désespéré*
er weer bovenop komen	*s'en sortir*
in balans brengen	*équilibrer*
genieten van	*profiter de*
de behandeling	*le traitement*
Je kunt bij mij terecht.	*Je suis celui qu'il te faut.*
begeleiden	*accompagner*
de komende tijd	*à l'avenir*
lichamelijk en mentaal	*physique et mental*
een probleem overwinnen	*surmonter un problème*
zich in iemand verplaatsen	*se mettre à la place de quelqu'un*
al ben ik een meisje van 18	*même si je suis une fille de 18 ans*
ook ik	*moi aussi*
de moeheid	*la fatigue*
op een gegeven moment	*à un moment donné*
zeuren	*se lamenter, gémir*
erachter komen	*découvrir*
in de knoop zitten met zijn verleden	*être prisonnier de son passé*
door er veel over te praten	*à force d'en parler*
alles kwam eruit	*tout est sorti*
Ik heb hier veel baat bij gehad.	*J'en ai tiré un grand profit.*
Ik ben weer de oude.	*Je suis à nouveau d'attaque.*

Aux Pays-Bas, les gens parlent facilement de leurs problèmes psychologiques et affectifs. Bien sûr, la conversation est plus ou moins libre selon les milieux et les groupes d'âge, mais en général, ces questions sont régulièrement débattues. La santé mentale et la vie affective ne sont pas des sujets tabous, comme c'est le cas dans d'autres pays ou d'autres cultures. Les médecines naturelles, comme l'homéopathie ou la naturothérapie, jouissent d'une grande faveur auprès d'un large public.

autoévaluation

Exercice 8

Répondez aux questions suivantes en néerlandais. Utilisez les mots et expressions des deux textes précédents, ou répondez selon votre inspiration. Si vous en avez l'occasion, discutez du texte avec un néerlandophone.

a Quelles expressions utilisent les deux correspondants de Pascal pour lui montrer qu'ils le comprennent ?

b Quel argument Wouter Hendriks utilise-t-il pour convaincre Pascal ?

c Pourquoi Wouters Hendrik montre-t-il autant d'intérêt pour Pascal ?

d Iris est une jeune fille de 18 ans qui n'a pas d'enfants, et pourtant, elle comprend Pascal. Pourquoi ?

e Quel fut son expérience des médecins ?

f Que conseille-t-elle à Pascal ?

autoévaluation

Exercice 9

Zou u naar een natuurtherapeut gaan? Wat zijn de voordelen/nadelen daarvan? Rédigez un petit texte sur la question ou parlez-en avec quelqu'un.

autoévaluation

Exercice 10

Que pensez-vous du conseil donné par Wouter Hendriks et par Iris ? Si vous êtes d'accord, vous pouvez dire : **Ik ben het met je/Wouter/Iris eens dat …** Sinon, vous pouvez dire : **Ik ben het niet met je/Wouter/Iris eens dat …**

autoévaluation

Exercice 11

Quel conseil auriez-vous donné à Pascal ? Rédigez votre propre réponse.

15

Ik zit zowat de hele dag te computeren

Je passe presque toute la journée devant l'ordinateur

Communication

- Parler des achats en ligne
- Parler de l'assurance-voyage
- Parler d'argent
- Utiliser la comparaison

Dialogue

CD2 piste 30

Inscrite à un cours d'informatique pour les plus de 50 ans, Annemieke explique à son amie Alice comment Internet a changé sa vie :

Annemieke Ja, ik zit zowat de hele dag te computeren, joh. Ik doe zelfs mijn boodschappen op internet.

Alice Maar is dat niet lastig? Je moet bijvoorbeeld thuisblijven als de boodschappen worden bezorgd.

Annemieke Nee hoor, want je kiest zelf een geschikt tijdstip waarop ze de boodschappen afleveren.

Alice Ja, maar ... ik bedenk pas vaak als ik in de winkel ben wat ik wil eten. Als er bijvoorbeeld een aanbieding is voor iets, dan koop ik dat.

Annemieke Op de website staan ook al hun aanbiedingen. Lekker makkelijk. Je kunt er rustig over denken wat je wilt eten. Nee hoor, ik vind het een bevrijding. Nou hoef ik op mijn vrije dagen tenminste niet daar de supermarkt te rennen. Ik ga dan lekker achter m'n computer zitten om te surfen. Ik heb ook net een nieuwe koelkast besteld. Stukken goedkoper dan als je het in de winkel koopt. En onze vakantie op internet geboekt. Op die manier spaar je behoorlijk wat uit, hoor.

Alice Nou voor mij hoeft het niet, hoor. Ik ga liever gewoon winkelen.

vocabulaire

zowat	*presque, quasiment*
lastig	*gênant, contraignant*
bezorgen	*livrer*
kiezen	*choisir*
geschikt	*qui convient*
het tijdstip	*le moment*
afleveren	*livrer*
bedenken	*penser à, réfléchir à*
de aanbieding	*l'offre*
rustig	*tranquillement*
de bevrijding	*la libération*
de vrije dagen	*les jours de congé*
tenminste	*au moins*
rennen	*courir*
Ik heb net een nieuwe koelkast besteld.	*Je viens de commander un nouveau frigo.*

stukken goedkoper dan	*beaucoup moins cher que*
op die manier	*de cette manière*
uitsparen	*épargner*
behoorlijk wat	*pas mal, assez bien*
Voor mij hoeft het niet.	*Moi, je n'en ai pas besoin.*
Ik ga liever gewoon winkelen.	*Je préfère faire les magasins tout simplement.*

Exercice 1

Écoutez attentivement le dialogue en prenant connaissance du vocabulaire. Puis lisez-le à haute voix ou jouez-le avec un partenaire.

Joh

Cette interjection – intraduisible – est réservée à la langue parlée et témoigne généralement d'un rapport de familiarité, dégagé de toute idée de hiérarchie. C'est donc une manière très décontractée de s'adresser à quelqu'un. On peut en dire autant de l'interjection **man** – comme dans **nee, man** – qui s'utilise pour s'adresser aux hommes comme aux femmes ! Les jeunes générations ont contribué à répandre ces interjections familières, qui sont la marque de la décontraction.

Zelf ou *zelfs* ?

Ne confondez pas ces deux mots. Le premier (**zelf**) renforce le pronom personnel, comme le français *même* dans *moi-même*. Le second (**zelfs**) s'utilise comme l'adverbe *même* en français.

Je moet het **zelf** niet doen.	*Tu ne dois pas le faire toi-même.*
Hij is **zelf** begonnen.	*Il a commencé lui-même.*
Hij is **zelfs** begonnen te roken.	*Il a même commencé à fumer.*

Lekker

L'adjectif **lekker** qualifie un goût ou une saveur agréable :

lekker zacht	*délicieusement tendre*
mmm, lekker	*mmm, délicieux*

L'idée de « délice » peut s'étendre à tout ce qui est agréable : dans de nombreux contextes, le mot **lekker** évoque simplement une idée de plaisir et de satisfaction.

Nou, dat is lekker goedkoop.	*Eh bien, c'est vraiment pas cher.*
Ik ga even lekker zitten lezen.	*Je vais m'installer avec un bon livre.*

Les nouveaux mots

Le néerlandais s'enrichit régulièrement de nouveaux mots. Un grand nombre de ces néologismes sont empruntés à l'anglais et concernent les nouvelles technologies. C'est ainsi que sont apparus de nouveaux verbes, formés par l'ajout de la terminaison **-en** au mot anglais, quel qu'il soit (un verbe ou un nom). La souplesse de la langue néerlandaise lui vaut aujourd'hui de posséder ces trois verbes : **computeren** *travailler sur ordinateur* (de l'anglais **computer** *ordinateur*) ; **internetten** *surfer sur Internet* ; **mailen** *envoyer un e-mail*. D'une grande simplicité, la formation des nouveaux mots concerne tous les domaines, comme en témoigne **sporten** *faire du sport*.

Les cours pour adultes

Aux Pays-Bas, les formations destinées aux adultes jouissent d'une grande faveur. Il s'agit souvent de cours pratiques, comme les formations en informatique ou les cours de yoga, mais un certain nombre d'institutions proposent également aux adultes de parfaire leur formation intellectuelle dans les domaines les plus variés : de l'astrologie à l'art des icônes. Certaines formations s'adressent spécifiquement aux plus de 50 ans.

Les nouvelles technologies

Les nouvelles technologies ont bouleversé la vie quotidienne, sinon les conditions de travail de bien des Néerlandais. Un grand nombre de services sont aujourd'hui disponibles sur le Net. Pour vous faire une idée de ce qui s'achète et se vend dans une rue virtuelle, consultez le site www.winkelstraat.nl.

autoévaluation

Exercice 2

CD2 piste 31

Lekker of niet? Écoutez et lisez les témoignages suivants.

Thecla

Ik hou van soaps, internetten, lekker koken en creatief bezig zijn. Ik heb een hekel aan sporten, serieuze tv-programma's en mijn belastingformulier invullen.

Amina

Ik heb veel interesses waaronder lezen, naar goeie* films kijken, samen met de hele familie bij elkaar komen. Ik ben minder geïnteresseerd in winkelen, sporten en tuinieren.

Laura

Ik ben gek op computeren en mailen. Ik klets graag met vriendinnen en ga graag naar de bios met een stel mensen. Overige interesses: creatief bezig zijn, winkelen, mijn huis opknappen.

* **goeie** est une forme familière de **goede**.

vocabulaire

koken	*cuisiner*
creatief bezig zijn	*avoir des activités créatives*
een hekel hebben aan	*détester*
het belastingformulier	*la déclaration d'impôts*
waaronder	*parmi lesquels/lesquelles*
naar goeie films kijken	*regarder de bons films*
bij elkaar komen	*se réunir*
tuinieren	*faire du jardinage*
gek zijn op	*être fou de*
kletsen	*bavarder*
naar de bios gaan	*aller au cinéma*
de bios(coop)	*le cinéma*
opknappen	*rénover, arranger*

Dans cet exercice, vous jouez le rôle de Thecla, d'Amina et de Laura. Vous répondez à la question suivante : **Wat ga je doen?** La description des goûts de chacune vous permettra d'identifier les activités qui leur plaisent. Utilisez le mot **lekker** lorsque la phrase s'y prête.

exemple : naar een goede film op televisie kijken (Amina)

Ik ga vanavond lekker naar een goeie film op televisie kijken.

Ajoutez les indications de temps que vous jugerez appropriées : **vanavond**, **morgen**, **donderdag**, **straks**, etc.

Activité		Thecla	Laura	Amina
a	winkelen		x	x
b	in de tuin werken			x
c	belastingformulier invullen	x		
d	computeren		x	
e	naar een soap kijken	x		

Activité		Thecla	Laura	Amina
f	sporten	x		x
g	iets creatiefs doen		x	
h	bij een vriendin gaan koffie drinken		x	
i	naar de bios gaan		x	
j	internetten	x		
k	iets lekkers koken	x		
l	haar kamer schilderen		x	
m	bij haar ouders op bezoek			x

autoévaluation

Exercice 3

CD2 piste 32

Le directeur de votre agence de banque vous propose de gérer votre compte sur Internet et d'effectuer tous vos paiements depuis votre domicile. Cette solution vous fait un peu peur. Complétez le dialogue. Vous pouvez faire cet exercice en écoutant l'enregistrement.

Directeur	Internetbankieren biedt u veel voordelen, u kunt al uw bankzaken regelen waar en wanneer u wilt.
Vous	[*Mais n'est-ce pas contraignant ? On doit avoir un bon ordinateur, par exemple.*]
Directeur	Nee, hoor, u kunt vanaf elke pc heel eenvoudig al uw zaken afhandelen.
Vous	[*Oui, mais est-ce sûr ?*]
Directeur	Het is volkomen veilig. Wij gebruiken de nieuwste veiligheidsmethoden.
Vous	[*Mais n'est-ce pas impersonnel ? On ne peut pas poser de questions.*]
Directeur	Als u een vraag hebt, kunt u het aan ons e-mailen. We nemen dan zo snel mogelijk contact met u op.
Vous	[*Non, je n'en ai pas besoin. Je préfère aller tout simplement à la banque.*]

Inspirez-vous du premier dialogue de ce chapitre pour composer vos réponses. Vous aurez aussi besoin des mots suivants :

impersonnel	**onpersoonlijk**
poser des questions	**vragen stellen**

vocabulaire

het internetbankieren	*la banque à distance*
voordelen bieden	*offrir des avantages*
zijn bankzaken regelen	*gérer ses comptes bancaires*
eenvoudig	*simplement*
zijn zaken afhandelen	*expédier ses affaires*
volkomen	*complètement*
veilig	*sûr, sécurisé*
de veiligheidsmethoden	*les méthodes de sécurité*
contact opnemen met	*prendre contact avec*
zo snel mogelijk	*aussi vite que possible*

autoévaluation

Exercice 4

Écoutez le texte ci-dessous et lisez-le attentivement en vous assurant d'avoir tout compris.

activité

Lecture

CD2 piste 33

ETEN LATEN THUISBEZORGEN

Af en toe heb je zo'n dag dat je echt geen zin hebt om te koken. Dan kan je natuurlijk een pizza bestellen, maar soms wil je gewoon iets anders. Chinees bijvoorbeeld, of Italiaans. Of misschien heb je zin in shoarma, of gewoon lekker Hollands. Via internet kun je heel eenvoudig eten uit allerlei landen bestellen. Een van de internetbedrijven die zo'n dienst verleent, is thuisbezorgd.nl. Heel eenvoudig. Je bestelt online wat je wilt hebben. Thuisbezorgd stuurt de bestelling door naar een restaurant bij jou in de buurt. Je krijgt een bevestiging per e-mail en je betaalt aan de deur. Makkelijker kan gewoon niet.

vocabulaire

af en toe	*de temps en temps*
echt geen zin hebben om ... te ...	*n'avoir vraiment pas envie de …*
soms	*parfois*
iets anders	*quelque chose d'autre*
de shoarma	*le kebab*
uit allerlei landen	*(provenant) de toutes sortes de pays*
een dienst verlenen	*offrir un service*
doorsturen	*expédier*
bij jou in de buurt	*près de chez toi*
de bevestiging	*la confirmation*
aan de deur	*sur le pas de la porte*
Makkelijker kan gewoon niet.	*Il n'y a pas plus facile.*

autoévaluation

Exercice 5

CD2 piste 34

Commander son repas sur Internet ? Vous discutez avec un ami de cette question. Complétez le dialogue suivant en utilisant les mots du texte précédent. Écoutez ensuite l'enregistrement pour vérifier vos réponses.

a Ik vind het zo moeilijk om, als ik thuiskom van mijn werk, ook nog een lekkere en gezonde maaltijd klaar te maken. Ik heb er dan ______ geen ______ in.

b Misschien moet je eens wat vaker een maaltijd ______ laten ______.

c Ja, pizza, zeker. Dat eet ik al zo vaak uit de diepvries. Soms wil je ______ iets ______ .

d Nee hoor, dat hoeft helemaal niet. Je kunt eten uit ______ restaurants ______. Ja, 't is natuurlijk niet goedkoop. Maar zo ______ is het wel lekker hoor.

e Hoe ______ je dat dan?

f Via internet. Er is een heel aantal ______ die dat voor je regelen.

vocabulaire

de maaltijd	*le repas*
de diepvries	*le congélateur*

autoévaluation

Exercice 6

CD2 piste 35

Composez un dialogue sur le modèle de l'exercice 3. Vous essayez de convaincre votre interlocuteur de commander des plats sur Internet. Écoutez ensuite l'exemple de dialogue qui vous est proposé sur l'enregistrement.

Arguments pour	Arguments contre
C'est une bonne idée quand on n'a pas envie de cuisiner ou que l'on est fatigué.	C'est difficile et contraignant d'utiliser un ordinateur.
C'est facile à utiliser.	On n'a pas beaucoup de choix.
On peut commander des plats provenant de toutes sortes de restaurants.	On peut tout aussi bien aller au restaurant.
C'est moins cher qu'aller au restaurant.	

Vous aurez besoin des expressions suivantes :

On n'a pas beaucoup de choix. **Je hebt weinig keus.**
On peut tout aussi bien … **Je kan net zo goed ...**

Les cuisines du monde

Aux Pays-Bas, en particulier dans les grandes villes, les « cuisines du monde » sont représentées par un grand nombre de restaurants. Le choix, extrêmement varié, permet de découvrir les traditions culinaires de pays lointains. Il y a trente ans encore, les restaurants chinois et indonésiens étaient les seuls restaurants étrangers. Outre la cuisine chinoise, présente en Occident depuis longtemps, ces établissements proposaient des plats indonésiens comme le **nasi goreng** (litt. *riz frit*), **nasi** en abrégé, accompagné de **kroepoek** (*beignets de crevettes*). Aujourd'hui, les ingrédients de la cuisine indonésienne sont disponibles dans les supermarchés, et les Néerlandais eux-mêmes se sont mis à cuisiner à la mode indonésienne. Les restaurants asiatiques affrontent cependant la concurrence des restaurants italiens, français et turcs. Les premiers, qui figurent parmi les premiers établissements étrangers, s'appuient sur une longue tradition de cuisine familiale. Dans les snack-bars turcs, les viandes grillées à la broche sont proposées sous le nom de **shoarma**, équivalent arabe du *kebab* turc. Les saveurs étrangères ont ainsi conquis les Néerlandais, qui aiment retrouver, dans les restaurants d'Amsterdam ou de Rotterdam, la cuisine de leurs vacances.

autoévaluation

Exercice 7

Les pages Web qui suivent sont extraites du site de Thuisbezorgd.nl, un site commercial qui permet de commander des repas en ligne. Vous y trouverez les données nécessaires pour répondre aux questions de la page 227.

>> Uw postcode?

verstuur!

>> Zo werkt het

- U bestelt een produkt
- Thuisbezorgd.nl stuurt uw bestelling direct door
- U krijgt een bevestiging per e-mail
- De bestelling wordt thuisbezorgd
- U betaalt aan de deur

>> Categorieën

- Specialiteiten van het huis
- Salades
- SCHOTELS
- Koude voorgerechten
- Nagerechten

Volg de stappen:

1 Voer links uw postcode in en klik op verstuur

2 Kies een afdeling

Ben & Jerry's	Broodjes	Chicken wings
Frans	Greeks	Grill
Haagen Dasz	Hollands	International
Japans	Luxe gerechten	Pizza & pasta
Shoarma	Snacks	Spare ribs
Sushi	Visgerechten	

3 Kies het bedrijf van uw keuze

Welkom bij Porto Griek

Volg de stappen:

1. **Kies onder 'categorieën' (links) een categorie**
2. **Kies een product door het aantal in te vullen**
3. **Druk in de bestellijst (rechts) op afronden**
4. **Vul uw adresgegevens in en druk op bevestigen**

>> Bestellijst

Artikel	Aantal	Prijs

Minimum bestelgrootte van €18,00 nog niet bereikt

Totaalprijs €0,00

Bedrijfsinformatie

www.portogriek.thuisbezorgd.nl

Porto Griek: **Het snelste en lekkerste bezorgcentrum van Amsterdam.** Gratis thuis bezorgd in heel Amsterdam!
Spaaractie!! Bij elke bestelling van €25,- krijgt u één zegel. Bij inlevering van 10 zegels krijgt u 25 euro korting!
Vanaf €40,- kunt u met creditcard (mastercard, visa en american express) of pinpas betalen. Indien u van deze service gebruik wilt maken kunt u dit aangeven in het opmerkingen veld.

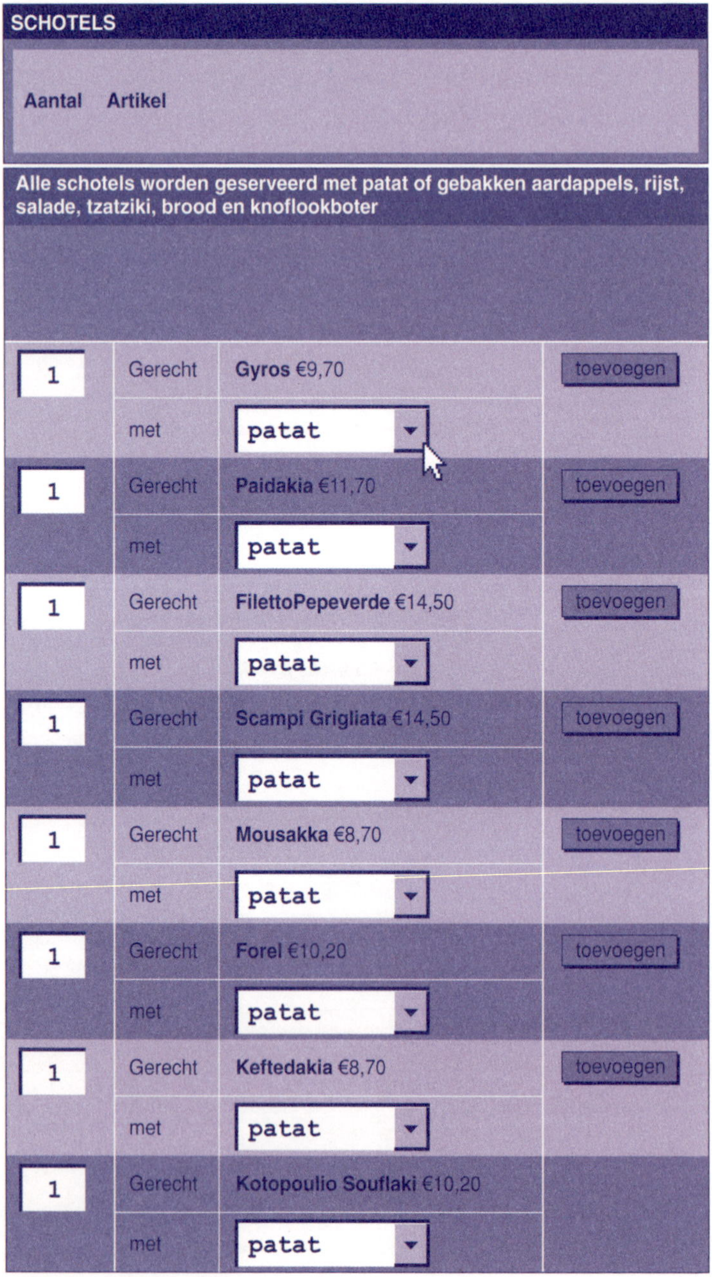

(Avec l'aimable autorisation de Thuisbezorgd.nl)

vocabulaire

invoeren	*introduire*
versturen	*envoyer*
het bedrijf	*l'entreprise* (ici : *le restaurant*)
het aantal	*le nombre*
invullen	*remplir*
drukken	*appuyer*
afronden	*terminer (la commande)*
de bestelgrootte	*le montant commandé*
bereiken	*atteindre*
de spaaractie	*la promotion*
het zegel	*le timbre*
de pinpas	*la carte bancaire*

Répondez aux questions en néerlandais.

a Quelle est l'offre promotionnelle que propose actuellement le Porto Griek ?
b Quel est le montant minimum exigé pour payer avec une carte de crédit ?
c Quel est l'accompagnement servi avec tous les plats chez Porto Griek ?
d Faut-il ajouter des frais de livraison au montant de la commande ?
e Quel est le prix de 2 Scampi Grigliata livrés à domicile ?
f Quel est le prix d'un Filletto Pepeverde livré à domicile ?
(Attention : il y a un montant minimum.)

autoévaluation

Exercice 8

Décrivez en français les étapes à suivre pour commander une moussaka, avec pommes de terre et accompagnements.

activité

Lecture

Le texte suivant provient du site www.geencentteveel.nl, qui propose des comparatifs entre différents produits financiers.

Een reisverzekering is een verzameling van verschillende verzekeringsproducten/modules.

- Ziektekosten
- Hulpverlening (ongeval/pech)
- Bagage
- Ongevallenverzekering
- Annuleringsverzekering

Bij een aantal verzekeringen kunt u al of niet kiezen voor alle of enkele van deze modules. Hoe meer van deze modules u neemt, hoe duurder het wordt. Kijk voordat u een reisverzekering neemt welke onderdelen van de reisverzekering u nodig hebt.

Voor enkele risico's bent u misschien al verzekerd. Door een complete reisverzekering (alle modules) aan te schaffen verzekert u zich misschien dubbel.

Controleert u bij uw autoverzekeraar of ziektekostenverzekeraar of u daar voor een reisverzekering goedkoper uit bent. Het kan behoorlijk schelen als u ziektekosten niet apart hoeft bij te verzekeren. Per persoon, per dag kan dit voordeel oplopen van € 1,50 tot € 2,50. Mogelijk hoeft u alleen privéklinieken in het buitenland bij te verzekeren.

Het kan zijn dat uw ziektekostenverzekering niet alle ziektekosten in het buitenland (met name de Verenigde Staten) volledig vergoedt. Dit kan financieel behoorlijk uit de hand lopen.

(D'après http://www.geencentteveel.nl © GCT infomediair B.V.)

vocabulaire

geen cent te veel	*pas un centime de trop*
de reisverzekering	*l'assurance voyage*
de verzameling	*la collection, l'ensemble*
de ziektekosten	*les frais médicaux*
de hulpverlening	*l'assistance*
het ongeval	*l'accident*
de pech	*la panne*
de bagage	*les bagages*
de ongevallenverzekering	*l'assurance accidents*
de annuleringsverzekering	*l'assurance annulation*
U kunt al of niet kiezen voor ...	*Vous pouvez choisir ou non ...*
hoe ..., hoe ...	*plus ..., plus ...*
het onderdeel	*la partie*
iets nodig hebben	*avoir besoin de quelque chose*
het risico	*le risque*
een verzekering aanschaffen	*souscrire une assurance*
dubbel	*doublement*

controleren	*contrôler*
de verzekeraar	*l'assureur*
goedkoper	*meilleur marché*
Het kan behoorlijk schelen.	*Ça peut faire une belle différence.*
bijverzekeren	*assurer en plus*
Mogelijk ...	*Il est possible que …*
in het buitenland	*à l'étranger*
Het kan zijn dat ...	*Il se peut que …*
vergoeden	*rembourser*
uit de hand lopen	*déraper*

Exercice 9

Le texte précédent présente les difficultés inhérentes au vocabulaire spécialisé, mais il se peut que vous soyez confronté un jour à ce genre de document. Il n'est pas inutile de consacrer un peu de temps à l'apprentissage du vocabulaire de l'assurance.

Exercice 10

Répondez aux questions suivantes en néerlandais en vous servant du texte. Vous devrez peut-être modifier légèrement les phrases : soyez attentif à l'ordre des mots et, au besoin, révisez les règles exposées dans les chapitres précédents. Ne vous contentez pas d'un oui ou d'un non : répondez par des phrases complètes.

a De quoi se compose généralement une assurance voyage ?

b Toutes les compagnies offrent-elles la possibilité de moduler la couverture de l'assurance voyage ?

c Quel est l'éventuel inconvénient d'une souscription à une couverture globale ?

d Que faut-il vérifier auprès de votre assurance voiture ou de votre assurance santé avant de souscrire une assurance voyage ?

e Que faut-il vérifier avant de partir en vacances aux États-Unis ?

Exercice 11

CD2 piste 36

Deux amis discutent au téléphone de leurs projets de vacances. Lisez la transcription de leur conversation et complétez avec les mots ci-dessous. Puis écoutez l'enregistrement pour vérifier vos réponses.

aanschaft	volledig	hoog	zeker
allemaal	dubbel	bij elkaar	behoorlijk schelen
apart	gehuurd	natuurlijk	
uit ... zijn	te		

Marijn We gaan deze zomer naar Amerika. We hebben een camper **a** ______ en zijn van plan om dwars door Amerika heen **b** ______ trekken.

Jasper Goh. Leuk. Wel duur **c** ______, hè?

Marijn Ja, maar alles **d** ______ valt het nog wel mee. De huur van de camper, de vlucht en de reisverzekering zijn **e** ______ bij de prijs inbegrepen.

Jasper Heb je wel gekeken of je goedkoper **f** ______ kan ______ voor je reisverzekering?

Marijn Hoe bedoel je?

Jasper Nou, als je een complete reisverzekering **g** ______, dan verzeker je je misschien **h** ______.

Marijn O.

Jasper Ja, het kan **i** ______ hoor, als je je ziektekosten niet **j** ______ hoeft bij te verzekeren.

Marijn Ja, maar we gaan naar Amerika. Daar zijn de ziektekosten ontzettend **k** ______. En bij deze verzekering die we nu hebben, worden die kosten **l** ______ vergoed.

Jasper O. Ja, dan moet je **m** ______ bij die verzekering blijven.

grammaire

Plus ..., plus ...

Les comparatifs, que nous avons vus au **chapitre 6**, permettent d'exprimer un rapport de cause à effet lorsqu'ils sont associés à l'adverbe **hoe** :

Hoe meer modules u neemt,	*Plus vous prenez de modules,*
hoe duurder het wordt.	*plus c'est cher.*

Les deux propositions introduites par **hoe** sont des subordonnées : le verbe est donc rejeté à la fin à chaque fois.

Voici un second exemple :

Hoe minder geld ik heb,	*Moins j'ai d'argent,*
hoe meer ik lijk uit te geven.	*plus j'ai l'impression de dépenser.*

autoévaluation

Exercice 12

Établissez un lien logique de cause à effet entre les éléments suivants.

exemple : lang in de zon zitten — bruin worden

Hoe langer je in de zon zit, hoe bruiner je wordt.

Plus on reste au soleil, plus on bronze.

En l'absence d'adjectif ou d'adverbe, utilisez le comparatif **meer** :

exemple : op de computer werken — het leuk vinden

Hoe meer ik op de computer werk, hoe leuker ik het vind.

Plus je travaille sur l'ordinateur, plus j'aime ça.

a	veel Nederlands praten	makkelijk werk vinden
b	veel leren over dit onderwerp	interessant vinden
c	vaak buitenlands eten	lekker vinden
d	lang hier werken	saai vinden
e	hem lang kennen	hem waarderen
f	vaak naar voetbal kijken	beginnen te begrijpen

Un certain nombre de connaissances grammaticales vous seront nécessaires pour faire cet exercice : la formation du comparatif, la conjugaison du présent, la position du verbe dans une subordonnée.

Les Néerlandais et l'argent

Parmi les stéréotypes attachés aux habitants des Pays-Bas, il en est un qui les décrit comme un peuple économe. Les Néerlandais ont la réputation de compter leur sous : ils savent faire des affaires, parlent souvent d'argent, mais ne disent jamais combien ils gagnent. Dans ce chapitre, les dialogues et les situations font allusion à ces préoccupations matérielles qu'un préjugé bien ancré attribue aux Néerlandais. Stéréotype avéré ou préjugé sans fondement ? Nous vous laisserons vous forger votre propre opinion sur la question.

autoévaluation

Exercice 13

Dressez la liste des mots et expressions de ce chapitre qui font référence à l'esprit d'économie. Nous en avons dénombré huit, mais vous en trouverez peut-être davantage. Rien ne vous empêche non plus de parcourir les chapitres précédents.

autoévaluation

Exercice 14

Avez-vous l'habitude d'utiliser Internet pour vos achats, pour vos opérations bancaires ou pour tout autre service ? Pourquoi ? Discutez les avantages et les inconvénients des achats et des opérations en ligne.

16

Tv wordt steeds banaler

La télé est de plus en plus banale

Communication

- Parler des médias
- Donner votre avis
- Structurer l'information
- Utiliser les adverbes

Dialogue 1

CD2 piste 37

Au cours de néerlandais, le professeur demande aux étudiants de discuter en petits groupes des journaux et des magazines qu'ils ont l'habitude de lire. Voici l'une de ces conversations :

Martin	Ik lees eigenlijk niet zo veel. Ja, boeken. Sciencefiction vooral. Maar kranten? Nee.
Rose	Ja, ja ...
Martin	Ja soms ... zo'n gratis blaadje dat je in de trein vindt.
Juliette	Mmmm, ja ik ...
Martin	Ik kijk naar het nieuws en dan weet ik ook weer wat er in de wereld is gebeurd. Meestal is het ellende en narigheid.
Rose	Ja, dat is wel zo ...
Martin	Trouwens, je weet maar nooit of de kranten wel de waarheid vertellen. Vaak staan er van die overdreven verhalen in.
Juliette	Ja, ja ... sensationeel.
Rose	Ja, ja ... maar misschien hangt dat ook af van welke krant je leest?
Juliette	Ja, in sommige kranten lees je soms iets over een relletje en je denkt dat het bijna oorlog is, en als je dan hetzelfde verhaal in een andere krant ziet, dan wordt er alleen iets gezegd over een klein incident of zo ...
Rose	Ik koop soms *de Volkskrant*, maar ik lees eigenlijk alleen de pagina met nieuws over mensen.
Juliette	Ja, dat vind ik ook leuk om te lezen. Vooral over relaties en zo ... of iets over mensen die problemen hebben of zo ...
Martin	Wat een nonsens ... koop dan gewoon een roddelblad.

vocabulaire

de krant	*le journal*
het gratis blaadje	*le journal gratuit*
het nieuws	*les nouvelles, les informations*
Ik weet ook weer wat er in de wereld is gebeurd.	*Je sais ce qui s'est passé dans le monde. monde.*
de ellende	*la misère*
de narigheid	*les ennuis, les problèmes*
trouwens	*d'ailleurs*
Je weet maar nooit of ...	*On ne sait jamais si ...*
de waarheid vertellen	*dire la vérité*

overdreven verhalen	*des histoires extravagantes*
overdrijven	*exagérer*
Misschien hangt dat ook af van ...	*Peut-être que ça dépend aussi de …*
in sommige kranten	*dans certains journaux*
het relletje	*la bagarre*
bijna	*presque*
de oorlog	*la guerre*
Er wordt alleen iets gezegd over een klein incident.	*On parle seulement d'un petit incident.*
of zo	*ou des choses comme ça*
de pagina	*la page*
en zo	*et tout ça*
Koop dan gewoon ...	*Achète tout simplement …*
het roddelblad	*le journal à sensation*

Exercice 1

Écoutez attentivement le dialogue en prenant connaissance du vocabulaire. Puis jouez-le avec un partenaire, en essayant de vous exprimer le plus naturellement possible.

Of zo, en zo

Les expressions **of zo** et **en zo** s'utilisent à la façon des points de suspension dans un texte : vous avez donné un exemple, mais vous auriez pu en donner un autre. Cette manière de s'exprimer appartient à la langue relâchée de la conversation quotidienne. Dans un registre plus soutenu, en particulier dans un texte écrit, il conviendra d'utiliser plutôt **bijvoorbeeld** *par exemple*.

L'art de la conversation

Dans le groupe des étudiants, Martin se distingue par sa franchise un peu brusque : disons qu'il s'exprime sans détours, sans précautions, sans ménager ses interlocuteurs. Cette manière de s'exprimer n'est pas inhabituelle aux Pays-Bas, où la simplicité et la franchise sont des vertus toujours appréciées. On reconnaîtra, dans ce refus des politesses guindées, l'esprit d'un peuple pragmatique qui, dans la conversation, aime aussi l'efficacité.

On ne sait jamais

Martin utilise cette expression dans son sens littéral : il est impossible de savoir si les journaux disent la vérité. Mais l'expression possède une seconde signification, exactement comme en français :

Het heeft geen zin om een lot te kopen, je wint toch nooit.	*Il est inutile d'acheter un billet de loterie, on ne gagne jamais.*
Nou ... je weet maar nooit.	*Allons ... on ne sait jamais.*

Des phrases interminables

Comme c'est le cas pour toutes les langues étrangères, le néerlandais parlé peut apparaître d'une surprenante complexité pour les débutants. Une des principales difficultés consiste à distinguer les différentes phrases et les différentes parties de la phrase. À l'oral, il n'y a en effet ni majuscules, ni signes de ponctuation pour nous aider. Considérez, par exemple, le discours de Juliette :

Ja, in sommige kranten lees je soms iets over een relletje en je denkt dat het bijna oorlog is, en als je dan hetzelfde verhaal in een andere krant ziet, dan wordt er alleen iets gezegd over een klein incident of zo.

autoévaluation

Exercice 2

Divisez la phrase de Juliette en différentes parties. Vous tiendrez compte de la présence de propositions subordonnées. Comment ces parties de phrase sont-elles reliées entre elles dans le discours de Juliette ?

autoévaluation

Exercice 3

Rédigez un petit texte sur les habitudes de lecture des trois participants : quels journaux lisent-ils ? qu'aiment-ils ? que n'aiment-ils pas ?

L'exercice vous permet de mettre en pratique le nouveau vocabulaire, mais ne négligez pas les structures grammaticales : vous pouvez vous contenter de phrases courtes et simples, mais essayez plutôt de construire un texte articulé et nuancé en vous servant des adverbes et des conjonctions.

Comparez par exemple ces deux textes :

> Martin leest eigenlijk niet zo veel. Hij leest geen kranten. Soms leest hij een gratis blaadje dat hij in de trein vindt. Hij kijkt naar het nieuws en dan weet hij ook weer wat er in de wereld is gebeurd. Meestal is het ellende en narigheid. Trouwens, je weet niet of de kranten wel de waarheid vertellen, zegt hij.

Martin leest **eigenlijk** geen kranten. **Wel** leest hij soms zo'n blaadje dat je in de trein kan vinden. Hij kijkt **ook** naar het nieuws, **want** dan weet hij ook weer wat er in de wereld is gebeurd. **Maar** meestal is het **toch** ellende en narigheid. Hij vindt dat je toch nooit kan weten of kranten wel de waarheid vertellen, **omdat** er vaak van die overdreven verhalen in staan.

Dans le premier exemple, on utilise plus ou moins les mêmes phrases que dans le dialogue, alors que dans le second, on ajoute des nuances grâce aux mots indiqués en gras (adverbes et conjonctions). Vous observerez que certains mots de liaison sont des conjonctions de subordination (**omdat**, par exemple) : le verbe est donc rejeté à la fin de la proposition.

activité

Lecture

CD2 piste 38

Juliette moet voor haar klas een spreekbeurt houden over de media in Nederland.
Juliette doit faire un exposé devant sa classe sur les médias aux Pays-Bas.

Ik ga het in mijn spreekbeurt hebben over de media, en dan met name de kranten in Nederland.

In Nederland kun je op verscheidene manieren het nieuws ontvangen. De meeste mensen luisteren naar het nieuws op de radio. Vaak kijken ze ook 's avonds nog naar het nieuws op tv: het Journaal op de zender Nederland 1 of bij één van de commerciële omroepen.

Daarnaast kun je natuurlijk ook het nieuws in kranten lezen. Er zijn verschillende soorten kranten. In de eerste plaats heb je de plaatselijke dagbladen. Dat zijn kranten die in een bepaalde stad of omgeving worden gepubliceerd en gelezen. Een paar voorbeelden daarvan zijn: *het Haarlems Dagblad* en *het Leidsch Dagblad*. Die bladen komen respectievelijk uit Haarlem en Leiden. In de plaatselijke kranten lees je zowel internationaal als landelijk nieuws, maar er wordt ook veel aandacht besteed aan plaatselijk nieuws. Dat is vaak nieuws over de gemeente, bijvoorbeeld over belangrijke beslissingen die moeten worden genomen, zoals andere parkeerregels of zo ... Ook vind je in de plaatselijke kranten veel informatie over de plaatselijke uitgaansmogelijkheden, de sportclub en andere relevante dingen.

Verder heb je nog de landelijke kranten. Dat zijn de grootste kranten in Nederland. Een aantal voorbeelden daarvan zijn *de Telegraaf, het Algemeen Dagblad, Trouw* en *de Volkskrant*. Eigenlijk zijn alle kranten in Nederland kwaliteitskranten. Daar bedoel ik mee dat de kranten de informatie die ze geven vrij serieus nemen. In Nederland heb je op het moment geen echte boulevardbladen zoals in Duitsland of Engeland, maar dat kan natuurlijk veranderen. De meeste kranten zullen geen dingen zeggen waarvan ze weten dat het echt niet waar is. Hoewel sommige kranten wat serieuzer en ook moeilijker zijn dan andere.

Zelf vind ik bijvoorbeeld dat *de Telegraaf* een beetje sensationeel is. Verder vind ik *het Algemeen Dagblad* bijvoorbeeld vrij makkelijk te lezen. *Trouw* en *het NRC Handelsblad* vind ik echt moeilijk. Daarom lees ik meestal *de Volkskrant*, daar leer ik veel nieuwe woorden uit en dan weet ik toch ook wat er allemaal in Nederland en de rest van de wereld is gebeurd.

vocabulaire

het hebben over	*parler de*
met name	*en particulier*
op verscheidene manieren	*de différentes manières*
ontvangen	*recevoir*
de zender	*la chaîne (de télévision)*
de commerciële omroepen	*les chaînes commerciales*
daarnaast	*en outre, de plus*
verschillende soorten kranten	*différentes sortes de journaux*
de plaatselijke dagbladen	*les quotidiens locaux*
in een bepaalde stad	*dans une ville donnée*
de omgeving	*les environs*
publiceren	*publier*
een paar voorbeelden	*quelques exemples*
landelijk	*national*
aandacht besteden aan	*consacrer de l'attention à*
de gemeente	*la commune*
belangrijk	*important*
beslissingen nemen	*prendre des décisions*
de parkeerregels	*les règles de stationnement*
de uitgaansmogelijkheden	*les possibilités de sortie*
een aantal voorbeelden	*quelques exemples*
de kwaliteitskrant	*le journal de qualité*
Daar bedoel ik mee dat ...	*Je veux dire par là que …*
serieus nemen	*traiter sérieusement*
het boulevardblad	*le journal à sensation*
veranderen	*changer*
de meeste kranten	*la plupart des journaux*
echt niet waar	*pas vrai du tout*
verder	*de plus, en outre*
vrij makkelijk te lezen	*assez facile à lire*
echt moeilijk	*vraiment difficile*
daarom	*c'est pourquoi*
meestal	*la plupart du temps*

Exercice 4

Écoutez l'exposé de Juliette. Ne soyez pas effrayé par la longueur de la liste de vocabulaire. Même si le texte est un peu difficile, vous serez surpris de voir que vous parvenez à en saisir l'essentiel, surtout après plusieurs écoutes. Vous pouvez aussi lire le texte pour résoudre les problèmes rencontrés à l'audition.

Les connecteurs

Dans son exposé, Juliette s'est conformée aux règles traditionnelles du genre, qui divise la présentation d'un sujet en trois parties : l'introduction, le développement, la conclusion. Pour faciliter la compréhension, elle s'est servie de mots et d'expressions qui soulignent les articulations de son exposé : on les appelle des « connecteurs logiques ».

Juliette n'a pas hésité à exprimer son point de vue personnel, souligné par les expressions **ik vind** ou **zelf ben ik van mening**. La langue utilisée est adaptée à son public et reproduit les usages de la conversation : **parkeerregels *of zo***, ***een beetje* sensationeel**, ***echt* moeilijk**.

Structurer l'information

om te beginnen	*pour commencer*
in de eerste plaats	*en premier lieu*
in de tweede plaats	*en deuxième lieu*
in de derde plaats	*en troisième lieu*
ten slotte	*finalement*

Ajouter une information

verder	*de plus, en outre*
daarnaast	*de plus, en outre*
ook	*aussi*
bovendien	*de plus, en outre*

Indiquer une opposition

toch	*quand même*
hoewel	*bien que, quoique*
maar	*mais*

Introduire un exemple

een voorbeeld daarvan is	*en voici un exemple*
zoals	*comme*
bijvoorbeeld	*par exemple*

S'expliquer

daar bedoel ik mee	*je veux dire par là*
ik bedoel	*je veux dire*

Introduire une explication

daarom	*c'est pourquoi*

autoévaluation

Exercice 5

CD2 piste 39

Vous allez partir en vacances avec des amis. Vous voilà tous réunis pour décider du programme. Vous y avez réfléchi en dressant la liste des différentes possibilités. Pour faciliter les débats, vous exposez d'abord les différents points à discuter. En vous servant des informations données ci-dessous, organisez votre exposé en présentant, point par point, les différentes questions.

Commencez votre exposé par : **We moeten eerst bepalen** (fixer)/**beslissen** (décider)/**bedenken** (réfléchir à) **wat we willen. Er zijn verschillende mogelijkheden** (possibilités) :

Écoutez ensuite l'exemple d'exposé qui vous est proposé sur l'enregistrement.

Wat voor soort vakantie?	*Quel type de vacances ?*
strandvakantie	*vacances de plage*
actieve vakantie	*vacances actives*
avontuurlijke vakantie	*vacances d'aventures*

Waar?	*Où ?*
in ons eigen land blijven	*rester dans notre pays*
naar het buitenland gaan	*aller à l'étranger*
binnen/buiten Europa	*en Europe/hors de l'Europe*

Waar en hoe willen we overnachten?	*Où et comment voulons-nous loger ?*
hotel	*hôtel*
appartement/bungalow/huisje huren	*louer un appartement/un bungalow/une maison*
kamperen	*faire du camping*

Wat willen we 's avonds doen?	*Que voulons-nous faire le soir ?*
uitgaan	*sortir*
naar clubs gaan, dansen, op terrasjes zitten	*aller dans des clubs, danser, s'asseoir aux terrasses*
vroeg naar bed gaan	*aller se coucher tôt*

Hoe komen we er?	*Comment y allons-nous ?*
met de auto	*en voiture*
vliegen	*en avion*
met de bus	*en bus*
met de trein	*en train*

Hoeveel willen we eraan besteden?	*Combien voulons-nous dépenser ?*

autoévaluation

Exercice 6

CD2 piste 40

Vous êtes chargé d'organiser le 20e anniversaire de votre entreprise. On vous a donné carte blanche pour concevoir l'événement. Préparez l'exposé que vous ferez lors de la première réunion de travail : vous posez une série de questions et vous suggérez des activités, à titre d'exemples.

Écoutez ensuite l'exemple de présentation qui vous est proposé sur l'enregistrement.

Wat willen we ermee bereiken?	*Quel objectif voulons-nous atteindre ?*
Wat is ons doel met dit feest?	*Quel est l'objectif de ces festivités ?*
de onderlinge band versterken	*renforcer la cohésion interne*
de medewerkers tonen dat ze gewaardeerd worden	*montrer aux collaborateurs qu'ils sont appréciés*
onze collega's beter leren kennen	*faire davantage connaissance avec nos collègues*
gewoon een fantastische avond hebben	*passer tout simplement une excellente soirée*

Wat zijn de verschillende mogelijkheden?

Misschien kunnen we hierover brainstormen, maar hier zijn een aantal ideeën:

een diner met daarna entertainment:

- een band of een disco
- avond met karaoke
- creatieve avond met voordrachten en cabaret van de medewerkers
  iets anders dan anders, avond met een thema:

- oosterse avond met buikdanseressen
- middeleeuwse avond met zang en dans
- Amerikaanse avond met hamburgers en line dancing

een dagje uit met z'n allen:

- een excursie naar de Efteling
- een dagje naar Londen met de Eurostar
- een diner in een kasteel

een weekend weg:

- naar Parijs
- naar een survivalkamp
- op een zeilboot op het IJsselmeer

de voordracht	*le sketch, le numéro*
iets anders dan anders	*quelque chose de vraiment différent*
de oosterse avond	*la soirée orientale*
de buikdanseres	*la danseuse du ventre*
de middeleeuwse avond	*la soirée médiévale*
met z'n allen	*tous ensemble*
het kasteel	*le château*
de zeilboot	*le voilier*

Les soirées animées

Les soirées animées par des numéros d'amateurs sont assez prisées aux Pays-Bas. Qu'il s'agisse de réunions de famille, de soirées de mariage ou de fêtes d'anniversaire, il n'est pas rare de voir les invités se produire dans un spectacle de leur invention : **de voordracht**. Les personnes fêtées sont mises à l'honneur – le plus souvent sur le mode de la plaisanterie – par un discours, une chanson ou un poème.

De Efteling

Le parc à thèmes **De Efteling** est l'un des plus anciens et des plus grands des Pays-Bas. Divisé en six royaumes, le parc met en scène de façon originale l'univers des contes de fées.

Het IJsselmeer

Depuis 1932, une digue gigantesque ferme le Zuiderzee, ancien golfe de la côte septentrionale des Pays-Bas, qui fut ainsi transformé en un lac d'eau douce : l'IJsselmeer. On peut y faire de la voile ou louer, pour une soirée ou une excursion, un de ces grands voiliers qui naviguaient autrefois sur les eaux du Zuiderzee et qui portent le nom de **botter**.

autoévaluation

Exercice 7

Voici un exercice qui vous permettra de revoir l'emploi des subordonnées. Il s'agit de réécrire l'exposé de Juliette (voir pages **236-237**) au discours indirect. La subordonnée doit toujours commencer par le sujet.

exemple : Juliette zegt dat **je** in Nederland op verscheidene manieren het nieuws kan ontvangen.

Juliette zegt dat **de meeste mensen** naar het nieuws op de radio luisteren.

Juliette zegt dat **ze** vaak ook 's avonds nog naar het nieuws op tv kijken.

Soyez attentif à la terminaison du verbe à la 2e personne du singulier : il perd son **-t** en cas d'inversion, mais le retrouve dans la subordonnée, où le sujet précède le verbe :

Daarnaast **kun** je het nieuws natuurlijk ook in kranten lezen.

Juliette zegt dat je het nieuws daarnaast natuurlijk ook in kranten **kunt** lezen.

(En cas de doute, reportez-vous au **chapitre 2**, page **19**.)

Commencez à partir de **Er zijn verschillende soorten kranten** dans le 2e paragraphe, et arrêtez-vous à la phrase **Dat is vaak nieuws over de gemeente**.

Journaux et périodiques

L'exposé de Juliette vous a donné un premier aperçu de la presse néerlandaise. Il existe évidemment quantité d'autres journaux, en particulier régionaux, mais il est certainement exact de dire qu'il n'y a pas vraiment de journaux à sensation aux Pays-Bas, du moins comparables aux « tabloïds » anglais. Outre la presse quotidienne, il faut mentionner un certain nombre d'hebdomadaires, qui proposent des reportages et des articles de fond. Citons, par exemple, *de Groene Amsterdammer* ou *Vrij Nederland*, qui sont tous deux orientés à gauche. Les magazines *HP/de Tijd* et *Elsevier*, consacrés à l'actualité économique, sont plutôt de tendance libérale.

Il n'est pas inutile de rappeler que la plupart des organes de presse des Pays-Bas sont nés au sein d'une famille politique ou religieuse. Si les clivages idéologiques ont plus ou moins disparu aujourd'hui, il reste des traces de cette division de la société néerlandaise en courants idéologiques. Des syndicats aux clubs de sport, c'est toute la vie sociale qui dépendait autrefois des quatre grandes familles idéologiques, les « piliers » : catholiques, protestants, socialistes, libéraux. Le phénomène, connu sous le nom de « pilarisation » (**de verzuiling**), est aujourd'hui moins visible, si ce n'est dans certains secteurs, comme l'enseignement et les médias.

autoévaluation

Exercice 8

Préparez un exposé sur la presse et les médias dans votre pays. Veillez aux articulations logiques de votre présentation. N'hésitez pas à exprimer votre opinion personnelle, selon le modèle donné par l'exposé de Juliette. Rédigez le texte en entier. Vous trouverez dans le corrigé un exemple de texte décrivant la situation de la presse en France.

Si vous connaissez un néerlandophone, demandez-lui de corriger votre texte. Voici quelques mots qui pourront vous servir :

politiek gekleurd	*orienté* (litt. *coloré*) *politiquement*
links	*de gauche*
rechts	*de droite*
conservatief	*conservateur*
progressief	*progressiste*
achtergrondinformatie	*informations de fond*
zogenaamd	*ainsi appelé*
invloed hebben	*avoir de l'influence*

autoévaluation

Exercice 9

Imaginez le même exposé, mais dans une situation informelle : une conversation avec un ami, par exemple. Reprenez l'exposé de l'exercice précédent en l'adaptant au contexte.

grammaire

Le passif

Dans son exposé, Juliette utilise une forme grammaticale que nous n'avons pas encore vue : la voix passive, qui permet de mettre l'accent, non pas sur celui ou ce qui accomplit l'action, mais sur l'action elle-même, ou sur le sujet qui la subit.

En néerlandais, le passif se forme avec l'auxiliaire **worden** (en français, c'est le verbe *être* qui est l'auxiliaire du passif). Pour former le passif, il suffit de conjuguer **worden** et de lui associer le participe passé du verbe.

Dat zijn kranten die in een bepaalde stad of regio **worden gepubliceerd**.	*Ce sont des journaux qui sont publiés dans une ville ou une région donnée.*
Er **wordt** ook veel aandacht **besteed** aan plaatselijk nieuws.	*Une grande attention est aussi consacrée aux informations locales.*

Pour le moment, n'essayez pas encore d'utiliser vous-même la voix passive. Il vous suffira de l'identifier et de la comprendre. Si vous voulez en savoir davantage, consultez une grammaire néerlandaise.

grammaire

Les adverbes

Les adverbes sont des mots invariables qui modifient le sens d'un verbe, d'un adjectif ou d'un autre adverbe par l'ajout d'une nuance : manière, temps, lieu, fréquence, degré, certitude.

En voici quelques exemples :

fréquence	**degré**	**certitude**
soms *parfois*	vrij *assez*	zeker *certainement*
vaak *souvent*	redelijk *assez*	waarschijnlijk *probablement*
meestal *le plus souvent*	compleet *complètement*	blijkbaar *apparemment*
regelmatig *régulièrement*	helemaal *tout à fait*	misschien *peut-être*
altijd *toujours*	erg *très*	mogelijk *peut-être*
zelden *rarement*	hartstikke *très*	beslist *décidément*
nooit *jamais*	absoluut *absolument*	echt *vraiment*

Les adverbes de la deuxième colonne sont souvent suivis d'un adjectif ou d'un autre adverbe :

Ik ben redelijk **goed** in Nederlands.	*Je suis assez bon en néerlandais.*
Dit artikel is vrij **moeilijk**.	*Cet article est assez difficile.*

manière	**temps**	**lieu**
snel *vite*	nu *maintenant*	hier *ici*
mooi *joliment*	al *déjà*	daar *là*
lekker *délicieusement*	nog *encore*	ergens *quelque part*
vriendelijk *amicalement*	plotseling *soudain*	nergens *nulle part*

lelijk *laidement*	vandaag *aujourd'hui*	overal *partout*
vrolijk *gaiement*	morgen *demain*	er *y*

Enfin, il y a aussi des adverbes qui sont utilisés pour relier les phrases. Vous en avez rencontré quelques-uns dans les chapitres précédents. Le plus souvent, ces adverbes de liaison expriment :

- **le temps :** daarna, daarvoor, toen, dan, nu
- **la conséquence :** daardoor, daarom
- **l'opposition :** nochtans, toch
- **un enchaînement :** ook, verder, bovendien

Ne confondez pas l'adverbe **toen**, qui signifie *alors*, avec la conjonction de subordination **toen**, qui signifie *lorsque*.

grammaire

L'ordre des mots

Quand ces adverbes sont utilisés pour relier des phrases, ils occupent la première position dans la seconde phrase, ce qui implique l'inversion du verbe et du sujet.

Les adverbes suivants font exception à cette règle : ils sont suivis d'une virgule, puis du reste de la phrase, sans inversion.

overigens	*du reste*
althans	*du moins*
trouwens	*d'ailleurs*
tenminste	*au moins*
integendeel	*au contraire*

autoévaluation

Exercice 10

Reliez les phrases avec l'adverbe donné entre parenthèses.

a Vroeger aten de Nederlanders alleen maar aardappels. Ze eten veel pasta en rijst. (nu)

b U wordt eerst verwelkomd in het kasteel met een kopje koffie. De rondleiding begint. (daarna)

c U kunt een fietstocht maken naar Monnickendam. U kunt daar genieten van poffertjes of pannenkoeken. (daar)

d Hij heeft een moeilijke jeugd gehad. Dat zegt hij. (althans)

e Eerst gaan we naar de markt. We gaan koffie drinken. (dan)

f Ik vind dat concert wel erg duur. Ik heb toch geen geld. (trouwens)

Exercice 11

Hoe vaak doe je dit? Répondez par une phrase complète en choisissant un adverbe de fréquence.

exemple : eten koken voor je zelf
Ik kook vaak (eten) voor mezelf.
Ik kook nooit (eten) voor mezelf.

a computeren
b de krant lezen
c een spreekbeurt houden
d dansen
e flirten
f een maaltijd laten thuisbezorgen
g boodschappen doen via internet
h sporten
i met een camper of caravan op vakantie gaan
j te veel drinken

Exercice 12

Hoe goed ben je hierin? Répondez par une phrase complète en utilisant un adverbe ou une expression comprenant un adverbe.

exemple : schilderen
Ik kan redelijk goed/vrij goed/echt goed/hartstikke goed/ helemaal niet/absoluut niet schilderen.

a snel typen
b zwemmen
c met mensen omgaan
d muziek spelen
e dansen
f Nederlands spreken
g liegen
h acteren
i voetballen
j zingen

met mensen omgaan	*s'y prendre avec les gens*
liegen	*mentir*

Dialogue 2

CD2 piste 41

Les enfants et la télévision : des parents discutent de la question lors d'un débat télévisé. Faut-il oui ou non laisser les enfants et les adolescents choisir eux-mêmes leurs programmes ?

Écoutez cet extrait du débat sur l'enregistrement puis lisez sa transcription ci-dessous.

Gideon Het wordt steeds banaler. Steeds meer seks, geweld, domme en stompzinnige programma's. Kinderen krijgen daardoor een heel verkeerd beeld van de maatschappij en van menselijke relaties. Ik vind dus dat je als ouder zeker moet bepalen wat je kinderen en tieners wel of niet mogen zien.

Sjaak Ik ben het daar helemaal niet mee eens. Als je kinderen gaat verbieden naar bepaalde programma's te kijken dan willen ze er juist naar kijken.

Manisha Daar ben ik het mee eens. Als kinderen, en vooral tieners, niet naar sommige programma's mogen kijken, dan toen ze het toch zeker stiekem bij een vriendje thuis?

Hester Ja, en je hoopt natuurlijk dat ze zelf al gauw inzien dat sommige programma's echt te dom zijn om er tijd aan te besteden. Zelf ben ik van mening dat kinderen zelf wel kunnen bepalen wat de moeite waard is op tv, zeker als het pubers zijn. Ik vind dat je kinderen moet leren om op hun eigen oordeel af te gaan.

steeds meer	*de plus en plus*
het geweld	*la violence*
dom	*bête*
stompzinnig	*stupide*
een verkeerd beeld	*une mauvaise image*
de maatschappij	*la société*
de menselijke relaties	*les relations humaines*

verbieden	*interdire*
bepaalde programma's	*certains programmes*
stiekem	*en cachette*
zelf inzien	*se rendre compte soi-même*
de puber	*l'adolescent*
afgaan op	*se fier à*
het oordeel	*le jugement*

Le paysage audiovisuel

Aux Pays-Bas, le paysage audiovisuel est assez complexe. Le temps d'antenne des chaînes publiques – Nederland 1, 2 et 3 – est partagé entre différentes associations de radio et de télévision, dont les plus importantes sont : AVRO (neutre), TROS (neutre), VARA (socialiste), VPRO (progressiste), NCRV (protestante) et KRO (catholique). Ces associations sont issues des clivages traditionnels qui divisent la société néerlandaise : nous en avons parlé à propos des médias page 244. Ainsi les programmes se font-ils le reflet de la variété des opinions, qui ne peut échapper à l'observateur attentif.

Depuis 1992, les Néerlandais ont également accès à des chaînes privées. Leur présence confirme, s'il en était besoin, que le temps de la « pilarisation » est aujourd'hui révolu. Par le câble, les familles ont également accès à un grand nombre de chaînes étrangères. C'est en suivant les programmes étrangers sous-titrés et les émissions des télévisions anglaise, américaine, allemande ou française que les jeunes Néerlandais se familiarisent avec les langues étrangères, et en particulier avec l'anglais.

autoévaluation

Exercice 13

Vous racontez à un ami néerlandophone le débat télévisé, transcrit page **249**, sur les enfants et la télévision. Écrivez un texte au discours indirect.

autoévaluation

Exercice 14

Wat vind je zelf? Donnez votre opinion sur la question en rédigeant un petit texte que vous pourriez poster sur le forum de discussion de la chaîne de télévision.

Annexes

Corrigé des exercices

Chapitre 01

3) **a** Hoe heet je? Ik heet Joe Stanfield. Waar kom je vandaan? Ik kom uit Engeland. **b** Wie ben jij? Ik ben Paolo Balti. Waar kom je vandaan? Ik kom uit Italië. **c** Hoe heet jij? Ik heet Hans Petersen. Waar kom je vandaan? Ik kom uit Duitsland. **d** Hoe heet je? Ik heet Karen Lending. Waar kom je vandaan? Ik kom uit Zweden. **e** Wie ben je? Ik ben Nicolas Dubois. Waar kom je vandaan? Ik kom uit Frankrijk.

4) **a** Hoe gaat het? Niet goed. **b** Hoe gaat het? Goed, dank je. **c** Hoe gaat het? Niet goed. **d** Hoe gaat het? Slecht. **e** Hoe gaat het? Goed.

5) **a** Wil je koffie? Ja, graag. **b** Wil je een biertje? Nee, dank je. **c** Wil je wijn? Ja, graag. **d** Wil je thee? Nee, dank je. **e** Wil je water? Ja, graag.

6) **a** zit **b** wil **c** ken **d** ben **e** kom **f** ga **g** bel

7) **a** Ik bel morgen niet. **b** Ik ken Marc niet. **c** Ik ben Mariska niet. **d** Ik kan nu niet. **e** Dit is Anna niet.

Chapitre 02

2) **a** Hij is Fransman. **b** Zij is Duitse. **c** Hij heeft twee kinderen. **d** Hij spreekt Frans en Nederlands. **e** Zij spreekt Duits, Nederlands, Engels, Frans en Spaans.

3) Ik ben Gérard Lambert. Ik ben Fransman. Ja, ik heb vier kinderen. Ja, ik spreek vloeiend Nederlands. Ja, ik spreek natuurlijk ook vloeiend Frans. Ik spreek vrij goed Engels.

4) **a** Dit is Wilma Miller. Zij is Duitse. Zij heeft drie kinderen. Zij spreekt Nederlands en natuurlijk ook Duits. **b** Dit is Brad McLain. Hij is Amerikaan. Hij heeft geen kinderen. Hij spreekt Duits en natuurlijk ook Engels. **c** Dit is Chantal Bouquet. Zij is Française. Zij heeft vier kinderen. Zij spreekt alleen Frans.

Chapitre 03

2) **a** Ik woon in een huis. Ja, ik heb een groot huis. **b** Wij hebben twee slaapkamers. Nee, wij hebben geen tuin maar wij hebben wel een balkon. **c** Ja, ik heb een tuin. Ja, ik woon aan het water.

3) Waar woon je? Woon je in een leuke buurt? Wat voor woning heb je? Woon je alleen? Hebben jullie een tuin?

4) Ik woon in Apeldoorn. Het huis heeft vier kamers. Ja, ik zit vlak bij de Veluwe. Ja, ik woon alleen.

5) **a** mijn **b** haar **c** onze **d** uw **e** jullie **f** hun **g** zijn **h** ons

6) **a** IV **b** III **c** II **d** V **e** I

7) **a** Ik woon in Rotterdam. Ik heb een vierkamerwoning. Er is een mooie grote achtertuin. Het huis ligt vlak bij de dierentuin. **b** Ik woon in Haarlem. Ik heb een driekamerwoning. Er zijn twee grote balkons. Het huis ligt vlak bij de duinen. **c** Ik woon in Groningen. Ik heb een vijfkamerwoning. Er is een mooie open keuken. Het huis ligt vlak bij het centrum. **d** Ik woon in Apeldoorn. Ik heb een vierkamerwoning. Er is een comfortabele woonkamer. Het huis ligt vlak bij de Veluwe. **e** Ik woon in Purmerend. Ik heb een tweekamerwoning. Er is een grote slaapkamer. Het huis ligt vlak bij Amsterdam.

8) **a** Un appartement supérieur de luxe, rénové. **b** Un grand séjour, une cheminée, une cuisine ouverte, une salle de bains de luxe, trois chambres à coucher. **c** 150 mètres carrés.

Chapitre 04

2) **a** Ik heb wit brood nodig. **b** Ik heb melk nodig. **c** Ik heb boter nodig. **d** Ik heb druiven nodig. **e** Ik heb suiker nodig. **f** Ik heb kaas nodig. **g** Ik heb hagelslag nodig. **h** Ik heb aardappels nodig. **i** Ik heb bruin brood nodig. **j** Ik heb chips nodig.

3) **a** jullie **b** zij **c** zij **d** u **e** hij **f** jij **g** ik **h** wij

4) **a** je **b** hij **c** ze **d** ik, jij **e** jullie **f** ze **g** zij, ik **h** je

5) **a** Hoeveel tomaten hebben we nodig? We hebben anderhalf pond tomaten nodig. **b** Hoeveel citroenen hebben we nodig? We hebben drie citroenen nodig. **c** Hoeveel jonge kaas hebben we nodig? We hebben vier ons jonge kaas nodig. **d** Hoeveel koffie hebben we nodig? We hebben twee pakken koffie nodig. **e** Hoeveel wijn hebben we nodig? We hebben vier flessen wijn nodig. **f** Hoeveel bier hebben we nodig? We hebben een krat bier nodig. **g** Hoeveel chips hebben we nodig? We hebben twee zakken chips nodig. **h** Hoeveel halfvolle melk hebben we nodig? We hebben een pak halfvolle melk nodig.

6) **a** wil **b** mag **c** kan **d** moeten **e** kan **f** wil **g** kunnen **h** moet

7) **a** Ja, ik mag van mijn baas thuis werken. **b** Ja, ik moet vaak de afwas doen. **c** Ja, je kan vanmiddag op visite komen. **d** Ja, we willen melk in de koffie. **e** Ja, jullie mogen hier roken *(ou* : Ja, je mag hier roken.*)* **f** Ja, ik wil het huis ook echt kopen. **g** Ja, ik kan de computer zelf repareren. **h** Ja, je moet het programma voor me opnemen.

Chapitre 05

2) **a** Pardon, meneer. Waar is het toilet? **b** Pardon, mevrouw. Weet u waar het postkantoor is? **c** Is er hier een parkeergarage? **d** Pardon, meneer. Weet u de weg naar de Langestraat? **e** Pardon, mevrouw. Bent u hier bekend? Ik zoek een bank. **f** Pardon. Waar is het ziekenhuis?

3) **a** U moet bij de stoplichten links af. **b** We willen een dvd-speler. **c** Ze kan niet naar het feest. **d** Wil je een hond? **e** Het rapport moet morgen naar het hoofdkantoor. **f** Mag ik nog een koekje? **g** Ze willen vroeg naar huis. **h** Remco en ik moeten

naar Antwerpen.

4) **a** maar **b** want **c** en **d** maar **e** en **f** of **g** en

5) **a** moet – pas d'inversion **b** loopt – inversion **c** ziet – inversion **d** moet – inversion

6) **a** Morgen gaan we naar het strand. **b** Vaak heeft hij hoofdpijn. **c** In Italië hebben ze een tweede huis. **d** Op de snelweg rijdt hij altijd te snel. **e** De keuken moet je schoonmaken. **f** Vandaag kan hij zijn e-mails niet lezen. **g** Voor de spits wil ze vertrekken. **h** Dit jaar willen we ons huis verven.

7) **a** Wij moeten vandaag werken. / Vandaag moeten wij werken. **b** Wil je morgen ook naar de bioscoop? **c** Wij gaan in februari op vakantie. / In februari gaan wij op vakantie. **d** U moet bij de stoplichten rechtsaf. / Bij de stoplichten moet u rechtsaf. **e** Weet u de weg naar het Rijksmuseum? **f** Ik kan niet komen want ik moet naar de dokter. **g** Waar komen je vader en moeder vandaan? **h** Ik moet morgen mijn computer repareren. / Morgen moet ik mijn computer repareren.

8) **a** vierde **b** derde **c** vijfde **d** dertiende **e** achtste

9) **a** het ziekenhuis **b** het museum **c** het café **d** de school

Chapitre 06

2) **a** Houdt Milva van politiek? **b** Houden Esther en Fred van klassieke muziek? **c** Houdt Marius van kranten lezen? **d** Houden Bill en Nancy van zwemmen? **e** Houden Frédérique en haar kinderen van schoonmaken? **f** Hou jij van literatuur?

3) **a** Ja, Milva houdt van politiek. / Nee, Milva houdt niet van politiek. **b** Ja, Esther en Fred houden van klassieke muziek. / Nee, Esther en Fred houden niet van klassieke muziek. **c** Ja, Marius houdt van kranten lezen. / Nee, Marius houdt niet van kranten lezen. **d** Ja, Bill en Nancy houden van zwemmen. / Nee, Bill en Nancy houden niet van zwemmen. **e** Ja, Frédérique en haar kinderen houden van schoonmaken. / Nee, Frédérique en haar kinderen houden niet van schoonmaken. **f** Ja, ik hou van literatuur. / Nee, ik hou niet van literatuur.

4) **a** Vindt Johan Indonesisch eten lekker? **b** Vinden Julie en Micha fietsen leuk? **c** Vinden jullie soaps op de tv saai? **d** Vindt Michaels zus fotografie interessant? **e** Vind jij sporten leuk? **f** Vinden je ouders de schilderijen van Rembrandt mooi?

5) **a** deze/die **b** dit/dat **c** deze/die **d** deze/die **e** deze/die **f** dit/dat **g** dit, dat **h** deze/die

6) **a** Felipe draagt een blauwe broek, een wit T-shirt en een groene stropdas. **b** Marja draagt een rode jurk, gouden oorbellen en een zwarte bril. **c** Marc draagt een donker pak, een lichte stropdas en een gouden horloge. **d** Jurgen draagt een zwart T-shirt, een gele korte broek en witte sokken. **e** Alice draagt een groene rok, een roze blouse en een gele bril. **f** Karin draagt een bruine broek, zwarte schoenen en een zilveren ring. **g** Joop draagt een grijze broek, een blauw overhemd en een oranje stropdas.

h Miranda draagt een witte jurk, roze schoenen en plastic oorbellen.

8) a Wil je dit dunne boek kopen of dat dikke? b Wil je deze goedkope poster kopen of die dure? c Wil je deze grote bank kopen of die kleine? d Wil je dit gouden horloge kopen of dat zilveren? e Wil je deze hoge tafel kopen of die lage? f Wil je deze snelle computer kopen of die langzame? g Wil je deze groene gordijnen kopen of die blauwe? h Wil je dit moderne schilderij kopen of dat klassieke?

9) Ik ga dinsdag boodschappen doen. Ik ga woensdag de auto wassen. Ik ga donderdag squashen met Erik. Ik ga vrijdag koffie drinken bij Remco. Ik ga zaterdag het huis schoonmaken. Ik ga zondag met de hond op het strand wandelen.

Chapitre 07

1) a David vertrekt van station Haarlem. b Hij gaat naar Amsterdam CS (Centraal Station). c Het kaartje kost € 6,70. d Het is een retourtje.

2) a perron b Amsterdam Rotterdam (ou Rotterdam Amsterdam) c sneltram d uitchecken e laat.

3) a Het is acht uur. b Het is half vier. c Het is tien voor half elf. d Het is kwart voor één. e Het is vijf over half zes. f Het is kwart over twee.

4) a De trein naar Den Haag Holland Spoor (HS) vertrekt om 17.26. b De trein is om 18.11 in Den Haag. c U moet de trein van 17.40 nemen. d De trein naar Voorschoten vertrekt om 17.29. e U moet de trein van 17.26 nemen. f Nee, er gaat geen trein van Haarlem naar Schiphol. g Van station Amsterdam RAI. h De volgende stoptrein van Leiden naar Den Haag Centraal (CS) vertrekt om 18.02.

5) b te c te f te g te h te j te ; *pas de* te *pour* a, d, e, i.

6) a naar, welke b over, te c waar d wil e mag f hoeft

7) Mag ik een retourtje Groningen? - Hoe laat vertrekt de trein? - Hoe laat is het? - Moet ik overstappen om naar het ziekenhuis te gaan? - Kunt u me waarschuwen als we er zijn? - Hoe laat vertrekt de bus?

8) a Waar is de krantenkiosk? / Waar kan ik kranten en tijdschriften kopen? b Waar is de fietsenstalling? / Waar kan ik mijn fiets stallen? c Waar is de telefooncel? / Waar kan ik bellen? d Waar is de bushalte? / Waar kan ik de bus nemen? e Waar is de restauratie? / Waar kan ik iets eten en drinken? f Waar is het wisselkantoor? / Waar kan ik geld wisselen?

Chapitre 08

2) Ja, ik heb genoten. - Ik ben in Amsterdam geweest. - Ik ben naar het Rijksmuseum geweest en ik heb een toneelstuk gezien. - Ja, het is me prima bevallen.

3) a ben - geweest b hebben - gekocht c hebben - gefietst d zijn - gefietst e zijn - gegaan f hebben - gegeten - gedronken g hebben - geboekt h hebben - getroffen i heeft - gelezen j hebben - gepraat k zijn - gerend l hebben - gerend

m Heeft - verteld **n** hebben - ontmoet **o** heb - beloofd **p** hebben - gereisd **q** Heb - gestudeerd

4) **a** Wanneer zijn Beatrix en Claus getrouwd? **b** Wie heeft de Rietveldstoel gemaakt? **c** Wie heeft de paalwoningen gebouwd? **d** Wanneer is Nederland Europees kampioen geworden? **e** Wanneer heeft Rembrandt de *Nachtwacht* geschilderd? **f** Wie heeft koningin Beatrix gekust?

5) **a** Ik ben naar Engeland geweest. Ik heb in Londen de Big Ben bezocht. Ik heb de Theems gezien. Ik heb ook wat thee gekocht. Ik heb fish and chips gegeten. **b** Ik ben naar Italië geweest. Ik heb in Florence de kathedraal bezocht. Ik heb veel oude kerken en schilderijen gezien. Ik heb wat souvenirs gekocht. Ik heb pizza gegeten. **c** Ik ben naar Amerika geweest. Ik heb in New York het Empire State Building bezocht. Ik heb veel moderne architectuur gezien. Ik heb ook een T-shirt gekocht. Ik heb bagels gegeten.

7) Ce matin : nuageux. Cet après-midi : quelques éclaircies. Ce soir : vent plus fort. Cette nuit : pluie.

8) **a** Nee, het regent niet. **b** Het regent. **c** Nee, het is zacht. **d** Nee, het vriest niet. **e** Het is 1 graad. **f** Malaga is de warmste plaats in Europa.

Chapitre 09

2) **a** IV **b** VII **c** III **d** II **e** I **f** V **g** VI

3) **a** Ik koop kaartjes om naar de opera te gaan. **b** Jan fietst hard om op tijd thuis te zijn. **c** Ik wil naar de winkel om een fles wijn te kopen. **d** Anneke koopt een krant om hem te lezen. **e** We gaan naar het postkantoor om postzegels te kopen. **f** We gaan naar de VVV om informatie te vragen.

4) **a** hem **b** mij **c** hen/hun **d** haar **e** hem **f** jou/je **g** ons **h** jullie **i** ze **j** hen/hun/ze **k** ze **l** hem

5) **k**, **e**, **c**, **j**, **f**, **a**, **d**, **b**, **h**, **i**, **g**.

6) **a** komen binnen **b** aangestoken **c** hangen ... op **d** meegebracht **e** weg ... gaan **f** weggegaan **g** nadenken **h** na ... denken **i** weggezet

Chapitre 10

2) **a** Vanavond kom ik thuis. **b** Overmorgen ga ik naar Brussel. **c** In het najaar verhuis ik. **d** Vanmiddag wil ik op de koffie komen. **e** 's Ochtends zwem ik. **f** In mei moet ik examen doen.

3) **a** Ik leer pas vier maanden Nederlands. **b** Ik werk al vijf jaar bij dat bedrijf. **c** Ik heb al een week vrij. **d** We zijn pas drie jaar getrouwd. **e** Ik schrijf al twintig jaar poëzie. **f** Ik heb m'n/mijn zus al acht maanden niet gezien. **g** Onze kinderen zijn pas anderhalve week op vakantie. **h** Ik sta hier pas tien minuten te wachten.

4) **a** Jolanda deed een cursus kalligrafie. **b** Geert en Hanifa woonden nog samen in dat appartementje in Rotterdam. **c** Masima gaf les op een middelbare school. **d** Ik ging vaak naar concerten en het theater. **e** Hanneke zat een jaar lang voor haar studie in het buitenland. **f** Eelkert werkte meestal niet.

5) **a** Hij had een grote tuin. **b** Hij werkte als grafisch ontwerper. **c** Hij ging vaak uit. **d** Hij maakte veel vrienden. **e** Hij verdiende veel geld. **f** Hij kreeg weinig vakantie. **g** Hij at in restaurants. **h** Hij sprak veel Frans.

6) **a** die **b** die **c** dat **d** die **e** dat **f** die **g** dat **h** die

7) **a** De cd die ik wil kopen, kost € 14. **b** Het horloge dat ik wil kopen, kost € 125. **c** Het T-shirt dat ik wil kopen, kost € 21. **d** De tafel die ik wil kopen, kost € 249. **e** De lamp die ik wil kopen, kost € 38,99. **f** Het overhemd dat ik wil kopen, kost € 27,25. **g** De fiets die ik wil kopen, kost € 230. **h** Het huis dat ik wil kopen, kost te veel.

Chapitre 11

2) Voici un exemple de dialogue : – Heb je zin om naar de bioscoop te gaan? – Nee, dat lijkt me niet zo leuk. Zullen we naar de dierentuin gaan? – Nee, daar heb ik geen zin in. Wil je naar het museum gaan? – Nee, daar ben ik niet in geïnteresseerd. Laten we naar het park gaan. – Ja, een goed idee, dat lijkt me leuk.

3) **a** Hij verslaapt zich vaak. **b** Zij heeft zich nog nooit verslapen. **c** De kinderen hebben zich niet goed gedragen. **d** Ik verbaas me over de verkiezingsuitslag. **e** Herinner jij je onze leraar Frans nog? **f** Wij hebben ons op het feest goed geamuseerd. **g** Verveel jij je nooit tijdens de zomervakantie?

4) Voici des exemples de solutions : Renate houdt niet van rode wijn maar wel van zeer zoete witte wijn. Kim vindt rode soepele en fruitige wijn even lekker als droge witte wijn. Hij vindt zoete witte wijn niet lekker. Remi vindt aperitieven net zo lekker als zoete witte wijn. Hij houdt meer van zoete witte wijn dan van droge witte wijn.

5) **a** Ik heb niet naar dat tv-programma gekeken. **b** Ik vind rode wijn niet lekker. **c** Hij heeft dat boek niet gelezen. **d** Het verhaal dat ik gelezen heb, is niet leuk. **e** Mijn moeder komt morgen niet op bezoek. **f** Ik durf niet alleen in het donker naar huis te gaan. **g** Zit niet steeds met je vriendin te praten.

6) **a** geen - wel **b** nooit **c** niet **d** geen - wel **e** geen **f** nooit

7) **a** lijkt **b** vind **c** dol **d** zich **e** allebei **f** anders

8) Marius bestelt een omelet met spek en een versgeperste jus d'orange. Jobje krijgt een glas melk en een kinderpannenkoek. Herman bestelt een boerenomelet met salade en alcoholvrij bier. Saskia wil een Franse uiensoep, Franse cider en een Franse koffie toe.

9) Nee, ik hou niet van pannenkoeken. Ik heb liever iets met een slaatje erbij. – Nee ik heb geen zin in een pannenkoek. – Ja, dat lijkt me lekker. – Ik heb wel zin in bier, maar ik durf geen alcohol te nemen. – Ik vind Franse cider lekker. – Zullen we bestellen?

Chapitre 12

2) **a** Met Theo Bakker. Zou ik meneer Winkelman kunnen spreken? (*ou* Kan ik meneer Winkelman even spreken?) **b** Met Desiree van Manen. Kunt u me

doorverbinden met toestel 153? (*ou* Mag ik toestel 153?) **c** Met (*votre nom*). Kan ik even met meneer Smit spreken? (*ou* Zou ik meneer Smit kunnen spreken?) – Ogenblikje. Het toestel is in gesprek. **d** Met Marja Kruishout. Is Bernadette er? – Momentje (*ou* Ogenblikje). **e** Met Berghuis. – Met Özlem. Is Ingrid er? – Ik zal haar even (voor je) roepen. **f** Met Elsa Hofman. – Dag Elsa, met Yannick. Is Myrthe thuis? – Ja. – Mag ik haar even (spreken)?

3) **a** Zou je ook een kopje koffie voor mij willen meenemen? **b** Zou je de telefoon willen opnemen? **c** Zou ik uw pen kunnen lenen? **d** Zou jij de afwas willen doen? **e** Zou jij de wc willen schoonmaken? **f** Zou jij het gras willen maaien? **g** Zou jij me een glaasje wijn willen inschenken? **h** Zou u mijn telefoon willen opnemen? **i** Zou jij de vlucht willen boeken?

4) **a** Ik dacht dat jij de gegevens zou opzoeken? **b** Ik dacht dat jullie naar Griekenland zouden gaan? **c** Ik dacht dat je naar de bioscoop zou gaan? **d** Ik dacht dat jij een afspraakje zou hebben met je nieuwe vriendje? **e** Ik dacht dat jij een e-mail zou sturen naar Nienke? **f** Ik dacht dat u me zou doorverbinden met de manager?

5) **a** Je zou harder moeten werken. **b** Je zou je rijbewijs moeten halen. **c** Je zou haar wat vaker moeten bellen. **d** Jullie zouden afspraakjes met elkaar moeten maken. **e** Ze zouden wat minder moeten snoepen. **f** Hij zou een pruik moeten kopen. **g** Je zou naar de sportschool moeten gaan. **h** Ze zouden yoga moeten doen.

7) **a** Als ik de loterij won/zou winnen, zou ik een jaar lang op vakantie gaan. **b** Als ik een nieuwe studie kon volgen/zou kunnen volgen, zou ik Swahili gaan studeren. **c** Als ik terug in de tijd kon/zou kunnen, zou ik Rembrandt vragen een portret van me te schilderen. **d** Als ik nu op een andere plaats kon zijn/zou kunnen zijn, zou ik op een terrasje op een Grieks eiland willen zitten. **e** Als ik een eigen huis kon laten bouwen/zou kunnen laten bouwen, zou ik een beroemde architect opdracht geven een huis op Texel te bouwen. **f** Als ik een afspraakje met een beroemde ster kon hebben/zou kunnen hebben, zou ik met Zinedine Zidane uit willen gaan. **g** Als ik een dief een auto zag stelen/zou zien stelen, zou ik de politie bellen. **h** Als ik de koningin mocht ontmoeten/zou mogen ontmoeten, zou ik haar gewoon een hand geven. **i** Als iemand me vroeg mee te doen aan een tv-show/zou vragen mee te doen aan een tv-show, zou ik een gat in de lucht springen.

9) (Het was) fantastisch. – (Over) Van alles en nog wat. – Nee, ze was nog precies hetzelfde. – Nou en of! – Ik kreeg vanochtend al een telefoontje van haar. Misschien komt ze volgende maand. – Ja, het was echt leuk. Zeg ik moet nu weg. Ik bel je nog wel. – Ja, ok. Bedankt voor het belletje/het telefoontje. Tot horens.

10) om - in - in - met - om - met - bij - op - in - uit - over - na - uit - naar - op - naar - in - van - naar - om

11) **a** onder **b** tussen **c** voor/naast **d** langs **e** aan **f** in - aan **g** onder **h** op **i** in **j** aan - aan **k** naast

12) **a** waarmee **b** waarmee **c** waar **d** met wie **e** waarover **f** waaraan **g** met wie **h** waarvoor

13) **a** Ja, ik luister ernaar. **b** Ja, ik ben eraan toegekomen. **c** Ja, ik rijd er vaak mee. **d** Ja, ik heb eronder gekeken. **e** Ja, ik kan erbij. **f** Ja, ik heb ermee geschreven. **g** Ja, ik heb er goed naar gekeken.

14) **a** Nee, ik luister er niet naar. **b** Nee, ik ben er niet aan toegekomen. **c** Nee, ik rijd er niet vaak mee. **d** Nee, ik heb er niet onder gekeken. **e** Nee, ik kan er niet bij. **f** Nee, ik heb er niet mee geschreven. **g** Nee, ik heb er niet goed naar gekeken.

15) **a** Ja, ik heb er een hekel aan. / Nee, ik heb er geen hekel aan. **b** Ja, ik hou ervan. / Nee, ik hou er niet van. **c** Ja, ik hou ervan. / Nee, ik hou er niet van. **d** Ja, ik vertrouw erop. / Nee, ik vertrouw er niet op. **e** Ja, ik besteed er veel tijd aan. / Nee, ik besteed er niet veel tijd aan. **f** Ja, ik besteed er veel geld aan. / Nee, ik besteed er niet veel geld aan. **g** Ja, ik leer er veel uit. / Nee, ik leer er niet veel uit. **h** Ja, ik werk er graag mee. / Nee, ik werk er niet graag mee.

16) **a** Ja, ik heb daar een hekel aan. / Nee, ik heb daar geen hekel aan. Daar heb ik een/geen hekel aan. **b** Ja, ik hou daarvan. / Nee, ik hou daar niet van. Daar hou ik (niet) van. **c** Ja, ik hou daarvan. / Nee, ik hou daar niet van. Daar hou ik (niet) van. **d** Ja, ik vertrouw daarop. / Nee, ik vertrouw daar niet op. Daar vertrouw ik (niet) op. **e** Ja, ik besteed daar veel tijd aan. / Nee, ik besteed daar niet veel tijd aan. Daar besteed ik (niet) veel tijd aan. **f** Ik besteed daar veel geld aan. / Nee, ik besteed daar niet veel geld aan. Daar besteed ik (niet) veel geld aan. **g** Ja, ik leer daar veel uit. / Nee, ik leer daar niet veel uit. Daar leer ik (niet) veel uit. **h** Ja, ik werk daar graag mee. / Nee, ik werk daar niet graag mee. Daar werk ik (niet) graag mee.

17) **a** Je hebt hem voor de zekerheid of voor de lol of voor je werk. **b** Omdat iedereen er een heeft. **c** Niet de allerkleinste en allerduurste die er is. **d** Dan kan je niet meer zonder. **e** Hij belt eigenlijk niet zo vaak. Hij besteedt het vooral aan sms'jes. **f** Omdat als je eenmaal met iemand aan het sms'en bent dan blijf je aan de gang.

Chapitre 13

1) **a** Ieder mens is uniek qua talent, persoonlijkheid en capaciteiten. **b** Dat betekent dat ieder mens anders op veranderingen reageert. **c** De één vindt een nieuwe situatie een uitdaging terwijl de ander het een bedreiging vindt. **d** Ze kijken eerst naar de wensen, talenten en motivatie van de medewerkers. **e** Zo krijgt iedere medewerker precies het advies en de training die hij of zij nodig heeft.

2) Ieder mens (*sujet*) is (*verbe conjugué*) uniek qua talent, persoonlijkheid en capaciteiten. Dat (*sujet*) betekent (*verbe conjugué*) dat ook ieder mens (*sujet*) anders op veranderingen reageert (*verbe conjugué*). De één (*sujet*) vindt (*verbe conjugué*) een nieuwe situatie een uitdaging, terwijl de ander (*sujet*) het een bedreiging vindt (*verbe conjugué*). Bij Personeelsadvies op maat kijken (*verbe conjugué*) we (*sujet*) daarom eerst naar de wensen, talenten en motivatie van uw medewerkers. Zo krijgt (*verbe conjugué*) iedere medewerker (*sujet*) precies het advies en de training die hij of zij (*sujet*) nodig heeft (*verbe conjugué*). Onze trainers (*sujet*) zijn (*verbe conjugué*) zeer ervaren professionals die (*sujet*) snel tot de essentie doordringen (*verbe conjugué*).

3) ... die hij of zij nodig heeft. ... die snel tot de essentie doordringen.

4) Wij hebben op onze school al wel veel ervaring hiermee (*principale*) omdat we al 25 jaar lesgeven in alle vakken aan kinderen (*subordonnée*) voor wie het Nederlands geen moedertaal is (*relative dans la subordonnée*). We hebben hier kinderen (*principale*) die uit Turkije, Suriname, Indonesië en andere landen komen (*subordonnée relative*). Kinderen en ouders kiezen deze school (*principale*) omdat het praktisch nut heeft (*subordonnée*). Het is handig om Nederlands en Engels te spreken (*principale*). Voordat we de kinderen op deze school toelaten (*subordonnée*), vragen we altijd naar hun motivatie (*principale*). Ze moeten niet alleen naar deze school komen (*principale*), omdat hun ouders dat graag willen (*subordonnée*). Veel kinderen komen hier (*principale*) omdat ze later een internationaal beroep willen hebben (*subordonnée*). Ze willen acteur of computerprogrammeur worden (*principale*). Het is dan een voordeel (*principale*) als je goed Engels spreekt (*subordonnée*).

5) **a** Omdat ze al 25 jaar lesgeven in alle vakken aan kinderen voor wie het Nederlands geen moedertaal is. **b** Omdat het praktisch nut heeft; het is handig om Nederlands en Engels te spreken. **c** De kinderen moeten niet alleen naar deze school komen omdat hun ouders dat graag willen. **d** Het is dan een voordeel als je goed Engels spreekt.

6) **a** Het was alsof ik hem eerder gezien had. **b** Ik heb die parasol niet gekocht omdat ik hem te duur vond. **c** Ik vind het zo leuk als ik iemand op straat Nederlands hoor praten. **d** Ik moet mijn moeder bellen omdat het niet goed met haar gaat. **e** Mijn vader ging altijd met me voetballen als hij maar even tijd had.

7) **a** terwijl **b** hoewel **c** hoewel **d** als **e** toen **f** omdat **g** voordat

8) **a** Terwijl Meta thuis bleef met hun dochter, ging Harry met zijn zoon op vakantie. **b** Hoewel hij pas 15 is, gaat Kim alleen met zijn vrienden op vakantie. **c** Hoewel sommige van hun vrienden drugs gebruiken, maakt Adrie zich geen zorgen over haar tieners. **d** Als ik voor mijn achttiende nog steeds niet rook, krijg ik een auto van mijn ouders. **e** Toen ik 21 was, ontmoette ik mijn grote liefde. **f** Omdat we elkaar respecteren, hebben we een goede relatie. **g** Voordat ik zwanger raak, wil ik eerst een carrière hebben.

9) Kun je in het openbaar spreken? – Ik kan dat een beetje. / Kun je andere meningen respecteren? – Ik ben daar goed in. *ou* Ik kan dat goed. / Kun je goed naar anderen luisteren? – Ik kan dat redelijk goed. *ou* Ik ben daar redelijk goed in. / Kun je op een vriendelijke manier nee zeggen? – Ik kan dat helemaal niet. *ou* Ik ben daar helemaal niet goed in. / Kun je je makkelijk aan nieuwe situaties aanpassen? – Ik kan dat redelijk goed. *ou* Ik ben daar redelijk goed in. / Kun je effectief onderhandelen? – Ik kan dat een beetje. / Kun je effectief en overtuigend argumenteren? – Ik kan dat redelijk goed.

ou Ik ben daar redelijk goed in. / Kun je problemen analyseren? – Ik kan dat goed. *ou* Ik ben daar goed in. / Kun je anderen inspireren? – Ik kan dat heel erg goed. *ou* Ik ben daar heel erg goed in.

13) **a** Je kijkt naar je eigen capaciteiten en problemen en je leert hoe je je tijd beter kan indelen, hoe je je eigen doelen kan kiezen, hoe je een probleem kan analyseren en hoe je assertief kunt zijn. **b** Eigenlijk omdat haar baas het wil en betaalt, maar ook omdat ze vindt dat het haar (zelf) helpt. **c** Dat je alleen maar met jezelf bezig bent en niet met je werk. **d** Zij vindt het juist goed om over jezelf na te denken en dat helpt je juist in je werk.

14) De voordelen van deze cursus zijn dat je naar je eigen capaciteiten en problemen kijkt. Je leert hoe je je tijd beter kan indelen, hoe je je eigen doelen kan kiezen, hoe je een probleem kunt analyseren en aanpakken en hoe je assertief kunt zijn. Het is ook een voordeel dat je jezelf wel leert kennen tijdens deze cursus. Je leert over jezelf nadenken en dat helpt je in je werk. Een nadeel is misschien dat je wel erg intensief met jezelf bezig bent.

16) **a** Zij is na de geboorte van haar oudste zoon in deeltijd gaan werken/Na de geboorte van haar oudste zoon is zij in deeltijd gaan werken. **b** Zij vindt lesgeven erg leuk en dat gaat haar na zoveel jaar ook makkelijk af. Ze kan goed met haar collega's overweg. Ze heeft genoeg tijd voor haarzelf en de kinderen. Ze wordt gewaardeerd en gerespecteerd. **c** Het lijkt haar een logische stap en haar collega's verwachten dat ook van haar. **d** Haar deeltijdpartner wil niet samen met haar op die baan solliciteren en zij is er eigenlijk nog niet aan toe om weer voltijds te gaan werken. **e** Zij moet een keus maken tussen voltijds werken en deeltijd werken en zij moet beslissen of zij de logische stap naar een managementpositie wil zetten met alle bijbehorende voor - en nadelen van dien. **f** 1) Zij kan de baan in deeltijd gaan doen. Zij kan in haar sollicitatie aangeven dat zij de baan in deeltijd wil gaan doen of ze kan een andere deeltijdpartner zoeken met wie ze op deze baan solliciteert. 2) Zij hoeft niet nu te solliciteren, ze kan een baan als hoofd nog even uitstellen. Misschien kan ze nu extra taken aannemen die haar alvast voorbereiden op zo'n functie. 3) Zij moet bepalen of zij wel een baan als hoofd wil. Zij moet ook bepalen of de voldoening of de financiële beloning wel opweegt tegen de nadelen en de stress die deze baan met zich meebrengt. **g** Zij moet vooral goed naar zichzelf luisteren. Ze moet zich niet door anderen gek laten maken.

17) U heeft drie mogelijkheden: 1) U kan de baan in deeltijd gaan doen. U kan in uw sollicitatie aangeven dat u de baan in deeltijd wil gaan doen of u kan een andere deeltijdpartner zoeken met wie u op deze baan solliciteert. Het voordeel hiervan is dat u in deeltijd kunt blijven werken en tijd hebt voor de kinderen. Het nadeel hiervan is dat de kans groot is dat u uiteindelijk een driekwart baan doet en maar voor een halve baan betaald krijgt. 2) U hoeft niet nu te solliciteren, u kan een baan als hoofd nog even uitstellen.

Misschien kan u nu extra taken aannemen. De voordelen hiervan zijn dat u zich alvast kan voorbereiden op zo'n functie en u kunt dan tevens zien of zo'n managementbaan u aantrekt. Uw kinderen zijn dan ook weer iets ouder. Het nadeel hiervan is dat u nu misschien een goede kans maakt op de baan. 3) U moet bepalen of u wel een baan als hoofd wil. U hoeft dus niet op de baan te solliciteren. Het voordeel hiervan is dat u veel dingen die u leuk vindt niet hoeft in te leveren en u zult tijd voor uzelf over hebben. U zult ook minder stress hebben. Het nadeel is dat een baan als hoofd ook voldoening of een financiële beloning met zich meebrengt. Ik raad u aan om goed naar uzelf te luisteren en u moet zich niet door anderen gek laten maken. U moet uiteindelijk die baan doen.

18) Voici l'exemple de dialogue proposé sur l'enregistrement :

Mariëlle	Tja, ik wil graag advies. Ik weet niet of ik op een baan als hoofd van een school zal solliciteren of niet?
Yvo	Laten we bij het begin beginnen. Je werkt nu op een school als docent?
Mariëlle	Ja, ik werk al 13 jaar op dezelfde basisschool, eerst voltijds, maar na de geboorte van mijn oudste zoon ben ik in deeltijd gaan werken.
Yvo	Mmm, en heb je het nog steeds naar je zin daar?
Mariëlle	Ja, eigenlijk wel. Ik vind lesgeven erg leuk en dat gaat me ook wel makkelijk af na zoveel jaar. Ik vind ook het contact met mijn collega's en de kinderen op school erg leuk.
Yvo	Waarom zou je op een baan als hoofd solliciteren?
Mariëlle	Nou ja, 't hoofd van de school waar ik nu werk gaat weg. Het lijkt een logische stap dat ik op zijn baan solliciteer. En mijn collega's verwachten dat ook van me. Maar mijn deeltijdpartner wil niet samen met mij op die baan solliciteren en ik weet niet of ik weer voltijds wil gaan werken.
Yvo	Ja, dat is geen makkelijke beslissing. Je moet eigenlijk twee beslissingen maken. Ten eerste: wil je voltijds of in deeltijd gaan werken en ten tweede: wil je eigenlijk wel een baan op managementsniveau?
Mariëlle	Tja, eigenlijk weet ik dat niet. Daarom ben ik hier.
Yvo	Goed. Je moet jezelf eerst een paar vragen stellen. Om te beginnen wat voor kwaliteiten heb je nodig voor een baan als hoofd en... heb je die kwaliteiten ook in huis?
Mariëlle	Ja, dat is nu juist het probleem. Ik weet niet waar ik goed in ben.
Yvo	Nou, we beginnen gewoon met een lijstje invullen. Je moet hier op aangeven wat je sterkste kanten zijn en welke vaardigheden je hebt.

Mariëlle	Zal ik dat nu doen?
Yvo	Nee, doe het thuis. Dan kun je erover nadenken. Volgende week kijken we naar de voordelen en nadelen van de baan als hoofd. En de week daarna kijken we of er ook alternatieve oplossingen zijn.
Mariëlle	Dankjewel. Ik zal het lijstje invullen. Tot volgende week dan.
Yvo	Ja tot de volgende keer.

21) **a** goh **b** nou **c** even **d** gewoon **e** juist **f** alleen maar

Chapitre 14

2) **a** II **b** I **c** II **d** I

3) **a** Ik heb last van duizeligheid. **b** Mijn benen doen zeer (*ou* pijn). **c** Mijn voet doet pijn (*ou* zeer). **d** Ik heb keelpijn. **e** Mijn oog is ontstoken. **f** Ik ben misselijk. **g** Ik moet veel hoesten.

4) **a** Ik heb vaak last van hoofdpijn. **b** Ik slaap vaak heel slecht. **c** Ik heb het erg druk op mijn werk. **d** Ik ben van plan om een yogacursus te (gaan) volgen.

5) Ik moet veel hoesten. – Ik heb een beetje verhoging. – Ik voel me niet zo lekker. Ik ben misselijk. – Ik kan niets eten.

6) **a** Een jongen is aan het voetballen. **b** Een jongen is een boek aan het lezen. **c** Een man is met zijn hond aan het wandelen. **d** Een vrouw is aan het fietsen. **e** Een hond is aan het rennen. **f** Een meisje is aan het zingen. **g** Een meisje is aan het dansen. **h** Een kat is een vogeltje aan het opeten.

7) **a** Ik was net schoenen aan het kopen. **b** Ik was net aan het opruimen. **c** We waren net aan het eten. **d** We waren net aan het vrijen. **e** Ik was net mijn broer aan het bellen. **f** Ik was net in de tuin aan het werken. **g** Ik was net deze oefening aan het maken.

8) **a** Ik begrijp precies hoe je je voelt. - Ik kan me helemaal in u verplaatsen. **b** Het zal hem helpen zijn leven weer in balans te brengen, zodat hij weer kan genieten van zijn relatie met zijn vrouw en kinderen. **c** Wouter Hendriks wil Pascal graag behandelen en begeleiden (zodat hij geld kan verdienen). **d** Zij heeft ook jaren last gehad van moeheid en depressiviteit. **e** Niet zo goed. Haar dokter zei tegen haar dat ze niet zo moest zeuren omdat ze nog zo jong was. **f** Haar advies is (zij raadt Pascal aan) om naar een psycholoog te gaan en om naar een homeopaat te gaan/homeopathie te gebruiken (of om op internet te gaan zoeken).

Chapitre 15

2) **a** Laura : Ik ga straks lekker winkelen. Amina : Ik ga/moet straks winkelen. **b** Amina : Ik ga/moet vanmiddag in de tuin werken. **c** Thecla : Ik moet vanavond mijn belastingformulier invullen. **d** Laura : Ik ga straks lekker computeren. **e** Thecla : Ik ga nu lekker naar een soap kijken. **f** Thecla : Ik ga/moet morgen sporten. Amina : Ik ga/moet vanavond sporten. **g** Laura : Ik ga vanmiddag lekker iets creatiefs doen. **h** Laura : Ik ga morgenochtend lekker bij een vriendin koffie drinken. **i** Laura : Vanmiddag ga ik lekker naar de bios. **j** Thecla : Ik ga straks even lekker internetten. **k** Thecla : Ik ga vanavond lekker iets lekkers koken. **l** Laura : Morgen ga ik lekker mijn kamer schilderen. **m** Amina : Ik ga zondag lekker bij mijn ouders op bezoek.

3) Maar is dat niet lastig? Je hebt bijvoorbeeld een goede computer nodig. / Ja, maar is het wel veilig? / Maar is het niet onpersoonlijk? Je kunt geen vragen stellen. / Nou, voor mij hoeft het niet. Ik ga liever gewoon naar de bank.

5) **a** echt - zin **b** thuis - bezorgen **c** gewoon - anders **d** allerlei - bestellen - af en toe **e** doe **f** (internet) bedrijven

6) Voici l'exemple de dialogue proposé sur l'enregistrement : Thuisbezorgd biedt je veel voordelen. Het is een goed idee als je geen zin hebt om te koken of als je moe bent. – Maar is dat niet lastig? Het is lastig en moeilijk om een computer te gebruiken. – Nee hoor. Het is juist makkelijk te gebruiken. – Maar je hebt weinig keus. – Je kunt eten uit allerlei restaurants bestellen. – Je kan net zo goed naar een restaurant gaan. – Het is goedkoper dan naar een restaurant te gaan.

7) **a** een spaaractie: bij elke bestelling van € 25 krijg je één zegel. Bij inlevering van tien zegels krijg je € 25 korting **b** € 40 **c** patat of gebakken aardappelen, rijst, salade, tzatziki, brood en knoflookboter **d** Nee, niet als je in Amsterdam woont: gratis thuisbezorgd in heel Amsterdam **e** 2x € 14.50: € 29 **f** € 18 (minimum bestelgrootte is € 18).

8) Vous introduisez votre code postal et vous cliquez. Vous choisissez une sorte de restaurant (japonais, grec, etc.). Vous cliquez sur le restaurant de votre choix. Vous cliquez sur une catégorie de plat. Vous ajoutez un accompagnement. Le montant de la commande doit être au minimum de € 18, vous devez donc la compléter. Vous envoyez la commande. Vous ne devez pas payer Porto Griek, parce que *Thuisbezorgd* transmet votre commande au restaurant, et vous payez à la réception.

10) **a** Een verzameling van verschillende verzekeringsproducten/modules. **b** Nee, alleen een aantal verzekeringen doen dit. **c** U verzekert zich misschien dubbel. **d** Of u daar voor een reisverzekering goedkoper uit bent. **e** Dat uw ziektekostenverzekering alle ziektekosten in de VS vergoedt.

11) **a** gehuurd **b** te **c** zeker **d** bij elkaar **e** allemaal **f** uit ... zijn **g** aanschaft **h** dubbel **i** behoorlijk schelen **j** apart **k** hoog **l** volledig **m** natuurlijk

12) **a** Hoe meer Nederlands ik praat, hoe makkelijker ik werk vind. **b** Hoe meer ik over dit onderwerp leer, hoe interessanter ik het vind. **c** Hoe vaker ik buitenlands eten eet, hoe lekkerder ik het vind. **d** Hoe langer ik hier werk, hoe saaier ik het vind. **e** Hoe langer ik hem ken, hoe meer ik hem waardeer. **f** Hoe vaker ik naar voetbal kijk, hoe meer ik het begin te begrijpen.

13) een aanbieding, stukken goedkoper, op die manier spaar je behoorlijk wat uit, korting, spaaractie, goedkoper uit zijn, het kan behoorlijk schelen, dit voordeel kan oplopen tot ...

Chapitre 16

2) Ja, in sommige kranten lees je soms iets over een relletje. (**en**) Je denkt (*principale*) dat het bijna oorlog is. Als je dan hetzelfde verhaal in een andere krant ziet (*subordonnée*), dan wordt er alleen iets gezegd over een klein incident of zo.

3) Martin vindt het nonsens om alleen maar de krant te lezen voor nieuws over mensen en hun relaties of problemen. Hij vindt dat je dan net zo goed een roddelblad kan kopen. Rose koopt soms de Volkskrant, maar ze leest eigenlijk alleen de pagina met nieuws over mensen. Ze is het eens met Martin dat je ook gewoon naar het nieuws kan kijken, want dan weet je ook weer wat er in de wereld is gebeurd. Maar ze vindt niet dat er in alle kranten overdreven verhalen staan. Ze denkt dat het misschien afhangt van welke krant je leest. Juliette vindt ook dat er soms sensationele verhalen in kranten staan. Maar ze is het eens met Rose dat dat afhangt van welke krant je leest. Als je in sommige kranten iets leest over een relletje, dan lijkt het in de ene krant bijna oorlog, terwijl in een andere krant alleen iets gezegd wordt over een klein incident. Ze vindt het, net als Rose, ook leuk om iets over mensen en hun relaties of hun problemen te lezen

5) Voici l'exemple de réponse proposé sur l'enregistrement : Ten eerste moeten we bepalen wat voor vakantie we willen. Willen we een strandvakantie, een actieve vakantie of een avontuurlijke vakantie of zo ... Ten tweede: waar willen we naartoe? Gewoon in ons eigen land blijven of naar het buitenland? Ten derde moeten we ook beslissen waar en hoe we willen overnachten. Bijvoorbeeld in een hotel, of gaan we kamperen of een bungalow huren? Ook moeten we bedenken wat we 's avonds gaan doen; willen we uitgaan naar clubs of willen we juist rustig op terrasjes zitten en vroeg naar bed? Verder moeten we bedenken hoe we er komen. Gaan we vliegen, met de auto of met de bus? En dan ten slotte: hoeveel willen we aan onze vakantie besteden?

6) Om te beginnen moeten we natuurlijk bedenken wat we met dit feest willen bereiken. Is het doel om de onderlinge band te versterken, of om de medewerkers te tonen dat ze gewaardeerd worden? Of willen we bereiken dat we onze collega's beter leren kennen? Of willen we gewoon een fantastische avond hebben? Verder moeten we eerst bekijken wat de verschillende mogelijkheden zijn. Misschien kunnen we hier straks over brainstormen, maar hier zijn een aantal ideeën: ten eerste een diner met daarna entertainment. Bijvoorbeeld, een band of een disco, een avond met karaoke of een creatieve avond met voordrachten en cabaret van de medewerkers. Ten tweede kunnen we misschien iets anders dan anders doen, zoals een avond met een thema. Voorbeelden van thema's kunnen zijn: een oosterse avond met buikdanseressen, of een middeleeuwse avond met zang en dans, of een Amerikaanse avond met hamburgers en line dancing. Ten derde kunnen we een dagje uit met z'n allen. Voorbeelden daarvan zijn een excursie naar de Efteling, of een dagje Londen met de Eurostar of een diner in een kasteel. En ten slotte kunnen we zelfs een

weekend weg met z'n allen. We kunnen bijvoorbeeld naar Parijs, of naar een survivalkamp, of misschien kunnen we een boot huren voor een weekendje op het IJsselmeer.

7) Juliette zegt dat er verschillende soorten kranten zijn. Juliette zegt dat je in de eerste plaats de plaatselijke dagbladen hebt. Juliette zegt dat dat de kranten zijn die in een bepaalde stad of omgeving worden gelezen. Juliette zegt dat een paar voorbeelden daarvan het Haarlems Dagblad en Leidsch Dagblad zijn. Juliette zegt dat die bladen respectievelijk uit Haarlem en Leiden komen. Juliette zegt dat je in de plaatselijke kranten zowel internationaal als landelijk nieuws leest, maar dat er ook veel aandacht aan plaatselijk nieuws besteed wordt. Juliette zegt dat dat vaak nieuws is over de gemeente.

8) Frankrijk telt een aantal landelijke dagbladen of kranten die door het hele land worden verkocht en die binnenlands en buitenlands nieuws bevatten. De belangrijkste zijn *Le Monde*, *Le Figaro*, *Libération* en *Le Parisien*. Daarnaast heb je nog *L'Équipe*, de dagelijkse sportkrant, *Les Échos*, het financiële dagblad, *La Croix*, een christelijk dagblad, en *L'Humanité*, het orgaan van de Franse communistische partij. Behalve deze landelijke dagbladen zijn er nog tal van regionale dagbladen, die het nieuws van een deel van het land verslaan. Deze regionale kranten zijn in Frankrijk buitengewoon goed vertegenwoordigd. Enkele voorbeelden ervan zijn *La Voix du Nord*, *Ouest-France*, *Sud-Ouest*, *La Nouvelle République du Centre-Ouest*, *La Provence*, *Le Dauphiné libéré*, *L'Est républicain* en *Les Dernières Nouvelles d'Alsace*. Naast dagbladen heb je ook nog veel verschillende weekbladen. *L'Express*, *Le Point*, *Le Nouvel Observateur* en *Le Canard enchaîné* zijn de belangrijkste weekbladen met politiek nieuws en actualiteiten.

10) **a** Vroeger aten de Nederlanders alleen maar aardappels. Nu eten ze veel pasta en rijst. **b** U wordt eerst verwelkomd in het kasteel met een kopje koffie. Daarna begint de rondleiding. **c** U kunt een fietstocht maken naar Monnickendam. Daar kunt u genieten van poffertjes of pannenkoeken. **d** Hij heeft een moeilijke jeugd gehad. Althans, dat zegt hij. **e** Eerst gaan we naar de markt. Dan gaan we koffie drinken **f** Ik vind dat concert wel erg duur. Trouwens, ik heb toch geen geld.

13) Gisteren was er een discussie op tv over de vraag of kinderen zelf mogen beslissen naar welke tv-programma's ze kijken. De meeste mensen vonden eigenlijk dat je kinderen zelf moet laten beslissen. Ze zeiden bijvoorbeeld dat als je kinderen gaat verbieden naar bepaalde programma's te kijken, ze er dan juist naar willen kijken. Of dat ze het dan toch stiekem bij een vriendje thuis doen. Iemand zei ook dat ze vond dat kinderen zelf wel kunnen bepalen wat de moeite waard is en dat je kinderen moet leren op hun eigen oordeel af te gaan. Er was maar één man die vond dat tv steeds banaler wordt met veel seks en geweld en dat kinderen daardoor een verkeerd beeld krijgen van de maatschappij. Ik ben het eigenlijk met hem eens. Wat vind jij?

Glossaire de termes grammaticaux

Ce glossaire comprend les principaux termes grammaticaux utilisés dans ce livre, avec une simple et courte définition illustrée par un ou des exemples. Vous pouvez vous reporter aux pages où apparaissent ces termes en utilisant l'index grammatical en fin d'ouvrage. N'hésitez pas à consulter des livres de grammaire pour approfondir vos connaissances.

Adjectif : Mot qui accompagne un nom et le détermine ou le qualifie.
Exemples : **mijn** *mon/ma/mes* ; **tweede** *deuxième* ; **dit** *ce/cette* ; **groot** *grand*

Adjectif attribut : Adjectif qualificatif décrivant un nom duquel il est séparé par un verbe.
Exemple : Het boek is **mooi**. *Le livre est **beau**.*

Adjectif démonstratif : Adjectif placé devant le nom qu'il détermine pour le désigner, le montrer.
Exemple : **deze** auto ***cette** voiture*

Adjectif épithète : Adjectif qualificatif placé directement avant ou après le nom qu'il décrit.
Exemple : het **mooie** boek *le **beau** livre*

Adjectif numéral cardinal : Adjectif, placé devant le nom qu'il détermine, indiquant la quantité, le nombre.
Exemple : Er zijn boven **vier** slaapkamers. *En haut, il y a **quatre** chambres.*

Adjectif numéral ordinal : Adjectif, placé devant le nom qu'il détermine, indiquant un ordre, un classement.
Exemple : U neemt de **eerste** straat rechts. *Vous prenez la **première** rue à droite.*

Adjectif possessif : Adjectif, placé devant le nom qu'il détermine, exprimant la possession.
Exemple : **mijn** keuken ***ma** cuisine*

Adjectif qualificatif : Adjectif qui décrit les caractéristiques du nom qu'il accompagne.
Exemples : **nieuw** *nouveau* ; **wit** *blanc* ; **mooi** *beau*

Adverbe : Mot invariable modifiant le sens d'un verbe, d'un adjectif ou d'un autre adverbe par l'ajout d'une nuance : manière, temps, lieu, fréquence, degré, certitude, etc.
Exemples : **nooit** *jamais* ; **morgen** *demain* ; **snel** *vite*

Adverbe de liaison : Adverbe utilisé pour relier des propositions ou des phrases.
Exemples : **daarom** *c'est pourquoi* ; **ook** *aussi* ; **dan** *puis*

Adverbe interrogatif : Adverbe servant à introduire une question.
Exemple : **Hoe** heet je? ***Comment*** *t'appelles-tu ?*

Article : Mot placé devant un nom qu'il détermine.
Exemples : **de** *le/la/les* ; **het** *le/la* ; **een** *un/une*

Article défini : Article désignant un être ou une chose connus ou déjà identifiés.
Exemple : **de** tuin ***le*** *jardin* ; **de** tuinen ***les*** *jardins*

Article indéfini : Article désignant un être ou une chose que l'on évoque pour la première fois ou dont on ne précise pas l'identité.
Exemple : **een** tuin ***un*** *jardin* ; **een** keuken ***une*** *cuisine*

Auxiliaire (de temps) : Verbe associé à un autre verbe pour former le passé composé (ou un autre temps composé) de ce deuxième verbe.
Exemple : Wij **hebben** een leuke vakantie gehad. *Nous* ***avons*** *passé un agréable séjour.*

Modal : Verbe néerlandais presque toujours associé à un verbe à l'infinitif et qui exprime une nuance (souhait, possibilité, capacité, permission, obligation, nécessité).
Exemple : **Kunt** u me helpen? ***Pouvez****-vous m'aider ?*

Cardinal : Voir **Adjectif numéral cardinal**.

Comparatif d'égalité : Forme de l'adjectif ou de l'adverbe permettant d'établir une comparaison exprimant l'égalité d'un élément avec un autre.
Exemple : De groentesoep is **even lekker als** de tomatensoep. *La soupe aux légumes est* ***aussi bonne que*** *la soupe tomates.*

Comparatif de supériorité : Forme de l'adjectif ou de l'adverbe permettant d'établir une comparaison exprimant la supériorité d'un élément par rapport à un autre.
Exemple : Mijn auto is **sneller dan** jouw auto. *Ma voiture est* ***plus rapide que*** *ta voiture.*

Conditionnel : Mode verbal exprimant l'hypothèse, l'irréel.
Exemple : Als ik de loterij **zou winnen**, **zou** ik **stoppen** met werken. *Si je gagnais à la loterie, j'****arrêterais*** *de travailler.*

Conjonction : Mot qui relie deux mots, deux groupes de mots ou deux propositions.
Exemples : **en** *et* ; **want** *car* ; **dat** *que* ; **voordat** *avant que*

Conjonction de coordination : Conjonction reliant deux mots, deux groupes de mots ou deux propositions principales.
Exemple : Ik heb eigenlijk geen tijd **maar** ik ga toch. *Je n'ai vraiment pas*

*le temps, **mais** j'y vais quand même.*

Conjonction de subordination : Conjonction reliant une proposition subordonnée à une proposition principale.
Exemple : De één vindt een nieuwe situatie een uitdaging, **terwijl** de ander het een bedreiging vindt. *L'un considère une nouvelle situation comme un défi, **alors que** l'autre y voit une menace.*

Démonstratif : Voir **Adjectif démonstratif** ou **Pronom démonstratif**.

De-woord : Nom néerlandais qui prend l'article défini **de**.
Exemple : **de** tuin *le jardin*

Discours indirect : Propos qui ne sont pas cités mot pour mot, mais qui sont rapportés, repris ou évoqués en utilisant un verbe introducteur et la conjonction **dat** (*que*), ou bien un mot interrogatif ou la conjonction **of** (*si*) dans le cas des questions indirectes.
Exemple : Ik weet dat **ik goed ben in problemen analyseren**. *Je sais que **je suis capable d'analyser les problèmes**.*

Het-woord : Nom néerlandais qui prend l'article défini **het**.
Exemple : **het** huis *la maison*

Impératif : Mode verbal qui permet d'exprimer un ordre.
Exemple : **Kom binnen.** *Entre.*

Infinitif : Forme de base du verbe qui ne porte pas d'indication de personne et que l'on trouve dans le dictionnaire.
Exemple : **komen** *venir*

Interjection : Mot invariable et employé isolément, exprimant le plus souvent une réaction vive telle que la surprise, l'admiration, la déception, le regret, etc.
Exemple : **Goh**, wat is dat precies? ***Oh**, qu'est-ce que c'est que ça ?*

Nom indéterminé : Nom néerlandais qui est précédé de l'article indéfini (**een**) ou privé de déterminant (ni article, ni adjectif).
Exemple : Wil je een **appel**? *Tu veux une **pomme** ?*

Ordinal : Voir **Adjectif numéral ordinal**.

Participe passé : Forme verbale qui se place après l'auxiliaire pour former les temps composés tel que le passé composé.
Exemple : Ik heb wijn **besteld**. *J'ai commandé du vin.*

Passé composé : Temps du passé néerlandais exprimant une action ou un état achevés dans le passé, formé d'un auxiliaire de temps (**hebben** ou **zijn**), conjugué au présent, et du participe passé.
Exemple : Wij **hebben** een leuke vakantie **gehad**. *Nous **avons passé** un agréable séjour.*

Passif : Voir **Voix passive**.

Possessif : Voir **Adjectif possessif**.

Préposition : Mot invariable introduisant un complément, qui est souvent un complément de lieu ou de temps.
Exemples : **in** Amsterdam ***à** Amsterdam* ; **met** rode strepen ***avec** des bandes rouges*

Prétérit : Temps du passé néerlandais utilisé pour décrire une action ou un état qui se répète ou qui se prolonge dans le passé, mais aussi pour décrire une action ponctuelle qui a eu lieu dans le passé et qui est terminée.
Exemple : Ik **zat** op een leuke school. *J'**étais** dans une chouette école.*

Principale: Voir **Proposition principale**.

Pronom: Mot qui remplace un nom, un groupe nominal ou une proposition.
Exemples : **u** *vous* ; **jou** *te* ; **zich** *se* ; **wie** *qui* ; **dat** *celui-là/celle-là*

Pronom démonstratif : Pronom employé pour désigner une personne ou un objet bien précis.
Exemple : Wil je deze film zien of **die**? *Tu veux voir ce film-ci ou **celui-là** ?*

Pronom personnel : Pronom utilisé comme sujet d'un verbe (premier exemple) ou comme complément d'objet (deuxième exemple).
Exemples : **Ik** betaal belasting. ***Je** paie des impôts.* ; Mam, kun je **me** helpen? *Maman, tu peux **m'**aider ?*

Pronom réfléchi : Pronom qui accompagne un verbe réfléchi et renvoie au sujet.
Exemples : ik interesseer **me** *je **m'**intéresse* ; hij interesseert **zich** *il **s'**intéresse*

Pronom relatif : Pronom qui introduit une proposition relative.
Exemple : De bank **die** ik zo graag wilde hebben, is nu uitverkocht. *Le canapé **que** je voulais tellement n'est plus disponible.*

Proposition : Ensemble de mots organisés autour d'un verbe et qui forment un tout.
Exemples : [Ik verveel me]. *[Je m'ennuie].* ; [Hij zegt] [dat hij zich vermaakt]. *[Il dit] [qu'il s'amuse].*

Proposition principale : Proposition dont dépendent les autres propositions (dites « subordonnées ») de la phrase.
Exemple : **Dat betekent** dat ook ieder mens anders op veranderingen reageert. ***Cela signifie** que chacun réagit différemment aux changements.*

Proposition relative : Proposition fournissant des informations sur un mot ou un groupe de mots.
Exemple : De tuin **die we hadden**, was enorm. *Le jardin **que nous avions** était immense.*

Proposition subordonnée : Proposition qui dépend de la proposition principale.

Exemple : Dat betekent **dat ook ieder mens anders op veranderingen reageert**. *Cela signifie* ***que chacun réagit différemment aux changements****.*

Question indirecte : Question qui n'est pas posée directement sous la forme d'une phrase interrogative, mais qui est rapportée, reprise ou évoquée dans une phrase affirmative à l'aide d'un verbe introducteur et d'un mot interrogatif ou de la conjonction **of** (*si*).
Exemple : Ik vraag me af **of ik naar die cursus zal gaan**. *Je me demande* ***si je vais aller à ce cours****.*

Radical du verbe : Forme courte du verbe néerlandais qui s'obtient, pour la plupart des verbes, en retranchant la terminaison **-en** de l'infinitif et, parfois, également une consonne.
Exemple : **kom**en *venir* ; **bel**len *appeler, téléphoner*

Relative : Voir **Proposition relative**.

Subordonnée : Voir **Proposition subordonnée**.

Superlatif : Forme de l'adjectif ou de l'adverbe exprimant le plus haut degré de la qualité exprimée par l'adjectif ou l'adverbe.
Exemple : Maar zijn auto is **het snelst**. *Mais sa voiture est* ***la plus rapide****.*

Verbe réfléchi : Verbe exprimant une action effectuée par le sujet sur lui-même.
Exemple : **zich wassen** *se laver*

Verbe séparable : Verbe néerlandais dont le préfixe peut être détaché et placé ailleurs dans la phrase.
Exemple : **opbellen** *appeler, téléphoner* : Ik **bel** Saskia **op**. *J'appelle Saskia.*

Voix passive : Type de construction où le sujet n'accomplit pas l'action exprimée par le verbe mais la subit.
Exemple : Dat zijn kranten die in een bepaalde stad of regio **worden gepubliceerd**. *Ce sont des journaux qui* ***sont publiés*** *dans une ville ou une région donnée.*

Verbes irréguliers

Vous trouverez ci-dessous une liste des principaux verbes irréguliers, avec l'indication de leur prétérit et de leur participe passé. La première colonne comprend l'infinitif du verbe ; la deuxième colonne, le prétérit au singulier et au pluriel ; la troisième colonne, le participe passé. Quand le verbe se conjugue avec l'auxiliaire **zijn**, le participe passé est précédé de **is**.

bakken	bakte, bakten	gebakken	*cuire*
beginnen	begon, begonnen	is begonnen	*commencer*
besluiten	besloot, besloten	besloten	*décider*
bevallen	beviel, bevielen	is bevallen	*plaire*
bewegen	bewoog, bewogen	bewogen	*bouger*
bieden	bood, boden	geboden	*offrir*
blijven	bleef, bleven	is gebleven	*rester*
breken	brak, braken	gebroken	*casser*
brengen	bracht, brachten	gebracht	*apporter*
denken	dacht, dachten	gedacht	*penser*
doen	deed, deden	gedaan	*faire*
dragen	droeg, droegen	gedragen	*porter*
drinken	dronk, dronken	gedronken	*boire*
eten	at, aten	gegeten	*manger*
gaan	ging, gingen	is gegaan	*aller*
gelden	gold, golden	gegolden	*valoir*
geven	gaf, gaven	gegeven	*donner*
hangen	hing, hingen	gehangen	*pendre*
hebben	had, hadden	gehad	*avoir*
helpen	hielp, hielpen	geholpen	*aider*
heten	heette, heetten	geheten	*s'appeler*
houden	hield, hielden	gehouden	*tenir*
kiezen	koos, kozen	gekozen	*choisir*
kijken	keek, keken	gekeken	*regarder*
komen	kwam, kwamen	is gekomen	*venir*
kopen	kocht, kochten	gekocht	*acheter*
krijgen	kreeg, kregen	gekregen	*recevoir*
kunnen	kon, konden	gekund	*pouvoir, savoir*
lachen	lachte, lachten	gelachen	*rire*
laten	liet, lieten	gelaten	*laisser*
lezen	las, lazen	gelezen	*lire*

liggen	lag, lagen	gelegen	*être couché*
lijken	leek, leken	geleken	*sembler, paraître*
lopen	liep, liepen	is gelopen	*marcher, courir*
moeten	mocht, mochten	gemoeten	*devoir*
mogen	moest, moesten	gemogen	*pouvoir*
nemen	nam, namen	genomen	*prendre*
rijden	reed, reden	is gereden	*rouler (en voiture)*
roepen	riep, riepen	geroepen	*appeler*
ruiken	rook, roken	geroken	*sentir*
scheiden	scheidde, scheidden	gescheiden	*séparer*
scheppen	schiep, schiepen	geschapen	*créer*
scheren	schoor, schoren	geschoren	*raser*
schrijven	schreef, schreven	geschreven	*écrire*
slaan	sloeg, sloegen	geslagen	*frapper*
slapen	sliep, sliepen	geslapen	*dormir*
sluiten	sloot, sloten	gesloten	*fermer*
spreken	sprak, spraken	gesproken	*parler*
staan	stond, stonden	gestaan	*être debout*
sterven	stierf, stierven	is gestorven	*mourir*
treffen	trof, troffen	getroffen	*toucher*
vallen	viel, vielen	is gevallen	*tomber*
vangen	ving, vingen	gevangen	*attraper*
varen	voer, voeren	is gevaren	*naviguer*
vergeten	vergat, vergaten	is vergeten	*oublier*
verliezen	verloor, verloren	verloren	*perdre*
vinden	vond, vonden	gevonden	*trouver*
vliegen	vloog, vlogen	is gevlogen	*voler [dans l'air]*
vragen	vroeg, vroegen	gevraagd	*demander*
vriezen	vroor, vroren	gevroren	*geler*
wassen	waste, wasten	gewassen	*laver*
wegen	woog, wogen	gewogen	*peser*
werpen	wierp, wierpen	geworpen	*jeter*
weten	wist, wisten	geweten	*savoir*
worden	werd, werden	is geworden	*devenir*
zien	zag, zagen	gezien	*voir*
zijn	was, waren	is geweest	*être*
zoeken	zocht, zochten	gezocht	*chercher*
zwemmen	zwom, zwommen	is gezwommen	*nager*
zitten	zat, zaten	gezeten	*être assis*

Lexique néerlandais-français

Les traductions données dans ce lexique correspondent aux contextes de l'ouvrage. N'hésitez pas à consulter un dictionnaire si vous souhaitez enrichir votre vocabulaire.

Chaque nom néerlandais est suivi de l'article défini qui lui correspond entre parenthèses : **de** pour les noms masculins et féminins, **het** pour les noms neutres.

aan à
aanbieden offrir
aandacht (de) attention
aangenaam enchanté
aangeven passer ; indiquer
aangifte (de) déclaration
aankleden habiller
aankomen arriver
aannemen prendre ; accepter
aanpakken s'attaquer à
aanraden conseiller
aanstaande prochain
aansteken allumer
aantreffen rencontrer
aantrekkelijk attrayant
aanwijzen indiquer
aardappel (de) pomme de terre
aardbei (de) fraise
aardig sympathique
aardrijkskunde (de) géographie
achter derrière
achteraan/achterin à l'arrière
achterlaten laisser, abandonner
achternaam (de) nom de famille
achtertuin (de) jardin *(à l'arrière)*
actief actif
adres (het) adresse
adreswijziging (de) changement d'adresse
advertentie (de) publicité
advies (het) conseil
advocaat (de) avocat
afdeling (de) service
afgelopen fini ; dernier
afhangen dépendre
afkrijgen finir, terminer
afmaken finir, terminer
afronden finir, terminer
afspraak (de) rendez-vous
afspreken arranger, convenir
afstempelen poinçonner, composter
afstuderen finir ses études
afwassen faire la vaisselle
akkoord (het) accord
al déjà
alcoholisch alcoolique
algemeen général ; généralement
allebei tous les deux
alleen seul ; seulement
allemaal tous
allerlei toutes sortes de
alles tout
als si ; lorsque
altijd toujours
alvast déjà
amuseren : zich amuseren s'amuser
ander autre
anderhalf un et demi
anders autrement
antiek (het) antiquités
antwoord (het) réponse
antwoorden répondre

apparaat (het) appareil
appel (de) pomme
appeltaart (de) tarte aux pommes
arbeidsbureau (het) Pôle emploi
arbeidskracht (de) main-d'œuvre
arbeidsongeschikt inapte au travail
arbeidsovereenkomst (de) contrat de travail
arbeidsvergunning (de) permis de travail
asbak (de) cendrier
assistent (de) assistant
automaat (de) distributeur automatique
avond (de) soir
avondcursus (de) cours du soir
avondeten (het) dîner
azijn (de) vinaigre

baan (de) poste, emploi
badkamer (de) salle de bains
bagage (de) bagages
bakken cuire ; frire
balkon (het) balcon
bankje (het) banc
bankmedewerker (de) employé de banque
basisschool (de) école primaire
beantwoorden répondre
bedankt merci
bedoelen vouloir dire
bedrijf (het) entreprise
been (het) jambe
beestje (het) petite bête
beetje peu
beginnen commencer
begrijpen comprendre
behalve sauf
behoren appartenir
beide les deux
bekend connu
bekijken examiner, considérer
belangrijk important
belasting (de) impôt
beleefd poli
belegen mi-vieux *(fromage)*
beleid (het) politique
bellen téléphoner
beloven promettre
beneden en bas
beoordelen juger
bereid prêt
beroep (het) profession
beslissing (de) décision
besluiten décider
besmettelijk contagieux
bestaan exister
besteden consacrer
bestellen commander
bestelling (de) commande
bestemd destiné
betaalmiddel (het) moyen de paiement
betalen payer
betekenis (de) signification
beter mieux
betreffen concerner
beurt (de) tour
bevolking (de) population
bewolking (de) nuages
bewolkt nuageux
bezienswaardigheid (de) curiosité touristique
bezig occupé
bezoeken visiter
bieden offrir
biefstuk (de) steak
bij près de
bijna presque
bijverdienste (de) salaire d'appoint
bijzonder particulier ; particulièrement
binnen à l'intérieur
binnenkomen entrer
binnenkort sous peu ; bientôt
bioscoop (de) cinéma
blauw bleu
blij content

blijken sembler, paraître
blijven rester
bloeddruk (de) tension (artérielle)
bloem (de) fleur
bloemkool (de) chou-fleur
blokletter (de) majuscule
boek (het) livre
boeken réserver
boodschappen (de) courses
boodschappenlijst (de) liste des courses
boom (de) arbre
bord (het) assiette
boter (de) beurre
bouwen construire
boven en haut
bovendien de plus, en outre
bovenop komen s'en sortir
bovenwoning (de) appartement supérieur
branden brûler
brengen apporter
briefje (het) billet (de banque)
broek (de) pantalon
brood (het) pain
bruin marron, brun
buik (de) ventre
buikpijn (de) mal de ventre
buiten dehors
buitenland (het) étranger
bureauchef (de) chef de bureau
buschauffeur (de) chauffeur de bus
bushalte (de) arrêt de bus
bushokje (het) Abribus®
buur (de) voisin
buurman (de) voisin
buurt (de) quartier
buurthuis (het) foyer (socio-éducatif)
buurvrouw (de) voisine
carrière (de) carrière
centrum (het) centre
cijfer (het) chiffre
colbert (het) veston
collega (de) collègue
comfortabel confortable
compleet complet
computerprogramma (het) programme informatique
concert (het) concert
contact (het) contact
conversatie (de) conversation
cursus (de) cours

daar là
daardoor de ce fait
daarentegen par contre
daarna ensuite
daarom c'est pourquoi
dag (de) jour, journée
damesmode (de) mode féminine
dan puis ; alors
danken remercier
dankzij grâce à
deel (het) partie
deelnemen participer
deken (de) couverture
denken penser
dezelfde le/la même, les mêmes
dichtbij tout près
dienst (de) service
dierentuin (de) zoo
dik gros
ding (het) chose
direct direct
dochter (de) fille *(descendante)*
doel (het) but
doen faire
dokter (de) docteur
dol zijn op être fou de
donker foncé
dood mort
door à travers ; par
doorbrengen passer *(un moment)*
doorhalen biffer
doorlezen parcourir *(un texte)*
doorlopen parcourir *(un lieu)*

doorverbinden passer *(au téléphone)*
doorverwijzen renvoyer
doorzetten persévérer
doos (de) boîte
draaien tourner
dragen porter
drank (de) boisson
drinken boire
droog sec
druk occupé ; bruyant
duin (het) dune
duizeligheid (de) vertige
duren durer
durven oser
dus donc
duur cher ; chèrement

echt vrai ; vraiment
economie (de) économie
economisch économique
een un/une
eens une fois
eenzaam seul
eerder plus tôt ; déjà
eergisteren avant-hier
eeuw (de) siècle
ei (het) œuf
eigen propre
eigenlijk à vrai dire, au fond
eind (het) fin
eindelijk finalement
eindexamen (het) examen final
eis (de) exigence
elektrisch électrique
elkaar l'un l'autre
en et
enig unique ; quelque
enkeltje (het) aller simple
enorm énorme
enquête (de) enquête
enzovoort et ainsi de suite
erg grave ; très
ergens quelque part
erkennen reconnaître
ervaring (de) expérience
eten manger
etenswaren (de) nourriture
etentje (het) dîner
euro (de) euro
Europees européen
exact exact
examen (het) examen
exclusief exclusif

feest (het) fête
feit (het) fait
fiets (de) vélo
fietsen aller à vélo ; faire du vélo
fietsenstalling (de) parking à vélos
fietstocht (de) randonnée cycliste
film (de) film
financieel financier ; financièrement
flensje (het) crêpe
fles (de) bouteille
foto (de) photo
fotograferen photographier
framboos (de) framboise
functie (de) fonction

gaan aller
gast (de) invité
gat (het) trou
gauw vite, rapidement
gebeuren arriver, se passer
gebied (het) territoire
geboortedatum (de) date de naissance
geboren worden naître
gebouw (het) bâtiment
gebruik (het) emploi, usage, utilisation
gebruiken employer, utiliser
gedachte (de) pensée
geel jaune
gegeven (het) donnée
geheim (het) secret

geïnteresseerd intéressé
gek fou
geld (het) argent
gelegenheid (de) occasion
geleidehond (de) chien d'aveugle
geliefd cher, chéri ; favori
gelijk égal, pareil
geloven croire
gelukkig heureux
gemeenschap (de) communauté
gemeente (de) commune
gemeentehuis (het) mairie
genieten van profiter de
genoeg assez
gepensioneerd retraité
gepubliceerd publié
gerecht (het) plat
gescheiden divorcé
geschiedenis (de) histoire
geschikt qui convient, approprié
gesloten fermé
gesprek (het) conversation
geval (het) cas
gevangenis (de) prison
geven donner
gewicht (het) poids
gewoon (tout) simplement
gezang (het) chant
gezellig agréable, charmant
gezicht (het) visage
gezond sain ; en bonne santé
gids (de) guide
gisteren hier
glas (het) verre
goed bon ; bien
goedemiddag bon après-midi
goedemorgen bonjour
goedenavond bonsoir
goedendag bonjour
goedkoop bon marché
graad (de) degré
graag volontiers
gracht (de) canal
griep (de) grippe
grijs gris
groei (de) croissance
groen vert
groente (de) légumes
groenteboer (de) marchand de légumes
groentesoep (de) soupe de légumes
groentewinkel (de) magasin de légumes
groep (de) groupe
grond (de) sol
groot grand
gulden (de) florin
gunstig favorable

haar (het) cheveux
haard (de) cheminée *(foyer)*
haasten se dépêcher
hak (de) talon
hal (de) vestibule
halen aller chercher
hallo bonjour ; allô
hals (de) cou
handel (de) commerce
handschoen (de) gant
hangen accrocher, suspendre
hapje (het) bouchée
haring (de) hareng
hartelijk cordial ; cordialement
hebben avoir
heden aujourd'hui, à présent
heel très
heerlijk délicieux ; superbe, magnifique
heet chaud
heimwee (het) mal du pays
helaas hélas
heleboel un tas de
helemaal tout à fait
helft (de) moitié
helpen aider
hemd (het) débardeur

hemelbed (het) lit à baldaquin
herenkleding (de) vêtements hommes
herfst (de) automne
herhalen répéter
herinneren : zich herinneren se souvenir, se rappeler
herkennen reconnaître
heten s'appeler
hetzelfde le/la même
heus vrai ; vraiment
hier ici
historisch historique
hoek (de) coin, angle
hoesten tousser
hoeveel combien
hoeven devoir
hoewel bien que
hond (de) chien
honger (de) faim
hoofd (het) tête
hoofdgerecht (het) plat principal
hoofdkantoor (het) siège social
hoofdpijn (de) mal de tête
hoofdstad (de) capitale
hoog haut
hoogseizoen (het) haute saison
hopen espérer
horen entendre
hotelkamer (de) chambre d'hôtel
hotelreservering (de) réservation d'hôtel
houden tenir, garder, conserver
huis (het) maison
huisarts (de) médecin généraliste
huisnummer (het) numéro de la maison
huren louer
huur (de) loyer

idee (het) idée
ieder chaque
iedereen chacun ; tout le monde
iemand quelqu'un
iets quelque chose
ijs (het) glace
in dans
inclusief y compris
inderdaad en effet
industrie (de) industrie
ineens soudain
informatie (de) renseignements, informations
informeren renseigner
ingang (de) entrée
initiatief (het) initiative
inleiding (de) introduction
inlichting (de) renseignement
instantie (de) organisme
interessant intéressant
interesseren : zich interesseren voor s'intéresser à
invullen remplir

jaar (het) an, année
jaarverslag (het) rapport annuel
jammer dommage
jarig zijn fêter son anniversaire
jas (de) manteau
jasje (het) veston
jazeker bien sûr
jeugd (de) jeunesse
jeuken démanger
jong jeune
jongen (de) garçon
juist juste ; justement
jurk (de) robe

kaars (de) bougie
kaart (de) carte
kaartje (het) billet *(de train)*
kaas (de) fromage
kaaswinkel (de) fromagerie
kabeljauw (de) cabillaud
kalender (de) calendrier
kalfslever (de) foie de veau
kamer (de) chambre ; pièce

kammetje (het) peigne
kans (de) chance
kant (de) côté
kantoor (het) bureau
kapstok (de) portemanteau
kassa (de) caisse
kast (de) armoire
kat (de) chat
keelontsteking (de) angine
keelpijn (de) mal de gorge
keer (de) fois
kelder (de) cave
kenmerk (het) caractéristique
kennen connaître
kennis (de) connaissance
kennismaken faire connaissance
keren tourner
kerk (de) église
ketjap (de) sauce au soja d'Asie du Sud-Est
keuken (de) cuisine
keukenkast (de) armoire de cuisine
kies (de) molaire
kiespijn (de) mal de dents
kiezen choisir
kijken regarder
kilogram (de, het) kilogramme
kind (het) enfant
kindergerecht (het) plat enfants
kinderjaren (de) enfance
kindermode (de) mode pour enfants
kindertijd (de) enfance
kip (de) poulet
klaar prêt
klaarmaken préparer
klacht (de) plainte
klant (de) client
klassiek classique
kleden habiller
kledingzaak (de) magasin de vêtements
klein petit
kleingeld (het) monnaie
kleur (de) couleur
kleuterschool (de) école maternelle
klok (de) horloge
kloppen frapper *(à la porte)*
klopt : dat klopt c'est juste
knippen couper
knuffelbeest (het) animal en peluche
koffie (de) café
komen venir
koning (de) roi
koningin (de) reine
kool (de) chou
koopavond (de) (vente) nocturne
koopwoning (de) logement dont on est propriétaire
koorts (de) fièvre
kop (de) tête
kopen acheter
kopje (het) tasse
korfbal (het) korfball *(sport mixte qui ressemble au basket-ball)*
kort court
korting (de) réduction
kosten (de) coût
kosten coûter
koud froid
krant (de) journal
krantenkiosk (de) kiosque à journaux
krijgen recevoir
kruidenier (de) épicier
kruispunt (het) carrefour
kuchen tousser
kunnen pouvoir, savoir
kunst (de) art
kust (de) côte
kwaad fâché
kwart (het) quart
kwartiertje (het) quart d'heure

laag bas
laat tard
lamsvlees (het) agneau *(viande)*
land (het) pays
lang long
langdurig long ; longuement

langs le long de
langskomen passer
langzaam lent ; lentement
laten laisser
leeftijd (de) âge
leeg vide
leestekst (de) texte
leggen mettre, poser
lekker délicieux ; délicieusement
lelijk laid
lenen prêter ; emprunter
lente (de) printemps
leraar (de) professeur
leren apprendre ; enseigner
les (de) leçon
lesgeven enseigner, faire cours
letterkunde (de) littérature
leuk joli ; agréable
leunen s'appuyer
leven vivre
lezen lire
lezer (de) lecteur
licht clair ; léger
lidmaatschap (het) appartenance ; affiliation
lidstaat (de) État membre
liever de préférence
liggen être ; être couché
ligging (de) situation
lijken sembler, paraître
lijn (de) ligne
linkerhand (de) main gauche
linkerkant (de) côté gauche
links gauche ; à gauche
linksaf à gauche
liter (de) litre
loket (het) guichet
lokettist (de) guichetier
long (de) poumon
longontsteking (de) pneumonie
lopen marcher ; courir
lucifer (de) allumette
luisteren écouter
lunchen déjeuner
luxe (de) luxe

maag (de) estomac
maagpijn (de) mal d'estomac
maaltijd (de) repas
maan (de) lune
maand (de) mois
maar mais
maat (de) taille
mager mince
maken faire
makkelijk facile ; facilement
man (de) homme
manier (de) manière, façon
markt (de) marché
marktonderzoek (het) étude de marché
matig modéré
mede également
medewerker (de) collaborateur
medicijn (het) médicament
meebrengen apporter
meedoen aan participer à
meegaan accompagner
meekomen accompagner
meenemen emporter
meer plus
meerderheid (de) majorité
meest le plus
meestal la plupart du temps, le plus souvent
meisje (het) fille *(jeune femme)*
melk (de) lait
meneer monsieur
menig bien des, plusieurs
mens (het) homme *(être humain)*
menukaart (de) menu
met avec
meteen tout de suite
mevrouw madame
middag (de) après-midi
middelbaar moyen
midden (het) milieu

minder moins
minimaal minimal
minst le moins
minstens au moins
minuut (de) minute
misschien peut-être
misselijk zijn avoir des nausées
modern moderne
moe fatigué
moeder (de) mère
moedertaal (de) langue maternelle
moeilijk difficile
moeten devoir
mogelijk possible ; peut-être
mogelijkheid (de) possibilité
mogen pouvoir
moment (het) moment
mond (de) bouche
monetair monétaire
mooi beau
morgen demain
morgenavond demain soir
mouw (de) manche
munt (de) monnaie
museum (het) musée
muts (de) bonnet
muziek (de) musique

na après
naam (de) nom
naar vers, à
naast à côté de
nacht (de) nuit
nadeel (het) inconvénient
nadenken over réfléchir à
nagerecht (het) dessert
najaar (het) automne
namelijk c'est-à-dire
nationaal national
nationaliteit (de) nationalité
natuurijs (het) glace naturelle (*patinage*)
natuurlijk naturellement, bien sûr
natuurvoeding (de) alimentation naturelle
nauw étroit
nauwelijks à peine
nee non
neerzetten déposer
nemen prendre
nergens nulle part
netwerk (het) réseau
niemand personne
niet ne ... pas
niets rien, ne … rien
nietwaar? n'est-ce pas ?
nieuw nouveau
nieuwsgierig curieux
nodig nécessaire
nog encore
nooit jamais
noord nord
nou eh bien
nul zéro
nummer (het) numéro

ober (de) garçon *(serveur)*
ochtend (de) matin
oefening (de) exercice
ogenblik (het) moment
olie (de) huile
omdat parce que
omgeving (de) environs
ommezijde (de) verso
omroepbijdrage (de) redevance (audiovisuelle)
onaardig désagréable
onafhankelijk indépendant
onder sous
onderstaand ci-dessous
onderwijs (het) enseignement
onderwijzer (de) enseignant
onderzoek (het) recherche
ongeluk (het) accident
ongeveer environ
onhandig maladroit

ontbijt (het) petit déjeuner
ontevreden mécontent
ontmoeten rencontrer
ontspannen détendre
ontvangen recevoir
onvoldoende insuffisant ; insuffisamment
onweer (het) orage
onweren faire de l'orage
oog (het) œil
ooit jamais
ook aussi
oor (het) oreille
oorlog (de) guerre
oorontsteking (de) otite
oorpijn (de) mal à l'oreille ; mal aux oreilles
opbellen téléphoner
opbouwen construire
opeenvolgend successif
openbaar public
openen ouvrir
opeten manger
opfleuren égayer
ophalen aller chercher
ophangen accrocher, suspendre
opklaring (de) éclaircie
opleiden former
opleiding (de) formation
oplossing (de) solution
oppervlakte (de) surface
opstaan se lever
opstellen monter
opzoeken chercher
oranje orange
oud vieux
ouders (de) parents
over sur ; au-dessus de ; de l'autre côté de
overal partout
overhemd (het) chemise
overkant (de) autre côté
overmorgen après-demain
overstappen changer *(de train, de bus)*
overtuigen convaincre

paars violet
pak (het) paquet ; costume
pannenkoek (de) crêpe
pannenkoekenhuis (het) crêperie
pantalon (de) pantalon
paraplu (de) parapluie
pasfoto (de) photo d'identité
pasje (het) carte
paskamer (de) cabine d'essayage
passen aller (*vêtement*) ; essayer
patat (de) frites
perron (het) quai
personeel (het) personnel
personeelsafdeling (de) service du personnel
personeelschef (de) chef du personnel
persoonlijk personnel ; personnellement
pijn (de) douleur, mal
pijp (de) tuyau ; pipe
pils (de) bière blonde
plaats (de) lieu, endroit
plaatsen placer
plaatsvinden avoir lieu
plattegrond (de) plan
plezier (het) plaisir
plooi (de) pli
plotseling soudain, tout à coup
poes (de) chat
politie (de) police
politiebureau (het) commissariat
positie (de) position
postcode (de) code postal
postkantoor (het) bureau de poste
postzegel (de) timbre
praten parler ; bavarder
precies précis ; précisément
premie (de) prime
presteren réussir
prettig agréable
prijs (de) prix

privé privé
proberen essayer
probleem (het) problème
proeven goûter
profiteren profiter
promotie (de) promotion
provincie (de) province
prul (het) babiole

raad (de) conseil
raam (het) fenêtre
raar bizarre
rand (de) bord
reageren réagir
recept (het) recette
recht droit
rechtdoor tout droit
rechterhand (de) main droite
rechterkant (de) côté droit
rechts droite ; à droite
rechtsaf à droite
reclame (de) publicité
redelijk raisonnable ; raisonnablement
reden (de) raison
regel (de) règle
regelen régler
regelmatig régulier ; régulièrement
regen (de) pluie
regenachtig pluvieux
regenbui (de) averse
regenen pleuvoir
regenjas (de) imperméable
regering (de) gouvernement
regeringsbeleid (het) politique gouvernementale
reis (de) voyage
reisbureau (het) agence de voyages
reischeque (de) chèque de voyage
reisverzekering (de) assurance-voyage
reizen voyager
rennen courir
repareren réparer
reserveren réserver
reservering (de) réservation
restauratie (de) buffet (de gare)
retourtje (het) billet aller-retour
riant spacieux
richten diriger
rijden rouler, aller (en voiture)
rijksuniversiteit (de) université d'État
rijst (de) riz
rijtuig (het) voiture *(train)* ; carrosse
risico (het) risque
robuust robuste
roepen appeler
rok (de) jupe
roken fumer
roltrap (de) escalier mécanique
rond autour de ; rond
rondkijken regarder *(autour de soi)*
rondreis (de) tour, voyage
rondvaart (de) tour en bateau
rood rouge
rottig pourri
röntgenfoto (de) radiographie
ruim vaste
rundergehakt (het) hachis de bœuf
rundvlees (het) bœuf *(viande)*
rustig tranquille ; tranquillement
ruzie (de) dispute

salaris (het) salaire
samen ensemble
samenwerken collaborer
samenwerking (de) collaboration
saus (de) sauce
schaakclub (de) club d'échecs
schaatsen patiner ; faire du patinage
schaken jouer aux échecs
schakering (de) nuance
schamen : zich schamen avoir honte
scheiden divorcer
schelvis (de) aiglefin
schijnen sembler, paraître
schilder (de) peintre

schilderen peindre
schilderij (het) peinture, tableau
schitterend brillant
schoen (de) chaussure
schoenwinkel (de) magasin de chaussures
schol (de) plie
school (de) école
schoon propre
schoonmaken nettoyer
schriftelijk écrit ; par écrit
schrijven écrire
secretaresse (de) secrétaire
sfeervol animé
sinaasappel (de) orange
sinaasappelsap (het) jus d'orange
sinds depuis
sla (de) salade verte
slaapkamer (de) chambre à coucher
slagen réussir
slager (de) boucher
slapen dormir
slecht mauvais ; mal
slechts seulement
sleutel (de) clef
sluiten fermer
smaak (de) goût
smal étroit
snappen saisir, comprendre
sneeuwen neiger
snel rapide ; rapidement, vite
snijden couper
sociaal social
soep (de) soupe
soepel souple
sollicitant (de) candidat
sollicitatie (de) candidature
solliciteren op poser sa candidature pour
sommige quelques
soms parfois
souterrain (het) sous-sol
spaarpot (de) tirelire
sparen épargner
speciaal spécial ; spécialement
spek (de) lard
spelen jouer
sperzieboon (de) haricot vert
spijkerbroek (de) jean
spijt (de) regret
spitsuur (het) heure de pointe
spoed (de) hâte
sportcentrum (het) centre sportif
sporten faire du sport
sportief sportif
spreekkamer (de) cabinet de consultation
spreken parler
spullen (de) affaires, choses
staal (het) acier
staan être ; être debout
stabiel stable
stad (de) ville
stadhuis (het) hôtel de ville
sterk fort ; fortement
sterven mourir
steunen soutenir
stevig solide ; solidement
stil tranquille ; tranquillement
stoel (de) chaise
stokbrood (het) baguette *(pain)*
stoplicht (het) feu *(de signalisation)*
stoppen arrêter ; s'arrêter
storten verser *(une somme d'argent)*
straat (de) rue
straf (de) punition
straffen punir
strak tendu, serré
straks tout à l'heure
streven s'efforcer
strooien répandre
stropdas (de) cravate
studeren étudier
studierichting (de) discipline *(matière d'enseignement)*
studietijd (de) études

stuk (het) morceau
sturen envoyer
suiker (de) sucre
supermarkt (de) supermarché

taal (de) langue
tabel (de) tableau
tafel (de) table
taille (de) taille
talenkennis (de) connaissance des langues
talentvol doué
tamelijk relativement, assez
tand (de) dent
tas (de) sac
technisch technique
tegen contre
tegenover en face de
tegenwoordig aujourd'hui, de nos jours
tekenen dessiner
tekening (de) dessin
tekst (de) texte
telefonisch par téléphone
telefoon (de) téléphone
telefooncel (de) cabine téléphonique
telefoonnummer (het) numéro de téléphone
televisie (de) télévision
temperatuur (de) température
ten slotte finalement
tennissen jouer au tennis
tentoonstelling (de) exposition
terecht à bon droit
terras (het) terrasse
terug de retour
terugbellen rappeler
terugkeren retourner
terwijl pendant que ; alors que
tevreden content, satisfait
theater (het) théâtre
thuis à la maison, chez soi
tijd (de) temps
tijdelijk temporairement
tijdens pendant
tijdschrift (het) revue, magazine
toch quand même
tocht (de) tour, promenade
toelichting (de) explication
toen alors ; lorsque
toenemen augmenter
toepassing (de) application
toerist (de) touriste
toestaan permettre
toestel (het) appareil ; poste *(téléphonique)*
toetje (het) dessert
tomaat (de) tomate
toneelstuk (het) pièce de théâtre
tot jusqu'à
totaal total ; totalement
totdat jusqu'à ce que
trein (de) train
trouwen se marier
trouwens d'ailleurs
trui (de) pull
tuin (de) jardin
tussen entre
twijfel (de) doute

uit de
uiteindelijk final ; finalement
uitgang (de) sortie
uitkijken regarder *(autour de soi)* ; faire attention
uitnodigen inviter
uitoefenen exercer
uitproberen essayer
uitrusten se reposer
uitslag (de) éruption
uitsluiten exclure
uitstekend excellent
uitstralen rayonner
uittypen taper *(à l'ordinateur)*
uitzendbureau (het) agence d'intérim
universiteit (de) université
uur (het) heure

vaak souvent
vacature (de) poste vacant
vader (de) père
vak (het) matière, discipline
vakantie (de) vacances
vakopleiding (de) formation professionnelle
vallen tomber
van de
vanaf depuis, à partir de
vandaag aujourd'hui
vanzelf de soi-même, tout seul
varkensvlees (het) porc *(viande)*
vast fixe ; certainement
veel beaucoup
vegetariër (de) végétarien
vegetarisch végétarien
veilig sûr, sécurisé
veiligheid (de) sécurité
ver loin
verbazen : zich verbazen s'étonner
verbeteren améliorer
verblijfplaats (de) domicile
verblijven demeurer, séjourner
verbouwen rénover
verdelen diviser, partager
verdienen gagner
verdrag (het) traité
vereist exigé
verenigd uni
vergadering (de) réunion
vergeten oublier
vergissen : zich vergissen se tromper
verhaal (het) récit, histoire
verhuizen déménager
verkeer (het) trafic
verkeerd faux, mauvais
verkopen vendre
verkoper (de) vendeur
verkouden enrhumé
verliezen perdre
vermaken : zich vermaken s'amuser
vermelden mentionner
vermist disparu
vermoeiend fatigant
verpleegster (de) infirmière
verplicht obligatoire
verschillend différent
verslag (het) rapport
verstaan comprendre
verstandig raisonnable
versterken renforcer
vertellen raconter
vertrekken partir
vervelen : zich vervelen s'ennuyer
vervelend ennuyeux
vervoer (het) transport
verwachten attendre
verwachting (de) attente
verwijzen renvoyer (à)
verzamelen rassembler
verzekering (de) assurance
verzilveren encaisser
verzoeken demander, prier
verzorgen prendre soin de
vestiging (de) établissement
vestje (het) gilet
vierkant (de) carré
vinden trouver
vis (de) poisson
vlakbij tout près de
vlees (het) viande
vliegen voler *(dans l'air)*
vliegtuig (het) avion
vloeiend couramment
vlucht (de) vol *(aérien)*
voelen : zich voelen se sentir
voet (de) pied
voetbal (de) football
voetbalclub (de) club de football
voetballen jouer au football
vol plein
voldoende suffisant ; suffisamment
volgeboekt complet

volgen suivre
volgend suivant
volgens selon
volleybal (het) volleyball
voluit en toutes lettres
volwassen adulte
voor pour ; avant ; devant
vooraan devant
vooral surtout
voorbeeld (het) exemple
voorbereiden préparer
voorbij après ; devant
voordat avant que
voordeel (het) avantage
voordelig avantageux
voorgerecht (het) entrée
voorhoofd (het) front
voorjaar (het) printemps
voornaam (de) prénom
voorstel (het) proposition
voorstellen proposer
voorstelling (de) représentation
voorzien prévoir
voorziening (de) approvisionnement
vorig précédent ; passé
vraag (de) question
vraaggesprek (het) interview
vragen demander
vreemd étrange, curieux
vriend (de) ami
vriendin (de) amie
vriezen geler
vrij assez ; libre
vrijhandelsgebied (het) zone de libre-échange
vroeg tôt
vroeger plus tôt ; autrefois
vrouw (de) femme
vullen remplir

waaien souffler *(vent)*
waar où
waarom pourquoi
waarover dont ; de quoi
waarschuwen avertir
waarvoor pour lequel ; pourquoi
wachten attendre
wafel (de) gaufre
wandelen se promener
wanneer quand
warenhuis (het) grand magasin
warm chaud
wassen laver
waterpokken (de) varicelle
week (de) semaine
weer (het) temps
weerkaart (de) carte météo
weersverwachting (de) prévisions météo
weg (de) chemin
weggaan s'en aller, partir
wegwijzer (de) panneau *(de signalisation)*
wegzetten mettre de côté
weigeren refuser
weinig peu (de)
wel bien
welk quel ; lequel
welvaart (de) prospérité
wennen s'habituer
wens (de) souhait
wenselijk souhaitable
wereld (de) monde
wereldoorlog (de) guerre mondiale
werk (het) travail
werken travailler
werkervaring (de) expérience professionnelle
werkgever (de) employeur
werkkracht (de) main-d'œuvre ; employé
werkloos sans travail
werkloosheid (de) chômage
werknemer (de) salarié
werksfeer (de) ambiance de travail
werkstuk (het) projet

weten savoir
wetenschappelijk scientifique
wie qui
wijkvereniging (de) comité de quartier
wijn (de) vin
willen vouloir
winkel (de) magasin
winkelcentrum (het) centre commercial
winkelmandje (het) panier à commissions
winkelwagentje (het) Caddie®
winnen gagner
winterjas (de) manteau *(d'hiver)*
wiskunde (de) mathématiques
wisselen changer
wisselgeld (het) monnaie
wisselkantoor (het) bureau de change
wit blanc
wonen habiter
woning (de) logement
woonkamer (de) séjour
woonplaats (de) domicile
woord (het) mot
woordvolgorde (de) ordre des mots
worden devenir

zaak (de) affaire
zacht doux
zakenrelatie (de) relation d'affaires
zakenwereld (de) monde des affaires
zakken échouer
zee (de) mer
zeer très
zeggen dire
zeker certain ; certainement
zekerheid (de) certitude
zelf même
zelfstandigheid (de) indépendance
zetten mettre
ziek malade
ziekenhuis (het) hôpital
ziektekostenverzekering (de) assurance maladie
zien voir
zijn être
zin (de) sens
zinswending (de) tournure
zitten être ; être assis
zoals comme
zodat de sorte que
zodra dès que
zoeken chercher
zoet doux ; sucré
zogenaamd ainsi appelé
zoiets quelque chose comme ça
zomer (de) été
zon (de) soleil
zo'n tel
zonder sans
zool (de) semelle
zoon (de) fils
zorgen s'occuper (de)
zout salé
zoveel autant
zowel aussi bien
zuivel (de, het) produits laitiers
zuur acide, aigre
zwaar lourd
zwart noir

Lexique français-néerlandais

Les traductions données dans ce lexique correspondent aux contextes de l'ouvrage. N'hésitez pas à consulter un dictionnaire si vous souhaitez enrichir votre vocabulaire.

Chaque nom néerlandais est suivi de l'article défini qui lui correspond entre parenthèses : **de** pour les noms masculins et féminins, **het** pour les noms neutres.

à aan ; in ; naar ; te

abandonner achterlaten

Abribus® bushokje (het)

accepter aannemen

accident ongeluk (het)

accompagner meegaan, meekomen

accord akkoord (het)

accrocher hangen, ophangen

acheter kopen

acide zuur

acier staal (het)

actif actief

actuellement tegenwoordig

adresse adres (het)

adulte volwassen

affaire zaak (de) ; *affaires (choses)* spullen (de)

affiliation lidmaatschap (het)

âge leeftijd (de)

agence : agence d'intérim uitzendbureau (het) ; *agence de voyages* reisbureau (het)

agneau (viande) lamsvlees (het)

agréable prettig, gezellig, leuk

aider helpen

aiglefin schelvis (de)

aigre zuur

ailleurs : d'ailleurs trouwens

ainsi zo ; *ainsi appelé* zogenoemd

alcoolique alcoholisch

alimentation naturelle natuurvoeding (de)

aller (verbe) gaan ; *aller à vélo* fietsen ; *aller (vêtement)* passen ; *aller chercher* halen, ophalen ; *aller en voiture* rijden ; *s'en aller* weggaan ; *(nom) aller simple* enkeltje (het)

allô hallo

allumer aansteken

allumette lucifer (de)

alors (un fait unique dans le passé) toen ; *(dans les autres cas)* dan ; *alors que* terwijl

améliorer verbeteren

ami vriend (de) ; *amie* vriendin (de)

amuser : s'amuser zich amuseren, zich vermaken

an jaar (het)

angine keelontsteking (de)

angle hoek (de)

animal en peluche knuffelbeest (het)

animé druk, levendig

année jaar (het)

antiquités antiek (het)

appareil apparaat (het), toestel (het)

appartement supérieur bovenwoning (de)

appartenance lidmaatschap (het)

appartenir behoren

appeler roepen ; *s'appeler* heten

application toepassing (de)

apporter brengen, meebrengen
apprendre leren
approprié geschikt
approvisionnement voorziening (de)
appuyer : s'appuyer leunen
après (dans l'espace) na, voorbij ; *(dans le temps)* na
après-demain overmorgen
après-midi middag (de) ; *bon après-midi* goedemiddag
arbre boom (de)
argent geld (het)
armoire kast (de) ; *armoire de cuisine* keukenkast (de)
arranger afspreken
arrêt de bus bushalte (de)
arrêter stoppen ; *s'arrêter* stoppen
arrière : à l'arrière achteraan/achterin
arriver (parvenir) aankomen ; *(survenir)* gebeuren
art kunst (de)
assez (suffisamment) genoeg ; *(relativement)* vrij, tamelijk, redelijk
assiette bord (het)
assistant assistent (de)
assurance verzekering (de) ; *assurance maladie* ziektekostenverzekering (de) ; *assurance-voyage* reisverzekering (de)
ambiance de travail werksfeer (de)
attaquer : s'attaquer à (un problème) aanpakken
attendre wachten, verwachten
attente verwachting (de)
attention aandacht (de) ; *faire attention* rondkijken
attrayant aantrekkelijk
au-dessus de over
augmenter toenemen
aujourd'hui (ce jour même) vandaag ; *(de nos jours)* tegenwoordig
aussi ook ; *aussi bien* zowel
autant zoveel
automne herfst (de), najaar (het)
autour de rond
autre ander
autrefois vroeger
autrement anders
avant voor ; *avant que* voordat
avantage voordeel (het)
avantageux voordelig
avant-hier eergisteren
avec met
averse regenbui (de)
avertir waarschuwen
avion vliegtuig (het)
avocat advocaat (de)
avoir hebben

babiole prul (het)
bagages bagage (de)
baguette (pain) stokbrood (het)
balcon balkon (het)
banc bankje (het)
bas laag ; *en bas* beneden
bâtiment gebouw (het)
bavarder praten, kletsen
beau mooi
beaucoup veel
bête : petite bête beestje (het)
beurre boter (de)
bien goed, wel ; *bien que* hoewel
bientôt binnenkort
bière blonde pils (de, het)
biffer doorhalen
billet : billet (de banque) briefje (het) ; *billet (de train)* kaartje (het) ; *billet aller-retour* retourtje (het)
bizarre raar
blanc wit
bleu blauw
bœuf (viande) rundvlees (het)
boire drinken
boisson drank (de)
boîte doos (de)
bon goed ; *(délicieux)* lekker ; *bon marché* goedkoop

bonjour goedendag, goedemorgen, hallo

bonnet muts (de)

bonsoir goedenavond

bord rand (de)

bouche mond (de)

bouchée hapje (het)

boucher slager (de)

bougie kaars (de)

bouteille fles (de)

brillant schitterend

brûler branden

brun bruin

bruyant druk, lawaaierig

buffet (de gare) restauratie (de)

bureau kantoor (het) ; *bureau de change* wisselkantoor (het) ; *bureau de poste* postkantoor (het)

but doel (het)

cabillaud kabeljauw (de)

cabine : cabine d'essayage paskamer (de) ; *cabine téléphonique* telefooncel (de)

cabinet de consultation spreekkamer (de)

Caddie® winkelwagentje (het)

café (boisson) koffie (de) ; *(établissement)* café (het)

caisse kassa (de)

calendrier kalender (de)

canal kanaal (het) ; *(intramuros)* gracht (de)

candidat sollicitant (de)

candidature sollicitatie (de) ; *poser sa candidature pour* solliciteren op

capitale hoofdstad (de)

caractéristique kenmerk (het)

carré vierkant (de)

carrefour kruispunt (het)

carrière carrière (de)

carte kaart (de) ; *carte d'identité* persoonsbewijs (het) ; *carte météo* weerkaart (de)

cas geval (het)

cave kelder (de)

cendrier asbak (de)

centre centrum (het) ; *centre commercial* winkelcentrum (het) ; *centre sportif* sportcentrum (het)

certain zeker

certainement zeker

certitude zekerheid (de)

c'est-à-dire namelijk

chacun iedereen ; *chacun de nous* ieder van ons

chaise stoel (de)

chambre kamer (de) ; *chambre à coucher* slaapkamer (de) ; *chambre d'hôtel* hotelkamer (de)

chance kans (de)

changement d'adresse adreswijziging (de)

changer (de l'argent) wisselen ; *(de train)* overstappen

chant gezang (het)

chaque ieder

charmant gezellig

chat kat (de), poes (de)

chaud warm, heet

chauffeur de bus buschauffeur (de)

chaussure schoen (de)

chef : chef de bureau bureauchef (de) ; *chef du personnel* personeelschef (de)

chemin weg (de)

cheminée (foyer) haard (de)

chemise hemd (het), overhemd (het)

chèque de voyage reischeque (de)

cher (coûteux) duur ; *(aimé)* geliefd

chercher zoeken

chèrement duur

chéri geliefd

cheveux haar (het)

chez soi thuis

chien hond (de) ; *chien d'aveugle* geleidehond (de)

chiffre cijfer (het)

choisir kiezen

chômage werkloosheid (de)

chose ding (het)
chou kool (de)
chou-fleur bloemkool (de)
ci-dessous onderstaand
cinéma bioscoop (de)
clair licht
classique klassiek
clef sleutel (de)
client klant (de)
club : club d'échecs schaakclub (de) ; *club de football* voetbalclub (de)
coin hoek (de)
collaborateur medewerker (de)
collaboration samenwerking (de)
collaborer samenwerken
collègue collega (de)
combien hoeveel
comité de quartier wijkvereniging (de)
commande bestelling (de)
commander bestellen
comme zoals
commencer beginnen
commerce handel (de)
commissariat politiebureau (het)
communauté gemeenschap (de)
commune gemeente (de)
complet compleet ; *(hôtel, train)* volgeboekt
composter afstempelen
comprendre begrijpen, verstaan, snappen
compris : y compris inclusief
concerner betreffen
concert concert (het)
confortable comfortabel
connaissance kennis (de) ; *connaissance des langues* talenkennis (de) ; *faire connaissance* kennismaken
connaître kennen
connu bekend
consacrer besteden
conseil advies (het), raad (de)
conseiller aanraden
conserver behouden
considérer bekijken
construire bouwen, opbouwen
contact contact (het)
contagieux besmettelijk
content blij, tevreden
contrat de travail arbeidsovereenkomst (de)
contre tegen ; *par contre* daarentegen
convaincre overtuigen
convenir afspreken
conversation gesprek (het), conversatie (de)
cordial hartelijk
cordialement hartelijk
costume pak (het)
côte kust (de)
côté kant (de) ; *côté droit* rechterkant (de) ; *côté gauche* linkerkant (de) ; *à côté de* naast ; *autre côté* overkant (de) ; *de l'autre côté de* over ; *mettre de côté* wegzetten
cou hals (de)
couleur kleur (de)
couper knippen, snijden
couramment vloeiend
courir rennen, lopen
cours cursus (de) ; *cours du soir* avondcursus (de) ; *faire cours* lesgeven
courses boodschappen (de)
court kort
coût kosten (de)
coûter kosten
couverture deken (de)
cravate stropdas (de)
crêpe flensje (het), pannenkoek (de)
crêperie pannenkoekenhuis (het)
croire geloven
croissance groei (de)
cuire bakken
cuisine keuken (de)
curieux (indiscret) nieuwsgierig ; *(étrange)* vreemd

curiosité touristique bezienswaardigheid (de)

dans in
date de naissance geboortedatum (de)
de van ; uit
décider besluiten
décision beslissing (de)
déclaration aangifte (de)
degré graad (de)
dehors buiten
déjà al, alvast
déjeuner lunchen
délicieux lekker, heerlijk
délicieusement lekker, heerlijk
demain morgen ; *demain soir* morgenavond
demander vragen
démanger jeuken
déménager verhuizen
demeurer verblijven
demi : un et demi anderhalf
dent tand (de)
dépêcher : se dépêcher zich haasten
dépendre afhangen
déposer neerzetten
depuis sinds, vanaf
derrière achter
dès : dès que zodra
désagréable onaardig
désavantage nadeel (het)
dessert nagerecht (het), toetje (het)
dessin tekening (de)
dessiner tekenen
destiné bestemd
détendre ontspannen
deux : les deux beide
devant (préposition) voor ; *(adverbe)* vooraan, voorbij
devenir worden
devoir moeten
différent verschillend
difficile moeilijk
dîner avondeten (het), etentje (het)
dire zeggen
direct direct
diriger richten
discipline studierichting (de), vak (het)
disparu vermist
dispute ruzie (de)
distributeur automatique automaat (de)
diviser verdelen
divorcé gescheiden
divorcer scheiden
docteur dokter (de)
domicile verblijfplaats (de), woonplaats (de)
dommage jammer
donc dus
donnée gegeven (het)
donner geven
dormir slapen
doué talentvol
douleur pijn (de)
doute twijfel (de)
doux zacht
droit recht ; *tout droit* rechtdoor
droite rechts ; *à droite* rechts, rechtsaf
dune duin (het)
durable duurzaam, blijvend
durer duren

échec : jouer aux échecs schaken
échouer mislukken ; *échouer à un examen* voor een examen zakken
éclaircie opklaring (de)
école school (de) ; *école maternelle* kleuterschool (de) ; *école primaire* basisschool (de) ; *école secondaire* middelbare school (de)
économie economie (de)
économique economisch
écouter luisteren
écrire schrijven
écrit schriftelijk ; *par écrit* schriftelijk
effet : en effet inderdaad

efforcer : s'efforcer zich inspannen
égal gelijk
également ook, mede
égayer opfleuren
église kerk (de)
eh bien nou
électrique elektrisch
emploi (usage) gebruik (het) ; *(travail)* baan (de)
employé de banque bankmedewerker (de)
employer gebruiken
employeur werkgever (de)
emporter meenemen
emprunter lenen
encaisser verzilveren
enchanté aangenaam
encore nog
endroit plaats (de)
enfance kinderjaren (de), kindertijd (de)
enfant kind (het)
ennuyer : s'ennuyer zich vervelen
ennuyeux vervelend
énorme enorm
enquête enquête (de)
enrhumé verkouden
enseignant onderwijzer (de)
enseignement onderwijs (het)
enseigner onderwijzen
ensemble samen
ensuite daarna
entendre horen
entre tussen
entrée (accès) ingang (de) ; *(plat)* voorgerecht (het)
entreprise bedrijf (het)
entrer binnenkomen
environ ongeveer
environs omgeving (de)
envoyer sturen
épargner sparen
épicier kruidenier (de)
éruption uitslag (de)
escalier mécanique roltrap (de)
espérer hopen
essayer proberen, uitproberen
estomac maag (de)
et en ; *et ainsi de suite* enzovoort
établissement vestiging (de)
État membre lidstaat (de)
été zomer (de)
étonner : s'étonner zich verbazen
étrange vreemd
étranger (personne) buitenlander (de) ; *l'étranger (pays)* het buitenland
être zijn ; *être (assis)* zitten ; *être (couché)* liggen ; *être (debout)* staan ; *être (suspendu)* hangen
étroit nauw, smal
étude : étude de marché marktonderzoek (het) ; *études* studie (de)
étudier studeren
euro euro (de)
européen Europees
exact exact
examen examen (het) ; *examen final* eindexamen (het)
examiner bekijken
excellent uitstekend
exclure uitsluiten
exclusif exclusief
exemple voorbeeld (het)
exercer uitoefenen
exercice oefening (de)
exigé vereist
exigence eis (de)
exister bestaan
expérience ervaring (de) ; *expérience professionnelle* werkervaring (de)
explication toelichting (de)
exposition tentoonstelling (de)

face : en face de tegenover
fâché kwaad
facile makkelijk

facilement makkelijk
façon manier (de)
faim honger (de)
faire (agir) doen ; *(fabriquer)* maken
fait feit (het) ; *de ce fait* daardoor
fatigant vermoeiend
fatigué moe
faux verkeerd
favorable gunstig
favori geliefd
femme vrouw (de)
fenêtre raam (het)
fermé gesloten
fermer sluiten
fête feest (het)
fêter son anniversaire jarig zijn
feu (de signalisation) stoplicht (het)
fièvre koorts (de)
fille (opposé à garçon) meisje (het) ; *(opposé à fils)* dochter (de)
film film (de)
fils zoon (de)
fin eind (het)
final uiteindelijk
finalement eindelijk, uiteindelijk, ten slotte
financier financieel
fini afgelopen
finir afmaken, afkrijgen, afronden ; *finir ses études* afstuderen
fleur bloem (de)
florin gulden (de)
foie de veau kalfslever (de)
fois keer (de) ; *une fois* eens
foncé donker
fonction functie (de)
football voetbal (de) ; *jouer au football* voetballen
formation opleiding (de) ; *formation professionnelle* vakopleiding (de)
former opleiden
fort sterk
fortement sterk
fou gek ; *être fou de* dol zijn op
foyer (socio-éducatif) buurthuis (het)
fraise aardbei (de)
framboise framboos (de)
frapper (à la porte) kloppen
frites patat (de)
froid koud
fromage kaas (de)
fromagerie kaaswinkel (de)
front voorhoofd (het)
fumer roken

gagner (vaincre) winnen ; *(encaisser)* verdienen
gant handschoen (de)
garçon jongen (de) ; *(serveur)* ober (de)
garder houden
gauche links ; *à gauche* links, linksaf
gaufre wafel (de)
geler vriezen
général algemeen
généralement algemeen
géographie aardrijkskunde (de)
gilet vestje (het)
glace ijs (het) ; *glace (naturelle pour patinage)* natuurijs (het)
goût smaak (de)
goûter proeven
gouvernement regering (de)
grâce à dankzij
grand groot
grave erg
grippe griep (de)
gris grijs
gros dik, groot
groupe groep (de)
guerre oorlog (de) ; *guerre mondiale* wereldoorlog (de)
guichet loket (het)
guichetier lokettist (de)
guide gids (de)

habiller kleden, aankleden
habiter wonen
habituer : s'habituer wennen
hareng haring (de)
haricot vert sperzieboon (de)
hâte spoed (de)
haut hoog ; *en haut* boven ; *haute saison* hoogseizoen (het)
hélas helaas
heure uur (het) ; *heure de pointe* spitsuur (het) ; *tout à l'heure* straks
heureusement gelukkig
heureux gelukkig
hier gisteren
histoire (événements du passé) geschiedenis (de) ; *(récit)* verhaal (het)
historique historisch
homme (opposé à femme) man (de) ; *(opposé à animal)* mens (het)
honte : avoir honte zich schamen
hôpital ziekenhuis (het)
horloge klok (de)
hôtel de ville stadhuis (het)
huile olie (de)

ici hier
idée idee (het)
imperméable regenjas (de)
important belangrijk
impôt belasting (de)
inapte au travail arbeidsongeschikt
indépendance zelfstandigheid (de)
indépendant onafhankelijk
indiquer aanwijzen, aangeven
industrie industrie (de)
infirmière verpleegster (de)
informations informatie (de)
initiative initiatief (het)
insuffisamment onvoldoende
insuffisant onvoldoende
intéressant interessant
intéressé geïnteresseerd
intéresser : s'intéresser à zich interesseren voor
intérieur : à l'intérieur binnen
interview vraaggesprek (het)
introduction inleiding (de)
invité gast (de)
inviter uitnodigen

jamais ooit
jambe been (het)
jardin tuin (de) ; *(à l'arrière)* achtertuin (de)
jaune geel
jean spijkerbroek (de)
jeune jong
jeunesse jeugd (de)
joli leuk, mooi
jouer spelen
jour dag (de) ; *de nos jours* tegenwoordig
journal krant (de)
journée dag (de)
juger beoordelen
jupe rok (de)
jus d'orange sinaasappelsap (het)
jusqu'à tot ; *jusqu'à ce que* totdat
juste juist ; *c'est juste* dat klopt
justement juist

kilogramme kilogram (de, het)
kiosque à journaux krantenkiosk (de)

là daar
laid lelijk
laisser laten, achterlaten
lait melk (de)
laitue sla (de)
langue taal (de) ; *langue maternelle* moedertaal (de)
lard spek (de)
laver wassen
leçon les (de)
lecteur lezer (de)

lecture leestekst (de)
léger licht
légumes groente (de)
lent langzaam
lentement langzaam
lequel welk
lettre : en toutes lettres voluit
lever : se lever opstaan
libre vrij
lieu plaats (de) ; *avoir lieu* plaatsvinden
ligne lijn (de)
lire lezen
liste des courses boodschappenlijst (de)
lit à baldaquin hemelbed (het)
litre liter (de)
littérature letterkunde (de)
livre boek (het)
logement woning (de) ; *logement dont on est propriétaire* koopwoning (de)
loin ver
long lang ; *le long de* langs
lorsque toen, als
louer huren
lourd zwaar
loyer huur (de)
lune maan (de)
luxe luxe (de)

madame mevrouw
magasin winkel (de) ; *magasin de chaussures* schoenwinkel (de) ; *magasin de primeurs* groentewinkel (de) ; *magasin de vêtements* kledingzaak (de) ; *grand magasin* warenhuis (het)
main : main droite rechterhand (de) ; *main gauche* linkerhand (de)
main-d'œuvre arbeidskracht (de), werkkracht (de)
mairie gemeentehuis (het)
mais maar
maison huis (het) ; *à la maison* thuis
majorité meerderheid (de)
majuscule blokletter (de), hoofdletter (de)
mal (douleur) pijn (de) ; *(pas bien)* slecht ; *mal d'estomac* maagpijn (de) ; *mal d'oreille(s)* oorpijn (de) ; *mal de dents* kiespijn (de) ; *mal de gorge* keelpijn (de) ; *mal de tête* hoofdpijn (de) ; *mal de ventre* buikpijn (de) ; *mal du pays* heimwee (het)
malade ziek
maladroit onhandig
manche mouw (de)
manger eten, opeten
manière manier (de)
manteau jas (de), mantel (de) ; *(d'hiver)* winterjas (de)
marchand de légumes groenteboer (de)
marché markt (de)
marcher lopen
marier : se marier trouwen
marron bruin
mathématiques wiskunde (de)
matière vak (het)
matin ochtend (de)
mauvais (médiocre) slecht ; *(inexact)* verkeerd
mécontent ontevreden
médecin généraliste huisarts (de)
médicament medicijn (het)
même zelf ; *le/la même* hetzelfde ; *le/la même, les mêmes* dezelfde
mentionner vermelden
menu menukaart (de)
mer zee (de)
merci bedankt
mère moeder (de)
mettre zetten, leggen
mieux beter
milieu midden (het)
mince mager
minimal minimaal
minute minuut (de)
mi-vieux belegen

mode : mode féminine damesmode (de) ; *mode pour enfants* kindermode (de)

modéré matig

moderne modern

moins minder ; *au moins* minstens ; *le moins* minst

mois maand (de)

moitié helft (de)

molaire kies (de)

moment moment (het), ogenblik (het)

monde wereld (de) ; *monde des affaires* zakenwereld (de) ; *tout le monde* iedereen

monétaire monetair

monnaie munt (de) ; *(pièces)* kleingeld (het), wisselgeld (het)

monsieur meneer

monter (échafauder) opstellen ; *(s'élever)* naar boven gaan

morceau stuk (het)

mort dood

mot woord (het)

mourir sterven

moyen middel (het) ; *moyen de paiement* betaalmiddel (het)

musée museum (het)

musique muziek (de)

naître geboren worden

national nationaal

nationalité nationaliteit (de)

naturellement natuurlijk

nausée : avoir des nausées misselijk zijn

ne : ne ... jamais nooit ; *ne ... pas* niet ; *ne ... personne* niemand

nécessaire nodig

neiger sneeuwen

n'est-ce pas ? nietwaar

nettoyer schoonmaken

nocturne koopavond (de)

noir zwart

nom naam (de) ; *nom de famille* achternaam (de)

nombre (chiffre) getal (het) ; *(quantité)* aantal (het)

non nee

nord noord

nourriture etenswaren (de)

nouveau nieuw

nuages bewolking (de)

nuageux bewolkt

nuance schakering (de)

nuit nacht (de)

nulle part nergens

numéro nummer (het)

obligatoire verplicht

occasion gelegenheid (de)

occupé bezig, druk

occuper : s'occuper (de) zorgen (voor)

œil oog (het)

œuf ei (het)

offrir bieden, aanbieden

orage onweer (het)

orange (fruit) sinaasappel (de) ; *(couleur)* oranje

ordre des mots woordvolgorde (de)

oreille oor (het)

organisme instantie (de)

oser durven

otite oorontsteking (de)

où waar

oublier vergeten

outre : en outre bovendien

ouvrir openen

pain brood (het)

panier à commissions winkelmandje (het)

panneau wegwijzer (de), bord (het)

pantalon broek (de), pantalon (de)

paquet pak (het)

par door

paraître blijken, lijken, schijnen

parapluie paraplu (de)

parce que omdat

parcourir (un lieu) doorlopen ; *(un texte)* doorlezen

pareil gelijk

parents ouders (de)

parfois soms

parking à vélos fietsenstalling (de)

parler spreken, praten

partager delen, verdelen

participer deelnemen ; *participer à* meedoen aan

particulier bijzonder

particulièrement bijzonder

partie deel (het)

partir vertrekken ; *à partir de* vanaf

partout overal

passer (autobus) langskomen ; *(au téléphone)* doorverbinden ; *(un moment)* doorbrengen ; *se passer* gebeuren

patin : faire du patin schaatsen

patiner schaatsen

payer betalen

pays land (het)

peigne kammetje (het)

peindre schilderen

peine : à peine nauwelijks

peintre schilder (de)

peinture schilderij (het)

pendant tijdens ; *pendant que* terwijl

pensée gedachte (de)

penser denken

perdre verliezen

père vader (de)

permettre toestaan

permis de travail arbeidsvergunning (de)

persévérer doorzetten

personne persoon (de)

personnel (nom) personeel (het), *(adjectif)* persoonlijk

personnellement persoonlijk

petit klein ; *petit déjeuner* ontbijt (het)

peu beetje ; *peu (de)* weinig

peut-être misschien

photo foto (de) ; *photo d'identité* pasfoto (de)

photographier fotograferen

pièce (salle) kamer (de) ; *pièce de monnaie* muntstuk (het) ; *pièce de théâtre* toneelstuk (het)

pied voet (de)

placer plaatsen

plainte klacht (de)

plaisir plezier (het)

plan plattegrond (de)

plat gerecht (het) ; *plat enfants* kindergerecht (het) ; *plat principal* hoofdgerecht (het)

plein vol

pleuvoir regenen

pli plooi (de)

plie schol (de)

pluie regen (de)

plupart : la plupart du temps meestal

plus meer ; *de plus* bovendien ; *plus tôt* eerder, vroeger ; *le plus* meest

pluvieux regenachtig

pneumonie longontsteking (de)

poids gewicht (het)

poinçonner afstempelen

poisson vis (de)

Pôle emploi arbeidsbureau (het)

poli beleefd

police politie (de)

politique (manière de gouverner) beleid (het) ; *(art de gouverner)* politiek (de) ; *politique gouvernementale* regeringsbeleid (het)

pomme appel (de) ; *pomme de terre* aardappel (de)

population bevolking (de)

porc (viande) varkensvlees (het)

portemanteau kapstok (de)

porter dragen

poser leggen

position positie (de)

possibilité mogelijkheid (de)

possible mogelijk

poste (emploi) baan (de) ; *poste vacant* vacature (de)

poulet kip (de)

poumon long (de)

pour voor ; *pour lequel* waarvoor

pourquoi waarom ; *c'est pourquoi* daarom

pourri rottig

pourtant toch

pouvoir (avoir la permission) mogen ; *(avoir la capacité ou la possibilité)* kunnen

précédent vorig

précis precies

précisément precies

préférence : de préférence liever

prendre nemen, aannemen

prénom voornaam (de)

préparer klaarmaken, voorbereiden

près : près de bij, dichtbij ; *tout près* dichtbij ; *tout près de* vlak bij

présent : à présent heden

presque bijna

prêt klaar, bereid

prêter lenen

prévisions météo weersverwachting (de)

prévoir voorzien

prime premie (de)

printemps lente (de), voorjaar (het)

prison gevangenis (de)

privé privé

prix prijs (de)

problème probleem (het)

prochain aanstaande, volgende

produits laitiers zuivel (de, het)

professeur leraar (de)

profession beroep (het)

profiter genieten, profiteren

programme informatique computerprogramma (het)

projet project (het)

promener : se promener wandelen

promettre beloven

promotion promotie (de)

proposer voorstellen

proposition voorstel (het)

propre (personnel) eigen ; *(pas sale)* schoon

prospérité welvaart (de)

province provincie (de)

public openbaar

publicité advertentie (de), reclame (de)

publié gepubliceerd

puis dan, vervolgens

pull trui (de)

punir straffen

punition straf (de)

quai perron (het)

quand wanneer ; *quand même* toch

quart kwart (het) ; *quart d'heure* kwartiertje (het)

quartier buurt (de)

quel welk

quelque : quelque chose iets ; *quelque chose comme ça* zoiets ; *quelque part* ergens ; *quelques* enkele

quelqu'un iemand

question vraag (de)

qui wie

raconter vertellen

radiographie röntgenfoto (de)

raison reden (de)

raisonnable redelijk

raisonnablement redelijk

randonnée cycliste fietstocht (de)

rapide snel, gauw

rapidement snel, gauw

rappeler terugbellen ; *se rappeler* zich herinneren

rapport verslag (het) ; *rapport annuel* jaarverslag (het)

rassembler verzamelen

rayonner uitstralen

réagir reageren

recette recept (het)

recevoir krijgen, ontvangen
recherche onderzoek (het)
récit verhaal (het)
reconnaître (admettre) erkennen ; *(identifier)* herkennen
redevance (audiovisuelle) omroepbijdrage (de)
réduction korting (de)
réfléchir à nadenken over
refuser weigeren
regarder kijken ; *(autour de soi)* rondkijken
règle regel (de)
régler regelen
regret spijt (de)
régulier regelmatig
reine koningin (de)
relation d'affaires zakenrelatie (de)
relativement relatief
remercier danken, bedanken
remplir vullen, invullen
rencontrer ontmoeten, aantreffen
rendez-vous afspraak (de)
renforcer versterken
rénover verbouwen
renseignements informatie (de), inlichting (de)
renseigner informeren, inlichten
renvoyer verwijzen, doorverwijzen
répandre strooien
réparer repareren
repas maaltijd (de)
répéter herhalen
répondre antwoorden, beantwoorden
réponse antwoord (het)
reposer : se reposer uitrusten
représentation voorstelling (de)
réseau netwerk (het)
réservation reservering (de) ; *réservation d'hôtel* hotelreservering (de)
réserver boeken, reserveren
rester blijven
retour : de retour terug
retourner terugkeren
retraité gepensioneerd
réunion vergadering (de)
réussir slagen, presteren
revue tijdschrift (het)
rien niets
risque risico (het)
riz rijst (de)
robe jurk (de)
robuste robuust
roi koning (de)
rouge rood
rouler rijden
rue straat (de)

sac tas (de)
sain gezond
saisir (attraper) grijpen, pakken ; *(comprendre)* snappen
salaire salaris (het) ; *salaire d'appoint* bijverdienste (de)
salarié werknemer (de)
salé zout
salle de bains badkamer (de)
sans zonder
santé : en bonne santé gezond
satisfait tevreden
sauce saus (de)
sauf behalve
savoir (connaître) weten ; *(avoir la capacité de)* kunnen
scientifique wetenschappelijk
sec droog
secret geheim (het)
secrétaire secretaresse (de)
sécurisé veilig
sécurité veiligheid (de)
séjour woonkamer (de)
séjourner verblijven
selon volgens
semaine week (de)
sembler blijken, lijken, schijnen
semelle zool (de)

sens (signification) betekenis (de) ; *(direction)* richting (de)

sentir : se sentir zich voelen

service (aide, faveur) dienst (de) ; *(département, office)* dienst (de), afdeling (de) ; *service du personnel* personeelsafdeling (de)

seul alleen, eenzaam ; *tout seul* van zelf

seulement alleen, slechts

si als

siècle eeuw (de)

siège social hoofdkantoor (het)

signification betekenis (de)

simplement gewoon

situation (position) ligging (de) ; *(circonstances)* situatie (de)

social sociaal

soi : de soi-même vanzelf

soin : prendre soin de verzorgen

soir avond (de)

sol grond (de)

soleil zon (de)

solide stevig

solidement stevig

solution oplossing (de)

sorte : de sorte que zodat ; *toutes sortes de* allerlei

sortie uitgang (de)

sortir (aller dehors) gaan ; *(le soir)* uitgaan ; *s'en sortir* (er) bovenop komen

soudain plotseling, ineens

souffler (vent) waaien

souhait wens (de)

souhaitable wenselijk

soupe soep (de) ; *soupe de légumes* groentesoep (de)

souple soepel

sous onder ; *sous peu* binnenkort

sous-sol souterrain (het)

soutenir steunen

souvenir : se souvenir zich herinneren

souvent vaak ; *le plus souvent* meestal

spacieux riant, ruim

spécial speciaal

spécialement speciaal

sport : faire du sport sporten

sportif sportief

stable stabiel

steak biefstuk (de)

successif opeenvolgend

sucre suiker (de)

sucré zoet

suffisant voldoende

suffisamment voldoende

suivant volgend

suivre volgen

superbe heerlijk, schitterend

supermarché supermarkt (de)

sur op ; over

sûr (sécurisé) veilig ; *(certain)* zeker ; *bien sûr* jazeker, natuurlijk

surface oppervlakte (de)

surtout vooral

suspendre hangen, ophangen

sympathique aardig

table tafel (de)

tableau tabel (de) ; *(peinture)* schilderij (het)

taille (grandeur ou grosseur) maat (de) ; *(tour de hanches)* taille (de)

talon hak (de)

taper (à l'ordinateur) uittypen

tard laat

tarte aux pommes appeltaart (de)

tas : un tas de heleboel

tasse kopje (het)

technique technisch

tel zo'n

téléphone telefoon (de) ; *par téléphone* telefonisch

téléphoner bellen, opbellen

télévision televisie (de)

température temperatuur (de)

temporairement tijdelijk

temps (le temps qui passe) tijd (de) ; *(le temps qu'il fait)* weer (het)
tendu strak
tenir houden
tennis : jouer au tennis tennissen
tension (artérielle) bloeddruk (de)
terminer afmaken, afkrijgen, afronden
terrasse terras (het)
territoire gebied (het), territorium (het)
tête hoofd (het), kop (de)
texte tekst (de)
théâtre theater (het)
timbre postzegel (de)
tirelire spaarpot (de)
tomate tomaat (de)
tomber vallen
tonner onweren
tôt vroeg
total totaal
totalement totaal, volkomen
toujours altijd
tour (ordre de succession) beurt (de) ; *(circuit)* tocht (de), rondreis (de) ; *tour en bateau* rondvaart (de)
touriste toerist (de)
tourner draaien
tournure (zins)wending (de)
tous alle, allemaal ; *tous les deux* allebei
tousser hoesten, kuchen
tout alles ; *tout à coup* plotseling, ineens ; *tout à fait* helemaal ; *tout de suite* meteen
trafic verkeer (het)
train trein (de)
traité verdrag (het)
tranquille rustig, stil
tranquillement rustig, stil
transport vervoer (het)
travail werk (het) ; *sans travail* werkloos
travailler werken
travers : à travers door
très zeer, heel, erg
tromper : se tromper zich vergissen
trou gat (het)
trouver vinden
tuyau pijp (de)

un/une een ; *l'un l'autre* elkaar
uni verenigd
unique enig
université universiteit (de) ; *université d'État* rijksuniversiteit (de)
usage gebruik (het)
utilisation gebruik (het)
utiliser gebruiken

vacances vakantie (de)
vaisselle : faire la vaisselle afwassen
varicelle waterpokken (de)
vaste ruim
vegétarien (nom) vegetariër (de) ; *(adjectif)* vegetarisch
vélo fiets (de) ; *faire du vélo* fietsen
vendeur verkoper (de)
vendre verkopen
venir komen
ventre buik (de)
verre glas (het)
vers naar
verser (une somme d'argent) storten
verso ommezijde (de)
vert groen
vertige duizeligheid (de)
vestibule hal (de)
veston jasje (het), colbert (het)
vêtements hommes herenkleding (de)
viande vlees (het)
viande hachée de bœuf rundergehakt (het)
vide leeg
vieux oud
ville stad (de)
vin wijn (de)
vinaigre azijn (de)
violet paars

visage gezicht (het)
visiter bezoeken
vite snel, gauw
vivre leven
voir zien
voisin buur (de), buurman (de)
vol (aérien) vlucht (de)
voler (dans l'air) vliegen
volleyball volleybal (het)
volontiers graag
vouloir willen ; *vouloir dire* bedoelen
voyage reis (de)
voyager reizen
vrai echt, heus ; *à vrai dire* eigenlijk
vraiment echt, heus

zéro nul
zone de libre-échange vrijhandelsgebied (het)
zoo dierentuin (de)

Index grammatical

Les nombres renvoient aux pages du livre évoquant les points de grammaire cités. Vous pouvez consulter le glossaire des termes grammaticaux pages 269-273 pour connaître le sens des mots suivants.

Contenu des CD

CD1

Piste 1	Introduction	
Piste 2	Prononciation	
Pistes 3-7	Chapitre 1	Bonjour, entre !
Pistes 8-11	Chapitre 2	Que fais-tu ?
Pistes 12-17	Chapitre 3	Où habites-tu ?
Pistes 18-21	Chapitre 4	Les courses
Pistes 22-24	Chapitre 5	Connaissez-vous le chemin ?
Pistes 25-30	Chapitre 6	On va faire du shopping
Pistes 31-34	Chapitre 7	Un aller-retour pour Wageningen
Pistes 35-38	Chapitre 8	Un agréable séjour
Pistes 39-40	Chapitre 9	Je t'ai apporté des fleurs
Pistes 41-46	Chapitre 10	Autrefois

CD2

Pistes 1-4	Chapitre 11	Allons à Anvers
Pistes 5-13	Chapitre 12	Je t'envoie un SMS
Pistes 14-23	Chapitre 13	Je ne sais vraiment pas ce que je veux
Pistes 24-29	Chapitre 14	Je ne me sens pas très bien
Pistes 30-36	Chapitre 15	Je passe presque toute la journée devant l'ordinateur
Pistes 37-41	Chapitre 16	La télé est de plus en plus banale

Imprimé en Espagne par Macrolibros
Dépôt légal : septembre 2013 – 310723/01
N° de projet : 11020911 – Août 2013